벌거벗은 세계사

벌거벗은 세계사 - 권력자편

초판 1쇄 발행 2024년 4월 17일
초판 3쇄 발행 2024년 7월 17일

지은이 tvN 〈벌거벗은 세계사〉 제작팀
　　　　 김봉중, 류한수, 박현도, 손성욱, 윤영휘
펴낸이 안병현 김상훈
본부장 이승은 **총괄** 박동옥 **편집장** 임세미
책임편집 정혜림 **디자인** 박지은 **마케팅** 신대섭 배태욱 김수연 김하은 **제작** 조화연

펴낸곳 주식회사 교보문고
등록 제406-2008-000090호(2008년 12월 5일)
주소 경기도 파주시 문발로 249
전화 대표전화 1544-1900 **주문** 02)3156-3665 **팩스** 0502)987-5725

ISBN 979-11-7061-108-0 (03900)
책값은 표지에 있습니다.

벗겼다, 힘을 손에 넣은 사람들!

벌거벗은 세계사

권력자편

tvN 〈벌거벗은 세계사〉 제작팀 지음

교보문고

목차 ──

006   **1. 벌거벗은 헨리 8세**
       영국을 근대국가로 만든 희대의 스캔들 — 윤영휘

040   **2. 벌거벗은 표트르 대제**
       러시아는 어떻게 강국이 되었을까? — 류한수

080   **3. 벌거벗은 서태후**
       청나라의 몰락을 장식한 권력의 화신 — 손성욱

120   **4. 벌거벗은 케네디 가문**
       스캔들과 비극으로 얼룩진 정치 명문 — 김봉중

156   **5. 벌거벗은 처칠**
       그는 어떻게 히틀러로부터 영국을 구했나 — 윤영휘

벌거벗은
세계사
권력자편

200 **6. 벌거벗은 스탈린**
공포로 소련을 지배한 독재자 — 류한수

234 **7. 벌거벗은 엘리자베스 2세**
그녀는 어떻게 흔들리는 영국 왕실을 지켰나? — 윤영휘

276 **8. 벌거벗은 도널드 트럼프**
미국 대통령에서 범죄 혐의 기소자까지 — 김봉중

316 **9. 벌거벗은 푸틴**
전쟁광 독재자인가, 러시아의 구원자인가 — 류한수

358 **10. 벌거벗은 빈 살만**
세계 1위 부자의 펀의 전쟁 — 박현도

벌거벗은 세계사

벌거벗은 헨리 8세

영국을 근대국가로 만든 희대의 스캔들

윤영휘

● 그림 속 인물은 영국 역사에서 가장 문제적 인물로 평가받은 왕입니다. 그에 관한 수식어는 남다릅니다. 호색한, 폭군, 스캔들 메이커, 난봉꾼, 포악한 바람둥이 등이죠. 듣기만 해도 여성 관계가 꽤나 복잡했음을 예상할 수 있습니다. 게다가 이 인물은 영국사뿐 아니라 세계사에서도 독보적 이력으로 이름나 있습니다. 이처럼 남다른 존재감을 가진 인물은 16세기 영국의 국왕이었던 헨리 8세Henry VIII입니다.

헨리 8세

유럽사를 통틀어 가장 유명한 왕 중 하나인 헨리 8세의 복잡한 사생활은 영국을 넘어 스페인, 프랑스 같은 주변 나라와의 관계에도 많은 영향을 미쳤습니다. 헨리 8세가 바람둥이 왕으로 불리는 이유는 그의 엄청난 여성 편력과 그로 인한 여러 명의 아내 때문입니다. 덕분에 유럽에서 가장 여러 번 결혼했고, 혼인을 가장 많이 파탄 낸 왕이라는 타이틀도 가지고 있죠.

헨리 8세는 무려 6명의 여성과 결혼했습니다. 그런데 이 여인들은 저마다 혼인 무효 - 참수 - 사망 - 혼인 무효 - 참수 - 생존이라는 결말을 맞이했습니다. 이들과 헨리 8세 사이에는 어떤 일이 있었던 걸까요? 중요한 사실은 헨리 8세의 여성 편력이 개인사에 그치지 않고 영국과 세계사에 엄청난 영향을 미쳤다는 것입니다. 심지어는 영국이라는 국가의 근대화에도 영향을 끼쳤죠. 지금부터 헨리 8세와 그를 둘러싼 희대의 스캔들을 통해 영국의 역사를 벌거벗겨 보겠습니다.

위태로운 영국의 선택,
정략결혼

헨리 8세는 1491년에 런던 교외의 플라센티아 궁전에서 태어났습니다. 튜더 왕조의 헨리 7세Henry VII와 요크 가문의 엘리자베스Elizabeth 사이의 둘째 아들로 어릴 때부터 라틴어, 스페인어, 프랑스어에 능통하고 천문학과 신학에 해박한 아이였죠. 하지만 그의 왕위 계승 가능성은 그리 크지 않았습니다. 형인 아서 튜더Arthur Tudor가 왕위를 물려받을 예정이었기 때문이죠. 당시만 해도 튜더 왕조의 입지는 굳건히 뿌리 내리지 못해 불안한 상황이었습니다. 조카를 폐위시키고 왕위에 오른 리처드 3세Richard III에게서 민심이 멀어진 것을 포착한 헨리 7세가 그를 몰아내고 세운 튜더 왕조는 이제 막 역사를 시작한 참이었죠.

사실 이 시기에 영국(United Kingdom)이라는 나라는 아직 존재하지 않았습니다. 하지만 이 책에서는 우리에게 익숙한 용어인 '영국'을 사용하되, 필요한 경우에는 '잉글랜드'라는 용어를 사용하겠습니다. 이때 잉글랜드의 영토는 웨일스만 통합되어 있었고 스코틀랜드, 아일랜드는 아직 포함돼 있지 않은 상태였습니다. 영국 주변에는 강성한 나라가 많았는데, 특히 1492년에 신대륙을 발견해 식민지를 개척하기 시작한 스페인은 황금기를 누렸습니다. 비슷한 시기에 아프리카와 인도로 가는 항로를 개척한 포르투갈도 강대국이었죠. 프랑스는 백년전쟁에서 승리한 이후 안정기에 접어들었고, 신성로마제국은 합스부르크왕가가 황제 자리를 차지한 이후 강성한 제국을 이뤘습니다.

그리고 가장 강력한 권력 집단인 로마 가톨릭교회도 신경 써야 했죠. 중

영국과 주변국

세 시대 로마 가톨릭교회는 종교 조직이자, 이탈리아 중부를 다스리는 나라였으며, 각 가톨릭 국가 내 교회 조직을 관리하는 다국적 기관의 역할도 했습니다. 사회의 중심이 교회였고 신자들은 세금처럼 수입의 10%를 십일조로 내야 했기에 엄청난 부를 축적했죠. 교회의 통치자인 교황은 어지간한 유럽의 군주보다 더 큰 영향력을 가지고 있었습니다. 가톨릭 국가라면 아무리 강력한 군주라도 왕권을 안정적으로 유지하기 위해서는 교황의 인정과 도움이 필요했기 때문입니다. 교황이 임명하는 고위 성직자들은 국왕도 함부로 건들지 못했고, 왕국 내 중요 문제에서도 강력한 발언권을 가졌습니다.

이런 상황에서 헨리 7세가 주변국과의 동맹을 강화하고 영국을 지키기 위해 선택한 방법은 자식들을 주변 강대국 왕가와 결혼시키는 것이었습니다. 1501년, 장남인 아서 튜더는 당시 유럽의 최강대국 중 하나이자 가톨릭의 수호자를 자처한 스페인의 공주
아라곤의 캐서린Catherine of Aragon
과 결혼식을 올렸습니다. 영국과 스
페인의 동맹 관계를 공고히 하기 위
한 정략결혼이었죠.

헨리 7세는 주변 강대국 왕조와
사돈을 맺으면서 영국의 입지를 견
고히 다져 나갔습니다. 그러던 중 예
상치 못한 일이 벌어졌습니다. 1502
년에 장남인 아서가 열병으로 숨진
것입니다. 당시 아서는 15세였고, 결

스페인의 캐서린 공주

혼한 지 4개월밖에 되지 않았죠. 그의 갑작스러운 죽음으로 동생인 헨리
튜더Henry Tudor가 튜더 왕조의 왕위 계승자 1순위가 되었습니다. 훗날 헨
리 8세가 된 그는 영국의 역사를 뒤바꿨습니다.

그렇다면 아서와 결혼식을 올린 스페인의 캐서린 공주는 어떻게 되었을
까요? 1509년, 헨리 7세가 사망하자 헨리 8세는 왕위를 이어받기 위해 대관
식을 치렀습니다. 대관식 직전에는 형수였던 캐서린과의 결혼식도 올렸죠.
헨리 8세가 왕위에 오른 나이는 18세로, 캐서린보다 6살이 어렸습니다. 그
런데 어떻게 형수와 결혼하는 게 가능했을까요? 형 아서와 캐서린의 결혼
은 영국과 스페인의 동맹을 위한 정치적 목적이 컸습니다. 헨리 7세는 어떻
게든 이 동맹을 깨고 싶지 않았습니다. 그리고 스페인 왕실로부터 받은 결
혼 지참금을 반환하는 것도 꽤 복잡한 문제였죠. 캐서린은 20만 크라운의
지참금을 가져왔는데, 현재 가치로 약 415억 원 정도로 추산됩니다. 만약

두 사람의 혼인 관계가 종료되면 결혼 계약에 따라 막대한 이 금액을 스페인에 고스란히 되돌려 줘야 했습니다. 이 문제를 해결하기 위해 헨리 7세는 둘째 아들과 캐서린을 다시 결혼시키는 방법을 선택한 것입니다.

아무리 정치적 목적이 있다고 해도 형과 동생이 같은 여성과 결혼하는 것은 윤리적으로 용납할 수 없는 일이었습니다. 그럼에도 두 사람의 결혼이 가능했던 결정적 이유는 캐서린이 "아서와 결혼은 했지만 첫날밤은 치르지 않았다"라고 주장했기 때문입니다. 당시 교회법에 따르면 부부간에 성적 결합이 없는 결혼은 취소할 수 있었죠. 헨리 7세는 이를 토대로 교황에게 헨리 8세와 캐서린의 결혼을 허용해 달라고 요청했고, 고민 끝에 교황은 두 사람의 결혼을 허가했습니다.

처음에는 헨리 8세도 이 결혼식을 거부했습니다. 하지만 아버지의 유언과 국가의 이익을 따르기 위해 결국 캐서린과의 결혼을 받아들였습니다. 정략결혼임에도 두 사람의 사이는 꽤 좋았다고 합니다. 다양한 악기를 연주한 뛰어난 음악가이기도 했던 헨리 8세는 캐서린과의 결혼 후 〈좋은 친구들과 함께하는 여가 시간(Pastime with good company)〉이라는 곡을 만들었습니다. 이 곡의 가사에서 행복한 결혼생활에 대한 만족감을 드러내기도 했죠.

수많은 난관과 우여곡절 끝에 결혼한 두 사람의 생활은 꽤 안정적으로 흘러갔습니다. 하지만 평온했던 이들 사이에 곧 균열이 생기기 시작했습니다. 1511년에 태어난 첫아들이 며칠 만에 숨진 것을 시작으로, 캐서린이 낳은 3남 3녀는 대부분 사산하거나 얼마 못 가 죽고 말았습니다. 살아남은 유일한 혈육은 1516년에 태어난 딸 메리Mary뿐이었죠. 훗날 '피의 메리'로 불린 여왕 메리 1세Mary I입니다. 헨리 8세는 자신보다 6살이나 많고 거듭되는 출산으로 몸이 약해진 캐서린에게서 더는 아들을 기대할 수 없다고 판단했습니다.

영국을 통치했던 인물 중에는 유명한 여왕이 많습니다. 그런데 왜 헨리 8세는 이토록 아들을 낳는 것에 집착했을까요? 당시 튜더 왕조는 오랜 전쟁 끝에 탄생한 신생 왕조였습니다. 이런 상황에서 1순위 계승자였던 형 아서와 아버지 헨리 7세가 모두 죽었기 때문에 튜더 왕조의 유일한 남자는 헨리 8세뿐이었죠. 그는 자신이 아들을 낳지 못하고 죽으면 왕조가 쉽게 흔들릴 것으로 판단했습니다. 또한 이때까지만 해도 여왕이 잉글랜드를 다스린 전적이 없어, 여성 후계자를 생각하기 어려운 분위기였습니다. 이런 이유로 헨리 8세는 튜더 왕조를 견고하게 이어갈 후계자로 반드시 아들이 필요했던 것입니다.

왕을 홀린 시녀,
앤 불린

캐서린이 아들을 낳지 못하는 사이, 헨리 8세의 바람기가 슬슬 발동하기 시작했습니다. 여러 정부를 둔 것은 물론이고 수많은 여인과 염문을 뿌렸죠. 그런 가운데 유독 그의 마음을 사로잡은 인물이 있었습니다. 캐서린의 시녀인 앤 불린Anne Boleyn입니다. 즉 매일 아내와 함께 다니는 시녀와 바람이 난 것입니다. 앤 불린은 프랑스어, 라틴어를 매우 잘했고 문학, 음악, 예술 분야의 지식도 풍부했습니다. 여기에 금발의 푸른 눈을 가진 전통적 미인이 아닌 흑발에 까만 눈을 한 신비하면서도 남다른 매력을 지닌 사람이었다고 합니다.

당시 영국 왕실의 시녀와 우리가 일반적으로 생각하는 궁녀는 다릅니다. 왕실의 수행원 역할을 했던 시녀는 명문가 출신에게만 주어지는 직책이자 상당한 명예였죠. 특히 앤 불린은 외교관 아버지와 명문가 출신 어머니 사이에서 태어난 데다 프랑스에서 궁정 생활을 한 이력도 갖췄습니다. 한 마디로 해외 근무 경력까지 있는 유학파 직원이

앤 불린

었던 셈이죠. 프랑스에서 영국으로 돌아온 그녀는 세련된 행동과 기품 있는 말투, 프랑스식 옷차림으로 뭇 남성들에게 선망의 대상이 되었습니다. 헨리 8세도 한 연회장에서 앤 불린이 춤추는 모습을 보고 단번에 맘을 빼앗겼다고 합니다. 당시 그가 앤 불린에게 쓴 편지가 바티칸 도서관에 남아 있습니다.

'우리 둘의 사랑에 대한 당신의 온전한 생각을 분명히 말해주길 진정으로 간청하오. 이 답을 얻는 것이 내게는 절대적으로 필요하오. 나는 내가 당신 마음과 애정 속에서 자리를 찾을 수 있을지 어떨지 불확실한 상태에서 1년이 넘도록 사랑의 화살에 시달려왔소. (중략) 하지만 당신이 진정으로 기꺼이 충실한 연인이자 친구 역할을 한다면, 당신의 몸과 마음을 내게 준다면, (중략) 당신을 나의 유일한 연인으로 받아들이겠소. 나의 생각과 애정에서 당신 외의

다른 모든 것을 버리고 오로지 당신만을 섬기겠소.'

천하의 헨리 8세가 앤 불린에게 절절하게 매달리는 모습입니다. 여기에는 그럴만한 이유가 있습니다. 앤 불린이 헨리 8세의 정부가 될 것을 거부하고 계속해서 정식 결혼을 요구했기 때문입니다. 사실 앤 불린의 자매인 메리 불린Mary Boleyn은 이미 헨리 8세의 정부였습니다. 즉 헨리 8세는 자매를 모두 자신의 정부로 삼으려 한 것이죠. 기록에는 두 사람이 자매라고만 남겨져 있으나 대부분 메리 불린이 언니였을 것으로 추측합니다. 당시 메리 불린이 헨리 8세의 아들을 낳았다는 소문이 있었는데, 아들을 낳고도 정부로 살아가는 언니를 보면서 앤 불린은 자신은 그렇게 살지 않겠다고 생각했을 것입니다. 그래서 정식으로 결혼을 약속하지 않으면 동침하지 않겠다며 헨리 8세를 더욱 안달 나게 했죠.

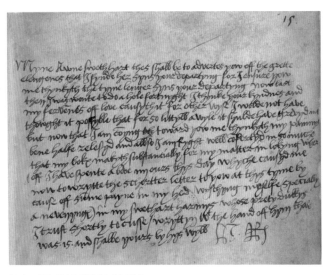

헨리 8세가 앤 불린에게 보낸 편지

한 나라의 종교를 바꾼
세기의 이혼

정식으로 결혼하고 싶다는 앤 불린의 요구는 결과적으로 영국의 역사를 송두리째 흔들게 됩니다. 사랑에 빠진 헨리 8세는 아내인 캐서린과 헤어지기로 결심했습니다. 이 시기 영국을 비롯한 대부분의 유럽 국가는 근대적인 법률체계를 완성하기 전이라 교회법을 따르는 경우가 많았습니다. 그런데 교회법은 이혼을 엄격히 금지했죠.

원래 헨리 8세는 독실한 로마 가톨릭 신자였습니다. 마틴 루터Martin Luther가 종교 개혁을 일으키자 비판하는 글을 썼고, 이로 인해 교황으로부터 '신앙의 옹호자(Fidei Defensor)'라는 칭호까지 받았죠. 이런 헨리 8세가 교회법을 대놓고 어기기는 쉽지 않았습니다. 그는 고민 끝에 애초에 캐서린과의 결혼이 잘못되었음을 증명하고 교황에게 '혼인 무효'를 인정받기로 했습니다. 헨리 8세가 근거로 제시한 것은 《성경》의 한 구절입니다.

> '누구든지 그의 형제 아내를 데리고 살면 더러운 일이라. 그가 그의 형제의 하체를 범함이니 그들에게 자식이 없으리라.'
>
> _〈레위기〉 20장 21절

국가의 이익을 위해 형수였던 캐서린과 결혼했으나 두 사람 사이에서 낳은 아들이 번번이 목숨을 잃자, 헨리 8세는 '왜 신이 나에게 아들을 허락하지 않는 걸까?'를 고민했습니다. 그러던 중 《성경》에서 이 같은 구절을 발견하고 자신이 형수와 결혼해서 하느님이 벌을 내렸다는 결론을 내린 것입니다. 1528년, 헨리 8세는 캐서린과의 결혼을 무효로 해달라고 요청하는 서신을 교황에게 보냈습니다. 그는 자신과 캐서린이 《성경》에 반하는 결혼식을 올렸으며, 형의 아내였던 캐서린이 자신과의 두 번째 결혼 당시 이미 순결을 잃은 상태였다고까지 주장했습니다.

그러나 교황 클레멘스 7세Clemens Ⅶ는 헨리 8세의 손을 들어주지 않았습니다. 이 주장을 받아들이면 이전에 두 사람의 결혼을 허락한 전임 교황의 특별 관면이 잘못되었음을 인정하는 셈이었기 때문입니다. 교황은 이같은 종교적 이유 외에 정치적 판단으로도 헨리 8세의 요청을 거부했습니다. 당시 유럽 최강국인 스페인의 국왕을 겸하고 있던 신성로마제국의 황제 카를 5세Karl Ⅴ가 왕비 캐서린의 조카였기 때문입니다. 교황이 혼인 무효를 허락하면 황제와의 관계가 틀어질 것이 뻔했죠. 사실 1년 전인 1527년에는 북이탈리아 지배권 확보를 위해 카를 5세의 군대가 로마를 침입해 교황을 교황청에 가둬버린 일도 있었습니다. 이런 마당에 교황은 어떻게든 카를 5세와의 갈등을 피하고 싶었습니다.

상황이 이런데도 헨리 8세는 물러서지 않았습니다. 특사까지 보내 거듭해서 교황에게 혼인 무효를 요청한 것입니다. 이 과정이 7년간 이어지면서 앤 불린과의 결혼도 지체되었습니다. 어느새 마흔이 넘은 헨리 8세의 마음도 조급해지기 시작했죠. 1532년, 헨리 8세는 프랑스 국왕 프랑수아 1세 François Ⅰ와 정상회담을 가졌고 이때 앤 불린을 동석시켰습니다. 이는 회담의 주요 목적이 프랑스로부터 두 사람의 결혼에 대한 지지를 얻는 것임을 보여주죠. 헨리 8세는 결국 프랑스의 암묵적인 지지를 얻는 데 성공했고, 1533년에는 독단적으로 앤 불린과 결혼식까지 올렸습니다. 공식적인 결혼식은 아니었으며 지인들만 참석한 채 황급히 연 결혼식이었죠. 이혼이 제대로 안 된 상황인데 헨리 8세가 이렇게까지 결혼을 서두른 데는 이유가 있습니다. 앤 불린이 임신 중이었던 것입니다.

1532년, 캔터베리 대주교인 윌리엄 워햄William Warham의 죽음은 헨리 8세의 첫 번째 결혼이 공식적으로 종지부를 찍는 계기가 되었습니다. 지금도 그렇지만 당시 캔터베리의 대주교는 잉글랜드 교회의 지도자로 여겨지는 중요한 자리였습니다. 헨리 8세는 공석이 된 이 자리에 토머스 크랜머Thomas Cranmer라는 인물을 임명했습니다. 그가 자신의 결혼 무효를 지지한 후보자였기 때문이죠. 크랜머는 대주교의 자격으로 1533년 5월에 특별 재판을 주재해 헨리 8세와 캐서린의 결혼이 무효이며, 앤 불린과의 결혼이 합법이라는 판결을 내렸습니다. 그 결과 다음 달에 웨스트민스터 대성당에서 앤 불린의 대관식이 열렸고, 새로운 왕비가 탄생했습니다.

사실 대주교의 판결만으로 혼인 무효가 이루어질 수는 없습니다. 잉글랜드 교회는 여전히 교황의 지도를 받고 있었기 때문에 캔터베리 대주교가 내린 판결도 교황이 인정하지 않는 한 성립될 수 없었죠. 이때 헨리 8세는 중대한 결심을 내렸습니다. 교황의 허락을 받을 수 없다면 더는 교황이 필요하지 않은 상황을 만들기로 한 것입니다. 그는 교황이 아닌 자신이 잉글랜드 교회의 수장이 되겠다고 선언했습니다. 이혼을 허락하지 않고, 혼인 무효도 가로막은 교황과의 문제를 로마 가톨릭교회와의 결별로 처리한 것입니다. 이로써 헨리 8세는 캐서린과의 결혼생활에 완벽한 마침표를 찍으며 문제를 해결했습니다.

헨리 8세와 형수였던 캐서린의 결혼 관계는 23년 만에 이렇게 끝났습니다. 헨리 8세는 캐서린에게 결혼 무효를 인정하고 수녀원에서 조용히 살 것을 권했습니다. 하지만 캐서린은 단호하게 거절했죠. 헨리 8세는 자신의 제

안을 받아들이지 않은 캐서린을 궁
에서 내쫓았고, 생활비는 물론 연금
조차 끊어버렸습니다. 하지만 이후
에도 캐서린은 모든 문서나 편지에
'Katherine the Queen(캐서린 왕비)'
이라고 서명하며 자신이 영국의 유
일한 왕비임을 내세웠습니다. 그녀는
죽는 날까지도 앤 불린을 왕비로 인
정하지 않았다고 합니다.

첫 번째 아내 캐서린

　캐서린과 로마 가톨릭교회와 결별을 선언한 헨리 8세는 1534년에 자신
이 교회의 최고 지도자가 되는 '수장법(Act of Supremacy)'을 통과시켰습니
다. 이는 정치적으로 왕권을 강화하는 계기가 됐습니다. 대부분의 유럽 국
가에는 교황으로 대표되는 종교권력과 왕으로 대표되는 정치권력이 각각
존재했습니다. 그랬던 것을 헨리 8세가 수장법으로 일원화한 것입니다. 이
제 영국의 모든 성직자는 왕에게 종속되었고 왕은 제한 없이 교회의 행정,
재정, 인사에 개입할 수 있는 권한을 갖게 되었습니다. 일종의 제정일치가
이루어진 셈이죠. 이때 헨리 8세는 수장법 선포와 함께 반역법도 제정했습
니다. 누구든 수장법을 따르지 않으면 대역죄인으로 간주해 처벌하도록 강
제한 것입니다.

　헨리 8세의 잉글랜드 국교회 설립은 당시까지 유럽사에서 유례를 찾아
보기 힘들 정도로 파격적인 사건이었습니다. 1,000년이 넘도록 서유럽의
교회는 가톨릭교회뿐이었는데, 여기서 독립한 '국가 교회'가 생긴 것입니
다. 성공회라고도 부르는 잉글랜드 국교회는 초기에는 로마 가톨릭과 비슷

했지만 점차 개신교 신학을 수용했습니다. 지금도 공식적으로 교황이 아닌 국왕이 교회의 지도자이며, 현재는 새롭게 영국 국왕이 된 찰스 3세Charles III가 수장입니다. 수장법을 통과시킨 이후 헨리 8세는 로마 가톨릭교회에서 파문되었습니다.

헨리 8세가 한 일은 정확히 말하면 잉글랜드 교회를 로마 가톨릭교회로부터 독립시킨 것입니다. 그런데 이는 잉글랜드에서 종교개혁이 시작되는 계기가 되었습니다. 헨리 8세의 아들인 에드워드 6세Edward VI 때 토머스 크랜머 대주교의 주도로 국교회가 개신교 신학을 받아들였고, 이후 엘리자베스 1세Elizabeth I 여왕 때는 통일법으로 잉글랜드 국교회가 확립되었습니다. 엘리자베스 1세는 개신교 신학을 바탕으로 국교회를 세웠지만 아직 가톨릭교회가 익숙한 국민들의 정서를 고려해 가톨릭 의식은 상당 부분 그대로 두었습니다. 이 같은 국교회의 특징은 오늘날까지도 이어지고 있습니다.

시녀 킬러 헨리 8세의
막장 스캔들

헨리 8세가 잉글랜드 국교회를 세운 뒤 피바람이 불기 시작했습니다. 자신의 새로운 결혼을 방해하는 자는 가차 없이 제거했기 때문입니다. 곁에서 그를 보좌했던 사람들도 예외는 아니었습니다. 먼저 재상(Lord Chancellor)이었던 토머스 울지Thomas Wolsey가 교황에게서 혼인 무효 허가를 받지 못했다는 이유로 해임되었습니다. 그는 10년이 넘도록 헨리 8세를 도와 국정을 수행해 왔으나 왕의 결혼을 성사시키지 못한 죄로 몰락하고 말았죠.

그의 뒤를 이어 2인자에 오른 인물은 평소 헨리 8세가 친구처럼 대하며 신뢰했던 토머스 모어Thomas More입니다. 우리에게는 소설 《유토피아》의 작가로 알려진 그는 당시 법률가이자 정치가였고, 철학가이기도 했습니다. 헨리 8세는 자신이 안팎에서 공격받던 때에 당대의 지성이던 토머스 모어가 자신을 지지해 주기를 원했습니다. 그러나 독실한 가톨릭교도였던 토머스 모어는 헨리 8세의 잉글랜드 교회 독립 시도를 반대했습니다. 그리고 수장법을 인정한다는 서명도 끝내 거부했죠. 이 일로 그는 재상의 자리에서 물러났습니다. 게다가 1533년에는 앤 불린의 대관식 참석마저 거부하면서 끝내 런던탑에 갇혔고, 이후 처형당했습니다.

이런 피바람 속에서도 새롭게 권력을 손에 넣은 사람이 있습니다. 토머스 크롬웰Thomas Cromwell은 이전의 '토머스'들과 달리 헨리 8세와 앤 불린의 결혼을 성사시키기 위해 적극적으로 나섰죠. 이후 종교 개혁과 수장법 통과에도 큰 역할을 해 헨리 8세의 신임을 얻었습니다.

그렇다면 헨리 8세와 앤 불린의 결혼생활은 어땠을까요? 앤 불린은 결혼 9개월 만에 아이를 낳았습니다. 그러나 태어난 아이는 아들을 원하던 두 사람의 바람과 달리 딸이었죠. 이 아이가 훗날 영국사에서 큰 업적을 남긴 엘리자베스 1세 여왕입니다. 그러나 헨리 8세는 딸의 존재를 반가워하지 않았고, 이후로도

토머스 크롬웰

앤 불린은 아들을 낳기 위해 임신과 유산을 반복했습니다. 1536년, 또다시 임신한 기쁨을 채 누리기도 전에 예기치 못한 사고가 벌어졌습니다. 평소 마상 창 시합을 즐겼던 헨리 8세가 낙마 사고를 당한 것입니다. 사고 당시 두 시간 정도 정신을 잃었는데, 왕이 크게 다쳤다는 소식을 들은 앤 불린은 충격으로 유산하고 말았습니다. 애석하게도 죽어서 태어난 아이는 아들이 었습니다. 우연인지 운명인지 이날 헨리 8세의 첫 번째 아내였던 캐서린의 장례식이 열렸다고 합니다.

낙마로 다리를 다쳐 야외 활동도 할 수 없게 된 헨리 8세는 스트레스가 쌓였고 신경질적인 사람이 되었습니다. 무엇보다 큰 문제는 어렵게 임신한 아들을 잃게 되었다는 충격이었죠. 이는 두 사람 사이를 크게 흔들어 놓았습니다. 앤 불린에게서 아들을 얻을 수 없다고 생각한 헨리 8세의 마음이 차갑게 돌아서 버린 것입니다.

앤 불린이 유산한 이유에 대해 낙마 사고 외에도 한 가지 설이 더 있습니다. 어느 날 헨리 8세의 방에 들어갔다가 그가 다른 여성과 애정 행각을 벌이는 모습을 보고 충격을 받아 유산했다는 것입니다. 어디까지나 소문에 불과하지만 적어도 앤 불린이 헨리 8세의 외도를 눈치챈 것은 사실인 듯합니다. 그 상대가 너무도 가까이 있었기 때문이죠. 바로 앤 불린의 시녀였던 제인 시모어Jane Seymour입니다. 공교롭게도 앤 불린과 제인 시모어 모두 헨리 8세의 전 아내의 시녀였습니다. 두 사람은 정반대의 캐릭터였습니다. 앤 불린이 검은 머리, 검은 눈동자에 당차고 적극적인 여성이었다면 제인 시모어는 금발에 창백한 피부를 한 다소 소극적 성격의 여성이었죠.

앤 불린은 1536년 초에 헨리 8세와 제인 시모어의 불륜 관계를 알아챘다고 합니다. 제인 시모어가 찬 목걸이의 로켓locket이 자신의 것과 비슷하다는 사실을 발견했기 때문이죠. 로켓은 펜던트의 일종으로 사진이나 머리카락 등을 넣는 작은 금속 상자입니다. 뭔가 잘못됐다고 느낀 앤 불린은 제인에게 로켓을 보여달라고 했습니다. 하지만 제인 시모어가 순순히 보여줄 리 없었죠. 화가 난 앤 불린은 그녀의 목에서 로켓을 낚아채 열어보았습니다. 아니나 다를까 그 안에는 헨리 8세의 초상화가 들어있었습니다. 당시는 로켓 안에 연인의 작은 초상화를 넣어두곤 했습니다. 헨

제인 시모어

리 8세와 제인 시모어의 관계를 확인한 뒤부터 왕과 왕비의 사이는 급속도로 나빠졌고, 두 사람은 날카로운 말싸움을 자주 벌였습니다.

왕실을 굳건히 하기 위해 종교를 바꾸면서까지 이뤄낸 결혼이었지만, 자신의 대를 이을 아들을 얻지 못한 헨리 8세는 이번에도 앤 불린과의 혼인을 무효로 만들기로 했습니다. 그가 찾은 방법은 앤 불린이 불륜을 저질렀다면서 간통죄와 근친상간죄까지 뒤집어씌우는 것이었죠. 그녀의 측근들을 겁박하고 고문해 거짓 자백을 받아냈고, 앤 불린은 5명의 남자와 간통 및 근친상간을 한 죄로 런던탑에 갇혔습니다. 그녀와 근친상간을 저질렀다는 혐의를 받은 사람은 남동생인 조지 불린George Boleyn이었습니다.

헨리 8세가 앤 불린에게 이토록 끔찍한 누명을 씌운 것은 당시는 어떤 교파이든지 이혼을 허용하지 않았기 때문입니다. 그러니 앤 불린과 헤어지고 아들을 낳아줄 다른 여성과 결혼하려면 결혼을 무효로 만들어야 했죠. 첫 아내인 캐서린과는 《성경》 구절을 근거로 혼인 무효를 주장했지만, 앤

불린은 그럴 만한 근거가 없었습니다. 그래서 불륜을 저질렀다는 혐의에 근친상간까지 더해 확실하게 결혼을 끝내려 한 것입니다.

이때 앤 불린에게 죄를 덮어씌우는 데 적극적으로 나선 인물이 토머스 크롬웰입니다. 과거에 이미 헨리 8세와 앤 불린의 결혼을 적극 지지했던 2인자였죠. 그가 앤 불린의 지지자에서 적으로 바뀐 데는 이유가 있습니다. 평소 자기 목소리를 내는 데 주저하지 않고 정치적 야심도 컸던 앤 불린은 국왕의 오른팔인 크롬웰과 자주 부딪혔습니다. 그러던 중 앤 불린이 외교 문제에 간섭하고 종교 개혁으로 몰수한 교회 재산을 처분하는 방식에도 개입하면서 두 사람은 크게 충돌했습니다. 상황이 이렇게 되자 토머스 크롬웰은 이미 헨리 8세의 마음이 돌아선 것을 알고 더욱 적극적으로 앤 불린에게 누명을 씌우는 일에 앞장선 것입니다.

말도 안 되는 죄를 뒤집어쓴 앤 불린은 너무 억울한 나머지 런던탑에 갇혀 혼자 중얼거리거나 고함을 치는 등 이상 증세를 보이기도 했습니다. 그녀는 법정에서 자신의 죄목을 모두 부인했지만 1536년에 끝내 참수되고 말았습니다. 앤 불린의 참수형에 관해 몇 가지 이야기가 전해집니다. 원래는 화형이 결정되었으나 헨리 8세가 자비를 베풀어 덜 고통스럽게 죽도록 참수형을 명령했다는 것입니다. 억울한 누명을 쓴 데다 그 대가로 참수형을 받게 됐다는 소식을 들은 앤 불린은 자신의 시녀에게 이런 말을 남겼다고 합니다.

"사형 집행관 실력이 좋다고 들었어. 그리고 내 목이 가늘어서 다행이다."

또 다른 이야기는 당시 참수형에는 주로 도끼를 사용했는데 앤 불린에게는 칼을 사용했다는 것입니다. 특별히 프랑스에서 칼을 노련하게 다루는 사람을 데려왔다는 말도 있습니다. 아마도 앤 불린이 덜 고통스럽게 죽도록 나름의 배려를 한 것이겠죠.

두 번째 아내인 앤 불린이 참수
된 다음 날 헨리 8세는 기다렸다
는 듯이 한 여인과 약혼식을 올렸
습니다. 주인공은 앤 불린의 시녀
제인 시모어였죠. 두 사람은 앤
불린이 죽은 지 11일 후인 1536년
5월 20일에 런던 화이트홀 궁전에
서 정식으로 결혼식을 올렸고, 제
인 시모어는 영국의 새로운 왕비가 됐습니다.

두 번째 아내 앤 불린

피바람으로 완성한
잉글랜드 종교 개혁

헨리 8세가 세 번째 결혼식을 치르는 사이 한편에서는 그가 시작한 종교
개혁의 광풍이 계속 불고 있었습니다. 왕권 강화를 위해 종교 개혁이라는
칼을 빼든 헨리 8세가 토머스 크롬웰을 앞세워 수도원 해산과 토지 몰수에
나선 것입니다. 당시 막대한 재산을 소유한 수도원을 해산시키고 그 재산
을 몰수해 왕실 소유로 만들면, 교황과 잉글랜드 교회의 관계를 완전히 끊
을 수 있을 뿐 아니라 왕실의 재정도 늘릴 수 있었기 때문이죠.

당시 재무장관, 궁내장관, 내무장관 등을 겸했던 크롬웰은 부실 수도원
을 정리한다며 1535년부터 잉글랜드와 웨일스 수도원의 재정 상황을 조사

했습니다. 이듬해 부실 수도원 목록에 오른 291개의 수도원 중 244개를 강제 해산했죠. 해산된 수도원의 연간 수입은 약 1만 8,000파운드로 현재 가치로 약 130억 원에 달합니다. 이후 재산 몰수뿐 아니라 수도원 자체를 파괴하기 시작했습니다. 이 과정에서 헨리 8세의 무자비한 탄압 방식과 국교회 강요에 대한 불만이 터져 나왔습니다. 급기야 1536년에는 북잉글랜드 지방에서 로버트 애스크Robert Aske가 '은총의 순례'라는 봉기를 일으켰습니다. 종교개혁에 불만을 품은 평민과 귀족 3만 5,000여 명이 반란군이 되었습니다.

이들은 요크서 서부의 한 성에서 1년간 농성하며 헨리 8세에게 수도원 해산을 유예해 달라는 청원서를 보내기도 했습니다. 헨리 8세는 대규모 반란군을 가만히 두지 않았습니다. 봉기 지도자들은 체포됐고 관련자 200여 명은 재판도 없이 반역죄로 처벌되었습니다. 그들 중 일부는 사지를 절단해 사람들이 시신을 볼 수 있도록 여기저기 걸어두는 엽기적인 행각까지 벌였죠. 자신에게 반하는 자의 최후를 똑똑히 보여준 것입니다. 반란이 진압되고 1539년에 잉글랜드와 웨일스의 모든 수도원이 해산되었습니다. 대략 800개가 넘는 수도원에, 소속된 수도사만 1만 명에 가까웠죠. 이는 잉글랜드와 로마 교황의 연결고리가 끊어지는 중요한 계기가 되었습니다.

수도원 해산 직전 전국 수도원의 연간 총수입을 계산한 수치가 있습니다. 잉글랜드 수도원들의 연 수입은 13만 6,000파운드로 현재 가치로 약 960억 원에 달했습니다. 이는 헨리 8세가 수도원 해산으로 거둔 경제적 이익을 대략 짐작할 수 있게 합니다.

헨리 8세가 왕권 강화를 위해 애쓰는 사이, 그의 결혼생활에는 희비가 엇갈리는 일이 벌어졌습니다. 제인 시모어와는 결혼 이후 꽤 잘 지냈습니다. 특히 제인 시모어가 의붓딸인 메리, 엘리자베스와도 관계를 돈독히 하면서 헨리 8세와 두 딸을 가까워지도록 많은 노력을 했다고 합니다. 무엇보다 결혼한 지 1년 만에 그토록 바라던 아들 에드워드를 얻었습니다. 왕위를 이어받을 아들의 탄생으로 왕실의 후계 구도가 완성된 것입니다. 제인 시모어는 무려 사흘간 혹독한 산고를 치르며 아이를 낳았습니다.

헨리 8세는 너무 기뻤지만 어렵게 얻은 아들이 혹시 잘못될까 봐 엄청나게 신경을 썼습니다. 당시 런던에는 전염병이 돌았는데 에드워드가 머무는 모든 공간을 매일 비눗물로 깨끗하게 청소했고, 엄마도 아기를 마음껏 보지 못할 정도로 여러 시녀의 보살핌 속에서 철저하게 보호했습니다. 왕자가 태어났다는 소식에 런던 교회마다 찬송가가 울려 퍼지고 종소리가 멈추지 않았습니다. 런던탑에서는 2,000발의 축포를 쐈죠. 일부 상인은 시민들에게 공짜 술을 대접하기도 했습니다. 집집마다 축하 파티를 벌일 정도로 온 나라가 축제 분위기에 휩싸인 가운데 누구보다 아들의 탄생을 기뻐한 헨리 8세는 궁정화가인 한스 홀바인Hans Holbein에게 가족 초상화를 주문했습니다.

화이트홀 벽면에 그려져 있었던 이 그림에는 모두 네 사람이 등장합니다. 지금은 화재로 원본이 사라졌지만 다행히 1667년에 복사본을 남겨놔서 그림의 본래 의미를 유추해 볼 수 있습니다. 왼쪽 위에는 헨리 7세가, 그 아래쪽에는 헨리

에드워드 6세

8세가, 그리고 두 사람의 옆에는 그들의 왕비인 요크의 엘리자베스와 제인 시모어가 대칭을 이루고 있죠. 이 그림에서 헨리 8세와 다른 인물의 차이점을 찾을 수 있습니다. 그만 당당히 정면을 응시하고 있는 것입니다. 다리를 어깨만큼 넓혀 위풍당당한 자세로 서서 왕의 위엄을 전달하는 모습은 마치 용맹한 전사를 연상케 합니다. 한껏 과장된 어깨와 담담한 표정은 남성성을 한껏 강조하고 있죠. 자신이 이룬 절대 왕정의 대를 아들이 이어갈 것이라 확신한 그의 기세가 느껴집니다.

헨리 8세는 이 초상화를 복사해 영국 전역에 퍼뜨리게 했습니다. 당시 대부분의 유럽 국가는 백성이 군주의 얼굴을 몰랐습니다. 하지만 헨리 8세

가족 초상화

는 자기 얼굴을 알리면서 백성들이 자신들의 왕이 누구인지를 확인할 수 있도록 했습니다. 16세기에 이미 이런 강력한 왕의 이미지를 적극적으로 활용해 왕과 왕실 위엄을 높이는 이미지 메이킹 정치를 한 것입니다.

아들 낳고 사망

세 번째 아내 제인 시모어

튜더 왕조의 절대 권력을 이어갈 아들의 탄생이라는 기쁨도 잠시, 왕가에 비극이 닥쳤습니다. 제인 시모어가 출산 후 얼마 지나지 않아 산욕열로 앓아누운 것입니다. 과거에는 분만한 산모가 걸리는 열병인 산욕열로 숨지는 경우가 많았습니다. 제인 시모어의 상태는 매우 심각했고 왕실에는 비상이 걸렸습니다. 헨리 8세는 내내 왕비의 곁을 지켰지만 안타깝게도 끝내 숨지고 말았습니다. 헨리 8세가 아무리 바람둥이라고 해도 제인 시모어의 죽음은 큰 충격이었습니다. 그는 무려 3년간 결혼도 하지 않고 혼자 지냈으며 자신이 죽으면 제인 시모어와 함께 묻어달라는 요청까지 했습니다. 이렇게 세 번째 결혼생활도 끝났습니다.

왕비가 되러 왔다가
왕의 누이가 된 사연

헨리 8세는 벌써 세 번의 결혼식을 통해 한 번의 혼인 무효, 한 번의 참수, 한 번의 장례식을 치렀습니다. 거듭되는 결혼식 사이에 영국의 종교를 바꾸고, 에드워드 6세까지 얻으면서 강력한 왕권으로 자신의 통치 전반기를 매우 견고하게 만들었죠. 그리고 영국의 안위를 위해 네 번째 왕비를 맞을 준비를 했습니다. 그 상대는 헨리 8세와의 결혼 기간이 가장 짧았으며 가장 큰 굴욕을 당한 클레페 공국의 앤Anne입니다.

클레페 공국은 지금의 독일 노르트라인베스트팔렌주 지역으로 네덜란드 국경과 가까운 곳에 있었습니다. 클레페는 작은 공국이었고 앤은 그곳의 공작인 요한 3세Johan III의 딸이었죠. 헨리 8세가 강대국도 아닌 작은 나라의 여인과 결혼하게 된 것은 영국이 처한 외교 상황 때문입니다. 이때 프랑스와 지금의 독일 지역에 있던 신성로마제국이 오랜 전쟁을 끝내고 동맹 관계로 돌아서면서 영국은 고립될 위기에 처했습니다. 더군다나 당시 교황은 헨리 8세를 쫓아내기 위해 신성로마제국 황제에게 군사행동을 요청하던 상황이었습니다. 그리하여 신성로마제국 내의 개신교 국가였던 클레페

클레페 공국

공국과 동맹을 맺어 신성로마제국 황제를 견제하려 한 것입니다. 또한 헨리 8세가 가장 신임했던 토머스 크롬웰이 앤과의 결혼을 적극 추진했습니다. 이처럼 헨리 8세는 정치적 판단에 따라 결혼을 결심했습니다.

다만 두 나라 사이의 거리가 멀어서 직접 앤을 만나러 갈 수가 없었습니다. 결혼하게 될 여성이 너무 궁금했던 헨리 8세는 궁정화가인 한스 홀바인을 시켜서 초상화를 그려오게 했습니다. 그가 그려온 그림을 본 헨리 8세는 앤이 꽤 미인이라고 생각했습니다. 그는 결혼을 서둘렀고 급기야는 앤이 영국으로 오는 날 그리니치 궁전에서 로체스터성까지 직접 맞이하러 갔죠. 그러나 그토록 기다려온 앤의 실물을 마주한 헨리 8세의 마음은 차갑게 식어버렸습니다. 초상화와 실물이 너무나 달랐기 때문입니다.

헨리 8세는 앤을 보자마자 "보고받은 것처럼 예쁘지 않다"라며 불평했습니다. 비슷한 시기에 그린 앤의 또 다른 초상화들과 한스 홀바인이 그린 초상화를 비교해 보면 앤의 실제 모습을 유추해 볼 수 있습니다. 당시 프랑스 대사는 앤이 못생긴 것은 아니며, 다만 너무 정숙해 보일 만큼 두꺼운 옷을 입었다는 기록을 남기기도 했습니다. 아마도 앤의 외모가 헨리 8세의 취향이 아니었던 것 같습니다.

크게 실망한 헨리 8세는 분노하며 책임자를 찾았습니다. 결혼을 잘못 주선한 토머스 크롬웰은 신임을 잃었고 반대 세력의 이간질까지 더해져 이내 처형당했습니다. 초상화를 그린 한스 홀바인도 자신의 후견인이던 크롬웰이 처형당하면서 큰 위기를 맞았습니다. 하지만 다행히 궁정화가 지위는 간신히 유지할 수 있었습니다.

사실 가장 당혹스러운 사람은 멀리 클레페 공국을 떠나온 앤이었습니다. 애초에 정치적 목적으로 애정 없이 진행한 혼인이었기 때문에 헨리 8세

한스 홀바인이 그린 앤의 초상화

비슷한 시기에 그려진 다른 초상화

는 6개월 만에 결혼을 무효로 만들었습니다. 이제는 교황의 허가를 받을 필요가 없는 데다 이미 네 번의 결혼을 치르며 결혼생활 정리에 능숙해진 덕분에 혼인 무효가 쉽도록 첫날밤을 치르지 않은 것입니다.

당시 앤은 매우 불안에 떨었다고 합니다. 그동안 헨리 8세가 자신과 결혼했던 여인들을 어떻게 처치했는지 알았기 때문입니다. 그녀는 클레페 공국의 가족들에게 편지를

못생겨서 혼인무효

네 번째 아내 앤

썼습니다. 헨리 8세를 원망할 것이라는 예상과 달리 자신이 영국에서 잘 지내고 있다는 내용이었죠. 앤이 받은 모욕을 고국에 전달해 두 나라의 동맹이 틀어질 것을 걱정한 헨리 8세가 그녀가 가족들과 주고받는 편지를 뜯어보았기 때문입니다. 이를 눈치챈 앤은 자신의 안위를 지키기 위해 왕의 심기를 건드리지 않도록 노력했습니다. 그리고 혼인 무효가 결정된 뒤에는 헨리 8세에게 직접 편지를 보내기도 했습니다.

> '이로써 저는 폐하의 은총을 받은 아내라는 사실을 밝힐 수도 없고 그렇게 하지도 않을 것이지만, 폐하께서 저와 함께해주신 깨끗하고 순수한 생활을 고려하셔서 저를 폐하의 겸손한 종 중 하나로 받아들이신다면 더할 나위 없이 감사하겠습니다.'

편지를 받은 헨리 8세는 크게 감동했고 앤에게 매우 관대한 처사를 내렸습니다. 왕비가 아닌 '왕의 누이'라는 호칭을 하사한 것입니다. 그와 함께

왕실의 보석이나 온갖 물품은 물론, 전 아내인 앤 불린이 소유했던 리치먼드 궁전 등의 부동산을 비롯해 엄청난 금액의 연금도 주었죠. 이후로도 앤은 종종 궁전에 초청받아 헨리 8세의 고민을 들어줄 만큼 친근한 사이가 됐습니다.

시간이 흘러 헨리 8세가 또다시 혼자가 되자 클레페 가문은 두 사람의 재결합을 요청했습니다. 그러자 헨리 8세는 단칼에 거절했습니다. 앤을 인간적으로는 좋아했으나 여자로서는 정말 싫어했던 모양입니다. 결국 앤은 못생겼다는 이유로 헨리 8세와 가장 짧은 결혼생활을 했지만 현명하게 처신한 덕에 좋은 '여사친'으로 살아남을 수 있었습니다.

자유분방한 10대 소녀와의 결혼, 헨리 8세가 피눈물을 흘린 이유는?

6개월 만에 앤과의 결혼을 정리한 헨리 8세는 자연스레 다음 결혼식을 준비했습니다. 그리고 한 달도 채 되지 않아 다섯 번째 아내를 맞이했죠. 이번 상대는 놀랍게도 10대 소녀인 캐서린 하워드Catherine Howard였습니다. 당시 헨리 8세의 나이는 49세로, 두 사람의 나이 차는 무려 30년이 넘었습니다. 캐서린 하워드는 두 번째 아내였

캐서린 하워드

던 앤 불린의 외사촌이자 네 번째 아내였던 앤의 시녀였습니다. 이로써 직전 아내의 시녀였던 사람과의 결혼만 세 번째가 되었습니다. 헨리 8세는 캐서린의 천진난만하고 자유분방한 면모에 푹 빠졌다고 합니다. 그녀는 명문가의 딸이었으나 아버지는 항상 빚에 시달렸고 다른 왕비들과 달리 청소년기에 제대로 된 교육도 받지 못했죠.

그러던 어느 날 헨리 8세는 캐서린 하워드의 남자관계가 복잡하다는 충격적인 소식을 듣게 됩니다. 캐서린은 결혼 전 헨리 매녹스Henry Manox라는 음악 교사와 연인 관계였고, 이후에는 프랜시스 데럼Francis Dereham이라는 사람과 만났습니다. 데럼과의 관계는 사귀는 것을 넘어 서로를 남편과 아내로 부를 정도였죠. 캐서린은 헨리 8세와의 결혼 후 대담하게도 데럼을 자기 비서로 삼아 왕실에서 밀회를 이어갔습니다. 이것도 모자라 헨리 8세가 신뢰했던 시종 토머스 컬페퍼Thomas Culpeper와도 염문을 뿌렸죠.

결국 캐서린의 스캔들은 헨리 8세의 귀에도 들어갔습니다. 캐서린을 '가시 없는 장미'라고 부를 정도로 아꼈던 헨리 8세는 추문을 믿지 않으려 했습니다. 하지만 곧 캐서린이 자신을 배신했다는 진실을 알게 되었고 분노에 차 그녀는 물론 관계된 모든 남자를 참수시켰습니다. 결혼한 지 1년 4개월 만에 벌어진 일이었죠.

헨리 8세는 저러다 미치는 게 아닐까 걱정할 정도로 분노하고 울었습니다. 나중에는 캐서린을 직접 죽이겠다며 칼을 가져오라고 할 정도였죠. 충격이 컸는지 왕비가 될 여성이 과거 남자

다섯 번째 아내 캐서린 하워드

관계를 숨기는 것은 반역이라는 법까지 만들었다고 합니다. 한편 캐서린은 처형에 사용할 나무 받침을 가져다 달라고 요청해 밤새도록 머리를 받침에 대보는 연습을 했다고 합니다. 죽기 전에는 자신의 영혼을 위해 기도해 달라는 말을 남겼죠. 이렇듯 헨리 8세는 그동안 자신이 저지른 일을 고스란히 돌려받으면서 이번 결혼도 끝났습니다.

다섯 번이나 결혼을 반복하는 사이 헨리 8세도 쇠약해지고 말았습니다. 노년이 된 그는 몸무게가 140kg을 넘고 허리둘레가 무려 54인치에 육박하는 거구가 되어 있었죠. 오래전 낙마 사고로 거동이 불편한 데다 하루에 20접시를 비우는 과식으로 건강은 점점 더 나빠졌습니다. 이제 자신을 보살펴줄 사람이 필요하다고 판단한 그는 인생의 마지막 결혼을 했습니다.

이번 상대는 왕실의 가정교사 출신이었던 캐서린 파Catherine Parr입니다. 그녀는 이미 두 번의 결혼을 했는데 모두 남편이 먼저 병들어 죽었습니다. 병약한 남편들을 보살핀 경험이 있던 캐서린 파는 헨리 8세도 극진히 돌봐주었습니다. 사실 캐서린 파는 헨리 8세의 아들을 낳고 죽은 제인 시모어의 오빠를 좋아했으나 왕의 청혼을 거절할 수 없어 결혼했다고 합니다. 현명하고 이해심 많은 여성이었던 그녀는 헨리 8세의 이전 아내들이 낳은 세 아이를 잘 챙겼습니다. 특히 헨리 8세가 쫓아냈던 메리와 엘리자베스를 불러 화해하도록 설득하기도 했죠. 헨리 8세는 1544년에 에드워드 6세의 뒤를 이어 두 딸을 왕위 계승권자로 인정하

캐서린 파

는 왕위승계법을 제정했습니다. 사생아였던 메리와 엘리자베스에게 공주의
신분을 회복해준 것입니다.

영국 해군의 아버지,
헨리 8세

　헨리 8세는 왕위에 오른 이후 무려 여섯 번의 결혼을 하며 영국사에 길
이 남을 기록을 남겼습니다. 그런데 그가 남긴 기록은 결혼만이 아닙니다.
영국의 해군력 발전에 지대한 공적을 남긴 것입니다. 영국은 주변 강대국
사이에서 입지를 탄탄히 하기 위해 국방력을 강화할 필요가 있었고, 이를
위해 헨리 8세는 해군에 공을 들였습니다. 그가 가장 먼저 주목한 것은 함
포 기술입니다. 함선에 장착할 대포 개발에 국가 예산을 투자하고 대포 주
조 기술을 발전시켰죠. 이는 무기의 성능을 키우고 해군 전략에도 큰 변화
를 가져오는 계기가 되었습니다. 당시 대부분의 국가는 적선을 공격할 때
갈고리를 던져 자기 배 쪽으로 끌어당긴 후 근접전을 벌이거나 적선에 올라
탔습니다. 그런데 대포 기술이 발달하면서 점차 배끼리 직접 만나기도 전
에 원거리 포격 전술을 쓰게 되었죠. 이런 전술로 헨리 8세의 딸인 엘리자
베스 1세는 스페인과의 해전에서 큰 승리를 거둘 수 있었습니다.

　헨리 8세는 해군력에서 가장 중요한 함선을 발달시키는 데도 힘을 기울
였습니다. 직접 선박을 디자인할 정도로 함선에 많은 관심을 쏟았고 조선
소를 설치해 메리 로즈호, 해리호 등과 같은 큰 배와 군함을 건조했습니다.
특히 해리호는 배수량이 1,000톤에 이르렀죠. 그와 함께 선박 건조 장려금

도 마련했습니다. 덕분에 헨리 7세 시절에 다섯 척이었던 해군 함정이 1539년에는 40척을 넘었으며, 민간인 선박까지 합치면 150척을 넘게 되었습니다. 이렇게 함선과 함포 개발에 힘을 쏟은 결과 헨리 8세 시대의 군함들은 무겁고 사거리가 긴 대포를 실을 수 있을 만큼 강력해졌습니다.

헨리 8세는 단순히 해군 함정 수만 늘린 것이 아니라, 런던 근교에 두 개의 조선소, 포츠머스에 첫 해군기지창을 건설했습니다. 또 웨일스의 항구 도시 밀포드 헤이븐부터 잉글랜드 남해안의 험버강까지 해안선을 따라 해군 요새들을 건설하기도 했죠. 이 역시 엘리자베스 1세 때 스페인과의 해전에서 영국이 승리할 수 있었던 중요한 요인이었습니다.

영국 해군력의 기초를 닦은 헨리 8세는 이와 더불어 해군력을 효과적으로 운영할 수 있는 해군청을 창설했습니다. 이 시기 대부분의 나라가 마스터플랜 없이 국왕이 돈을 내놓으면 배를 사서 무장하는 식으로 해군을 운영했습니다. 하지만 헨리 8세의 해군청은 달랐습니다. 해군 함선 수급 계획을 세우고 관련된 예산을 확보하는 등 함대 건조 전체 과정을 맡아서 진행한 덕분에 영국은 장기 계획을 가지고 안정적으로 해군을 발전시킬 수 있

메리 로즈호

해리호

었죠. 이 기관은 오늘날의 해군성으로 발전했고 영국이 해양 강국으로 뻗어나가는 발판이 됐습니다. 이처럼 헨리 8세는 해군력 증강으로 영국의 전성기를 여는 초석을 닦았다고 평가됩니다.

하지만 무분별한 전쟁과 그로 인한 경제 파탄은 영국에 큰 피해를 입혔습니다. 통치 후반부를 거의 전쟁으로 보냈지만, 들인 시간과 돈에 비해 이렇다 할 성과는 없었습니다. 대륙 진출을 꿈꾸며 1543년에는 프랑스와의 전쟁을 선포하지만 결과는 초라했고, 프랑스와 동맹 관계인 스코틀랜드와의 관계도 틀어졌죠. 무엇보다 승산 없는 전쟁에 쏟아부은 어마어마한 돈으로 영국의 경제가 휘청였습니다. 헨리 8세는 무너진 경제를 되살리려 14세기 이래 최고율의 세금을 부과했으나 재정 적자를 메울 수는 없었습니다. 결국 인위적으로 주화에 이물질을 섞어서 화폐 가치를 떨어뜨리고 말았습니다. 그 결과 수치상으로는 재정 적자가 개선된 것처럼 보였지만 파운드화의 가치는 13%나 떨어졌고 영국 통화의 해외 신용도 급락했습니다. 돈의 가치가 떨어지니 더 많은 돈을 주고 물건을 사게 되면서 인플레이션 현상도 심각해졌습니다.

이때 헨리 8세가 영국에서 얻은 별명 중 하나가 '구리 코(copper nose)'였습니다. 당시에는 구리 돈을 은으로 도금해 시중에 뿌렸는데 돈을 사용하다 보면 은이 닳아서 구리가 드러났습니다. 그런데 돈에 새겨진 헨리 8세의 얼굴 중 가장 도드라진 부분인 코가 가장 먼저 닳았기 때문에 이런 별명이 생긴 것이죠.

이렇게 거듭되는 쓸모없는 전쟁과 그로 인한 국고 탕진으로 영국 국민의 삶은 피폐해졌고, 왕실의 재정도 바닥이 났습니다. 이로 인해 헨리 8세는 물론이고 엘리자베스 1세 여왕도 즉위 후 초창기에는 심각한 재정난에 시달려야 했습니다. 영국 역사에 많은 성과와 과오를 남긴 헨리 8세는 낙마 사고로 인한 후유증과 그로 인한 건강 악화로 1547년에 55세의 나이로 숨 졌습니다. 에드워드 6세를 충실히 보좌해 달라는 말을 남기고 여섯 번째이 자 인생 마지막 아내인 캐서린 파 곁에서 세상을 떠났죠. 캐서린 파는 헨리 8세의 여인 중 유일하게 끝까지 살아남은 아내가 되었습니다.

헨리 8세는 훌륭한 왕이라기보다 영국 역사에 남긴 유산이 큰 왕이라고 볼 수 있습니다. 경제나 외교 방면에서는 나라에 큰 손실을 가져왔지만, 그 럼에도 그의 몇 가지 업적은 지금도 영국 역사에 큰 흔적을 남기고 있습니 다. 먼저 그가 시작한 종교 개혁을 바탕으로 성립된 잉글랜드 국교회는 지 금까지 영국인의 정체성과 일상에 큰 영향을 미치고 있습니다. 또한 통치 기간 내내 영국의 해군력을 발전시키는 데 집중함으로써 영 제국의 발판을 마련했다는 점도 기억해야 할 업적입니다. 마지막으로 엘리자베스 1세까지 이어지는 절대 왕정을 구축했다는 사실도 기억되어야 할 것입니다. 엘리자 베스 1세가 근대화된 영국을 만들기 시작했던 것은 헨리 8세가 이뤄놓은

안정적인 정치 기반 덕분에 가능 했던 일입니다. 헨리 8세와 그의 여인들의 역사는 재미있는 옛날이 야기일 수도 있지만, 조금만 자세 히 들여다보면 영국이 한때 세계 를 지배할 수 있었던 초석을 확인 할 수 있는 중요한 역사의 한 부 분이기도 합니다.

남편이 먼저 죽어서 생존

여섯 번째 아내 캐서린 파

벌거벗은 표트르 대제

러시아는 어떻게 강국이 되었을까?

류한수

● '러시아' 하면 무엇이 떠오르나요? 드넓은 땅, 자원을 많이 가진 강대국, 우크라이나 전쟁, 블라디미르 푸틴Vladimir Putin 대통령 등이 생각날 것입니다. 이 모든 것의 초석을 다진 인물이 있습니다. 러시아 역사상 가장 위대한 황제, 푸틴 대통령의 롤 모델, '조국의 아버지'라 불리는 표트르 대제Pyotr Velikii입니다. 그의 초상화를 보면 손에 들고 있는 막대가 눈에 띕니다. 이것의 정체는 망원경입니다. 뒤의 배경에는 함선 그림도 있습니다. 망원경과 함선은 표트르 대제를 설명해줄 매우 중요한 힌트입니다.

표트르 대제는 더 넓은 세계를 바라보고 해양 강국의 꿈을 실현하고자

표트르 대제

러시아 역사상 최초의 함대를 건설했습니다. 이를 위해 문자, 기술, 문화, 군대 등을 바꾸면서까지 동방 색채가 짙었던 러시아의 모습을 지워버렸죠. 그 결과 러시아 제국을 일으켜 세우고 유럽 열강의 반열에 오를 발판을 마련했습니다. 그는 러시아에서도 단 두 명에게만 붙인 '대제'라는 칭호를 받아 지금까지도 '위대한 황제'로 불리고 있습니다. 초상화에서 함선을 배경으로 망원경을 손에 쥔 표트르 대제의 모습은 그의 업적을 나타냅니다.

하지만 한편으로는 백성을 고통에 몰아넣은 압제자이자 적그리스도라는 평가를 받기도 했습니다. 대체 왜 이렇게 평가가 양극단을 오갈까요? 지금부터 표트르 대제의 발자취를 따라가면서 러시아와 유럽의 판도를 뒤바꾼 대격변의 역사를 벌거벗겨 보겠습니다.

피도 눈물도 없는
권력 다툼

러시아인에게 모스크바는 수도를 넘어 국가 정체성을 상징하는 곳입니다. 하지만 표트르 대제 이전의 모스크바에서는 위태로운 나날이 계속되었습니다. 대항해 시대를 맞이한 15세기 초에 스웨덴이 해양 강국으로 떠올랐고 스페인, 포르투갈, 영국 등은 바다를 넘어 식민지 건설과 무역을 통해 뻗어나가고 있었죠. 서방 국가들이 활발한 교역으로 경제와 문화를 발전시킬 때, 바닷길이 막힌 러시아는 폐쇄적이고 뒤떨어진 변두리 국가로 여겨졌습니다. 영토를 차츰차츰 넓혀나가던 러시아는 나라가 부강해지려면 바다 건너 유럽 쪽으로 뻗어나가는 길밖에 없다고 생각했습니다.

지도를 비교해 보면 15세기에 조그마한 모스크바 공국(연두색)이었던 나라가 200여 년 뒤인 1680년대(루스 차르국)에는 매우 넓어졌음을 알 수 있습니다. 당시 러시아는 주변 나라를 흡수해 땅을 넓히면서 바다로 나갈 발판까지 마련했습니다. 그런데도 유럽 강국의 반열에는 오를 수 없었죠. 위에

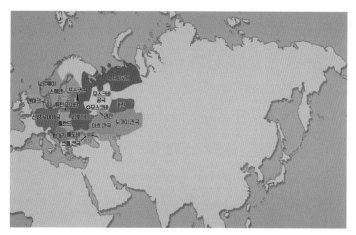

15세기 모스크바 공국

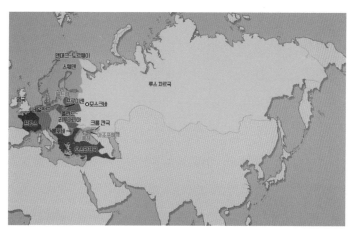

1682년 유라시아

는 발트해의 강자였던 스웨덴이, 아래에는 강대국이었던 오스만 제국과 폴란드가 버티고 있어 유럽 서부에 발도 딛지 못한 것입니다. 동쪽으로는 땅을 넓혔으나 서쪽으로는 막혀 있었던 것이죠.

표트르 대제의 아버지인 차르 알렉세이Tsar Aleksei는 유럽과 교역을 하고자 바다로 나가려고 애를 썼습니다. 그러나 나라 안에서 반란과 전쟁이 거듭되면서 지금의 우크라이나 지역과 시베리아 동쪽, 극동 지역의 병합에 그치고 말았습니다. 이런 혼란스러운 정세 속에서 등장한 사람이 표트르 대제입니다.

1672년에 모스크바의 크렘린 궁전에서 차르 알렉세이의 다섯 아들 가운데 막내로 태어난 표트르 대제는 사랑을 듬뿍 받으며 자랐습니다. 돌이 지난 뒤에는 유모와 독방 침실에서 지냈는데 갖가지 모양으로 빚은 값비싼 정제 설탕을 맛보는 등 모자람을 모르고 자랐죠. 하지만 평화로운 어린 시절은 4년 만에 끝났습니다. 그가 네 살이 되던 해 아버지가 숨진 것입니다. 곧이어 후계자 자리를 두고 권력 다툼이 시작되었습니다.

차르 알렉세이는 두 번 결혼했습니다. 첫 번째 결혼에서 첫째 딸 소피야 Sofiia와 아들 표도르 3세Fyodor III, 이반 5세Ivan V를 얻었습니다. 아내가 죽은 뒤에 한 두 번째 결혼에서 태어난 아이가 표트르였는데, 그는 차르의 자리에 오르기에는 거리가 먼 왕자였죠. 그런데 차르 알렉세이의 뒤를 이어 차르의 자리에 오른 표도르 3세가 자식을 남기지 못한 채 재위 6년 만에 죽고 말았습니다. 원칙대로라면 이반 5세가 다음 차르에 올라야 했지만 겨우 열 살이던 표트르가 차르가 되었습니다. 대체 무슨 일이 일어난 것일까요?

사실 이반 5세에게는 크나큰 약점이 있었습니다. 어릴 때부터 몸이 약했던 그는 나라를 다스리기에는 지적 능력이 모자랐습니다. 새 차르의 선정을 앞두고 차르 알렉세이의 두 아내에 따라 이반 5세를 지지하는 세력과 표트르를 지지하는 세력이 갈라졌습니다. 하지만 이반 5세의 약점 때문에 표트르를 지지하는 세력에 힘이 더 실릴 수밖에 없었죠. 결국 표도르 3세가 죽은 뒤에 표트르가 제위에 올랐습니다.

소피야 공주

표트르가 차르로 선포된 지 얼마 지나지 않아 상황이 달라졌습니다. 이복 누나인 소피야 공주가 정변을 일으킨 것입니다. 당시 여성은 차르가 될 수 없었으므로 소피야 공주는 동생들을 등에 업은 여러 세력이 싸우는 동안 후계자 다툼에서 자연스레 배제된 채 상황을 지켜봐야 했습니다. 소피야는 친동생인 이반 5세 대신 이복동생인 표트르가 차르에 오르자 꾀를 냈습니다. 이반 5세가 표트르를 지지하는 세력의 손에 암살되었다는 거짓 소문을 낸 것입니다.

소문의 위력은 대단했습니다. 소피야 공주 세력과 가까웠던 황실 부대는 격분한 나머지 표트르와 그의 세력이 있는 궁으로 쳐들어갔습니다. 그들은 표트르 대제의 지지 세력을 처단했습니다. 당시 상황을 묘사한 46쪽의 그림을 보면 표트르를 보좌하던 외가 후견인이 황실 부대원들에게 머리채를 잡힌 채 끌려 나가고 있습니다. 이를 보며 이마를 짚은 채 쓰러진 사람은 표트르의 친어머니고, 그 뒤에서 끌려 나가는 모습을 지켜보는 여인은 소피야 공주로 추정됩니다. 그리고 이 모든 상황을 지켜보는 어린아이가 바

황실 부대의 폭동

로 표트르입니다.

황실 부대는 이반 5세가 소문과 달리 무사하다는 사실을 확인하고도 난동을 멈추지 않았습니다. 그들은 표트르의 삼촌과 친척들을 비롯해 측근 40여 명을 궁 밖으로 끌고 나가 도끼로 난도질하거나 창날 위에 내던져 잔혹하게 죽였습니다. 이를 본 어린 표트르는 자기도 언제 죽을지 모른다는 두려움에 떨어야 했죠. 이 사건은 그에게 평생에 걸친 트라우마로 남았습니다. 그는 이따금 얼굴 경련을 일으키곤 했는데 이때의 충격 때문이라는 이야기도 있습니다.

황실 부대가 반란을 일으킨 것은 소피야 공주와 가까운 관계였기 때문이지만 표트르의 어머니가 유럽식 교육을 받고 자라면서 외세와 친했던 탓도 있다고 합니다. 당시 러시아의 개방을 바라지 않던 황실 부대가 이반 5세를 핑계로 반란을 일으켰다는 것입니다.

정변에 성공한 소피야 공주는 차마 표트르를 죽이지는 못했습니다. 이미 차르로 선포된 이를 죽이는 행위는 당시 러시아에서 가장 큰 반역죄였기 때문입니다. 하지만 표트르를 차르로 두는 것은 용납할 수 없었죠. 소피야 공주는 친동생인 이반 5세와 표트르를 공동 차르로 만드는 타협안을 내놓았습니다. 16세의 이반 5세는 '상급 차르'로, 10세였던 표트르는 '하급 차르'로 임명되었습니다. 두 사람은 함께 국정을 보기 시작했습니다.

두 사람이 나란히 앉았던 이중 옥좌를 보면 오른쪽 등받이에 자그마한 홈이 있습니다. 소피야 공주는 두 동생이 앉은 옥좌 뒤에 구멍을 내고, 그 뒤에 앉아 몰래 지시를 내렸습니다. 크고 작은 국정 문제부터 외국 대신을 접견할 때 갖춰야 할 예의까지 세세하게 간섭했죠. 소피야의 위세에 눌린 표트르는 지시대로 국정을 운영해야 했습니다.

측근이 죽어 나가는 모습을 두 눈으로 지켜보았던 어린 표트르에게는 힘이 없었습니다. 소피야 공주는 두 차르가 같은 공간에 있으면 안 된다는 명분을 내세워 더 어린 표트르를 궁 밖에서 살게 했습니다. 이름뿐인 차르로 전락한 표트르는 모스크바에서 약 10km 떨어진 황실 영지로 쫓겨나 차르로서 수행해야 할 중요한 일이 있을 때가 아니면 궁에 돌아갈 수 없었죠.

이중 옥좌

표트르를 충격에 빠트린
물건의 정체

황궁에서 쫓겨난 표트르는 감시 아래 놓였습니다. 하지만 그는 이내 이마저 느슨하게 만들었습니다. 가까운 곳에 있는 외국인 집단거주지를 자주 찾으며 세상에서 노는 것을 가장 좋아하는 철부지처럼 지냈기 때문입니다. 독일, 영국, 네덜란드에서 온 상인, 선원, 성직자, 법학자, 장교 등 다양한 직업의 외국인이 모여 사는 그곳은 서유럽의 이국적 분위기를 풍겼습니다. 호기심 넘치는 10대 소년이었던 표트르는 엄격하고 딱딱한 황실 교육 대신 외국인에게서 유럽의 실용 기술을 몸소 배우며 선진 문물을 경험하기 시작했습니다.

그러던 어느 날 표트르에게 뜻밖의 기회가 찾아왔습니다. 러시아를 뒤바꿀 물건을 만난 것입니다. 여느 때처럼 외국인 친구들과 놀던 표트르는 황실 영지의 창고에서 길이 6m, 너비 2m의 배를 발견했습니다. 그가 쓴 책 《러시아 선박 건조의 시작에 관하여》에 당시 상황이 기록되어 있습니다.

> 표트르: 이 배는 뭐에 쓰는 것이죠?
>
> 네덜란드인: 항해를 하고 짐을 나를 때 쓰던 배로군요.
>
> 표트르: 그렇다면 전에 봤던 배들에 견줘서 이 배의 장점은 무엇인가요?
>
> 네덜란드인: 보통 배는 바람에 따라 항해하지만, 이 배는 바람을 거슬러서도 항해할 수 있습니다.

'성 니콜라이'라는 이름의 그 배는 표트르의 아버지인 차르 알렉세이가 해양 강국인 영국에게서 선물 받은 것이었죠. 당시 러시아에서는 배를 만드는 기술이 유럽에 비해 한참이나 뒤떨어져 있었습니다. 그동안 봐왔던 배와 달리 정교한 항해술을 가진 유럽의 배를 본 표트르는 나중에 다음과 같이 고백했습니다.

"그 말이 내게 큰 충격을 주었고, 믿을 수 없을 만큼 놀라웠다."

박물관에 보관된 성 니콜라이함

당시 러시아에는 바다로 나가는 길이 모두 막혀 있었습니다. 서쪽에서는 강력한 기병대 위주의 폴란드-리투아니아 군대가 발트해에서 흑해까지 버티고 있었고, 흑해 연안에서는 오스만 제국이 바다 진출을 가로막고 있었죠. 게다가 서북쪽에는 강한 해상력을 자랑하는 스웨덴과 덴마크-노르웨이 왕국이 발트해 입구를 틀어쥐고 있었습니다. 이런 상황에서 해군은커녕 큰 선박조차 제대로 갖추지 못한 나라가 러시아였습니다.

러시아가 바다 진출을 시도하지 않은 것은 아닙니다. 최대한 땅을 넓혀 발트해와 흑해의 입구 직전까지 진출했습니다. 그리고 본격적으로 바다 진출을 위해 16세기부터 군함을 만들려고 했으나 번번이 실패에 그치고 말았습니다. 기술이 모자란 데다가 전쟁과 반란 등 걸림돌이 너무 많아서였습니다.

이 시기에 서방 국가들은 드넓은 바다를 주름잡는 해상력을 키워 무역을 독점하거나 막강한 함대로 식민지를 개척하려고 더 크고 튼튼한 배

바다 진출이 막힌 러시아

를 만드는 데 목숨을 걸었습니다. 해양 강국인 네덜란드의 군함은 길이만 46m, 영국의 군함은 35m일 만큼 거대했습니다. 그런데 러시아는 길이 6m의 조각배에도 놀랄 만큼 상황이 열악했습니다. 주로 강에 띄우는 작은 배만 가졌으니 바다 진출은 꿈조차 꿀 수 없었죠. 사실 러시아도 군함 건조에 성공했던 적이 있습니다. 1669년에 표트르의 아버지 차르 알렉세이는 서유럽 배를 본떠서 군함을 만들었습니다. 하지만 내부 반란으로 혼란스러웠던 탓에 그 군함은 금세 부서지고 말았습니다.

유럽의 군함만큼 크지는 않아도 영국에서 받은 배에 홀딱 빠져버린 표트르는 이 배를 고쳐서 항행하는 방법까지 배웠습니다. 그러고는 호수나 강에 배를 띄우고 해전을 흉내 내며 전쟁놀이를 했습니다. 여기에 만족하지 않고 비슷한 배를 만들어 귀족이든 평민이든 외국인이든 가리지 않고 전쟁놀이에 합세하게 했죠. 이 모습을 지켜본 이복 누나 소피야 공주는 오히려 300여 명의 인원과 크렘린궁 병기고 무기까지 내주면서 표트르가 자

17세기 서유럽 국가의 함선 비교

유롭게 놀도록 허락했습니다. 표트르는 엄숙했던 정교회 예배를 흉내 내면서 수도사 차림으로 음주가무를 하거나 성직자를 때리는 등 각종 비행과 신성모독을 저질렀습니다. 이런 탓에 소피야 공주 눈에는 표트르의 전쟁놀이가 그저 철부지 장난처럼 보였습니다.

표트르는 소피야 공주가 허락해 준 무기고에서 납과 총알, 화약을 가져다가 나무 대포를 만들었습니다. 그리고 놀이 부대에 들어올 소년병을 모집하고 보병과 승마 훈련을 시작했습니다. 이들에게 외국인 친구들의 도움으로 마련한 유럽식 군복과 대검, 도끼 등의 무기를 제공한 뒤 요새를 지어 포위하고 방어하는 훈련까지 했습니다. 그 결과 놀이 부대의 인원은 2개 대대 3,500여 명까지 늘어났고, 호수 위에 배 여러 척을 만들어 띄우고 편을

야우자강에 띄운 배

소년병과 전쟁놀이를 하는 표트르

나눠 모의 전투까지 벌였습니다. 폭발물이 튀어 얼굴에 화상을 입거나 실제 폭탄을 터뜨려 20여 명이 목숨을 잃기도 했죠. 이렇듯 표트르는 놀이를 가장해 자신을 지킬 수 있는 호위 군대를 만들어 나갔습니다.

사실 그는 철부지처럼 놀기만 하지는 않았습니다. 틈틈이 사신 접견이나 동맹 교섭 등 대내외적으로 차르가 해야 할 일도 수행했습니다. 그러던 어느 날 표트르에게 위기이자 기회가 된 사건이 일어났습니다. 실권자였던 소피야 공주는 순조롭게 섭정을 이어갔습니다. 1686년에는 주변 강대국인 폴란드와 평화 조약을 맺어 지금의 우크라이나 수도인 키이우와 그 주위를 차지하기도 했죠. 이듬해에는 오스만 제국과 전쟁을 벌이려고 크름반도로 원정을 떠났습니다. 그런데 소피야 공주의 군대는 전염병과 보급 문제로 제대로 싸워보지도 못한 채 돌아오고 말았습니다. 두 해 뒤에 11만 명의 군대가 또다시 원정에 나섰지만 같은 이유로 성과 없이 돌아왔습니다.

문제는 오스만 제국 원정에 나선 군대의 사령관 바실리 골리친Vasily

Golitsyn이 소피야의 애인이었다는 사실입니다. 최측근이 전쟁에 지고 돌아온 것이 알려지면 소피야의 권력이 약해질 게 불 보듯 뻔했죠. 소피야 공주는 전쟁의 성과를 부풀려 마치 골리친이 승리한 양 성대하게 맞았습니다. 이때 표트르는 환영 잔치를 거부하고 포상에도 동의하지 않으면서 처음으로 소피야의 결정에 제동을 걸기 시작했습니다.

어린 소년이었던 표트르는 어느새 17세의 어엿한 청년이 됐습니다. 그의 옆에는 언제든 마음만 먹으면 자신을 위해 싸워줄 수천 명의 놀이 부대도 있었죠. 든든한 호위 부대가 생긴 표트르는 자신감이 넘쳤습니다. 달라진 그의 행동을 본 소피야 공주는 다시 한번 표트르의 기를 꺾어놓기로 했습니다. 지난날 정변을 일으킨 황실 부대와 연합해 자기가 제위에 오르기로 한 것입니다.

하지만 이 계획을 알아챈 표트르가 드디어 대반격을 개시했습니다. 먼저 모스크바 북동쪽에 있는 요새 같은 수도원으로 거처를 옮기고 놀이 부대를 불렀습니다. 그런 다음 황실 부대의 핵심 지휘관들에게 각자 부하 10명씩만 데리고 수도원으로 오라고 명령했습니다. 이는 지휘관들이 정변을 일으켜도 표트르의 놀이 부대가 충분히 제압할 수 있는 규모였죠. 그리고 수도원에 오지 않은 나머지 황실 부대원들이 반란을 일으킨다 해도 핵심 지휘관 없이는 성공하기 힘들다는 판단에서 나온 계획이었습니다. 만에 하나 명령을 따르지 않으면 명령 불복종으로 지휘관을 사형에 처할 명분도 생기니, 표트르는 소피야의 통제에서 벗어나 권력을 잡는다는 목숨을 건 도박을 한 셈입니다.

지휘관들은 표트르의 명령을 따르기로 했습니다. 거듭된 원정 실패로 소피야 공주의 위세가 한풀 꺾인 데다 표트르와 소피야 사이에서 갈팡질

팡했던 황실 부대가 대담한 표트르의 대응에 이미 대세가 뒤집혔음을 깨달은 것입니다. 결국 정변이 일어나기도 전에 표트르가 반란을 제압하면서 소피야 공주의 섭정은 7년 만에 맥없이 무너지고 말았습니다. 표트르는 소피야에게 수녀가 되라고 명령하고 수녀원에 가뒀습니다.

표트르가 갑자기
모스크바를 떠난 이유는?

   7년 만에 이복 누나를 몰아냈지만 루스 차르국은 크게 달라지지 않았습니다. 표트르가 어머니에게 섭정을 맡겼고 자기를 공격하지 않았던 이복형 이반 5세를 내치지 않고 여전히 공동 차르로 인정했기 때문입니다. 놀이 부대까지 키워내 차르의 지위가 굳어졌던 1693년에 표트르는 느닷없이 모스크바를 떠났습니다. 당시 상황을 직접 설명한 글이 있습니다.

   바다를 직접 보고 싶어진 나는 항해를 허락해 달라고 어머니를 조르기 시작했다. 모정 때문에 이렇게 위험한 길은 보통 금지하곤 했던 어머니는 내 거대한 포부와 바뀌지 않는 열의를 보고 마지못해 허락하셨다. 그래서 그해 나는 그 도시로 갔다.

   _『해운법』 서문에서

   강과 호수에 띄워 해전 놀이를 할 때 타던 작은 배가 아닌 큰 배가 넓은 바다를 항해하는 모습을 보고 싶었던 것입니다. 결국 표트르는 그 무렵 외국과 무역을 할 수 있는 러시아의 유일한 국제 항구인 '아르한겔스크'로 향했습니다. 이곳에서 두 달간 머물며 항구를 오가는 유럽의 큰 배들을 관찰했죠. 그리고 네덜란드에서 건조된 배를 건네받았습니다. 표트르는 함포 12문으로 무장한 이 배를 그의 수호 성자의 이름을 따 '성 베드로함'이라 불렀습니다. 그러고는 이 배를 타고 백해를 탐험했습니다. 성 베드로함은 러시아 국기를 매달고 외국 해역에서 누빈 최초의 군함이 되었습니다. 그때 그 군함의 깃발에 그렸던 독수리 문양을 러시아 해군이 지금도 사용하고 있습니다. 그만큼 러시아 해군의 역사에서 큰 의미를 지닌 군함입니다.

그 무렵 러시아에는 배를 만들 조선소조차 변변치 않았습니다. 표트르는 네덜란드에 추가로 배를 건조하라고 주문한 뒤 아르한겔스크에 최초의 주립 조선소를 세웠습니다. 아르한겔스크는 러시아에서 외국과 교역하는 유일한 항구였기에 다른 나라에서 건조한 배나 부품을 들여오는 가장 빠른 통로였죠. 그 뒤 다른 배들이 건조되기 시작했습니다.

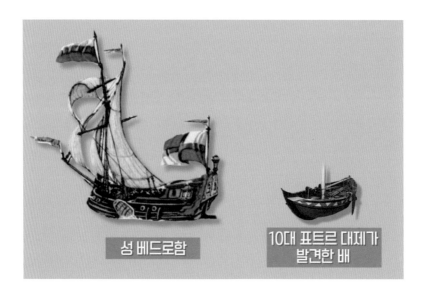

성 베드로함

10대 표트르 대제가
발견한 배

여기에는 표트르의 야심이 숨겨져 있었습니다. 이때 표트르는 흑해에 주목하며 바다 진출을 준비했습니다. 러시아의 북쪽 바다는 겨울에 꽁꽁 얼어 배 띄우기가 힘들었는데, 남쪽의 흑해는 얼지 않아 더 넓은 바다로 나아가기에 안성맞춤이었죠. 다만 얕고 좁은 아조프해를 먼저 차지해야만 흑해로 나갈 항구를 확보할 수 있었습니다. 표트르는 언젠가는 흑해로 나아가겠다며 배를 건조한 것입니다. 하지만 당대 최고의 군사 강국인 오스만 제국이 아조프해를 철통같이 지키고 있었습니다. 이곳을 차지하고 싶었던 표트르는 1695년에 오스만 제국과 결전을 벌였습니다. 3만여 명의 병력과 대포 170여 문을 동원해 오스만 제국군 4,000여 명이 지키는 아조프해 요새를 봉쇄해 버린 것입니다. 처음으로 모의 전투가 아닌 실전에 나선 순간이었죠.

첫 번째 원정은 참패였습니다. 표트르는 기병 12만 명을 더해 요새를 점령하는 데 온 힘을 쏟았지만, 오랜 실전 경험을 쌓은 오스만 제국 군대를 상대하기에는 기량이 모자랐습니다. 결국 경험이 없던 표트르의 군대는 아조프해의 관문인 아조프 요새를 얻는 데 실패했습니다. 엎친 데 덮친 격으로 공동 차르였던 이반 5세까지 죽음을 맞이했죠. 이제 표트르는 단독 차르로서 위엄을 보여야 하는 시험대에 올랐습니다.

아조프해 원정에서 오스만 제국을 무너뜨리려면 육군만이 아니라 대열을 갖춰 빠르게 움직이는 함대로 동시에 맞서야 한다는 깨달음을 얻은 표트르는 곧바로 작전을 재정비했습니다. 먼저 유일한 국제 항구였던 아르한겔스크에서 가져온 네덜란드의 배를 분해해 모스크바 인근의 조선소로 보냈습니다. 여기서 배를 조립한 뒤 아조프해와 멀지 않으면서도 함대를 건설할 수 있는 돈강 유역의 보로네슈라는 곳으로 보내 조선소를 세우고 전투를 할 만한 배를 만들어내기 시작했죠. 쇠와 나무 등 모자란 자재와 목수, 대장장이 등 배 만드는 기술자가 러시아 곳곳에서 불려와 함대 건설에 투입되었습니다. 표트르도 몸소 못을 박는 등 함대 건설에 박차를 가했고, 50여 척이 넘는 배를 만들었습니다. 이들 가운데 일부를 돈강을 따라 아조프해로 보냈습니다.

첫 원정 실패를 밑거름 삼아 만반의 준비를 한 지 1년이 채 지나지 않은 1696년에 표트르는 배 30여 척과 주력군 7만 5,000명을 이끌고 아조프해를 차지하는 두 번째 원정에 나섰습니다. 그림에서 보듯이 그의 함대는 제법 탄탄한 위용을 갖췄습니다. 표트르는 얕고 좁은 아조프해에서 빠르게 움직일 수 있는 함대를 띄우고 아조프 요새를 공격하는 동시에 오스만 제국군이 육로와 해로로 들어오지 못하도록 막았습니다. 그리고 마침내 이

아조프 요새를 공격하는 표트르의 함대

겼습니다.

　러시아 최초로 제대로 훈련한 함대를 갖추고 벌인 전투에서 오스만 제국을 몰아내고 흑해로 나갈 발판인 아조프해를 차지한 것입니다. 이 전쟁으로 러시아라는 나라의 존재감이 유럽에 알려지기 시작했습니다. 이전까지만 해도 러시아는 유럽 행세를 하는 동방 국가에 지나지 않았습니다. 그랬던 러시아가 세계 최강국으로 손꼽히던 오스만 제국을 물리쳤다는 소식이 알려진 뒤로는 큰 주목을 받기 시작했다고 합니다. 아조프해를 차지하며 흑해로 나갈 통로는 마련했지만, 그 너머의 흑해를 차지하고 버티는 오스만 제국과의 맞대결은 아직 힘에 부쳤습니다. 표트르는 한발 물러서서 다른 방법을 찾아보기로 했습니다.

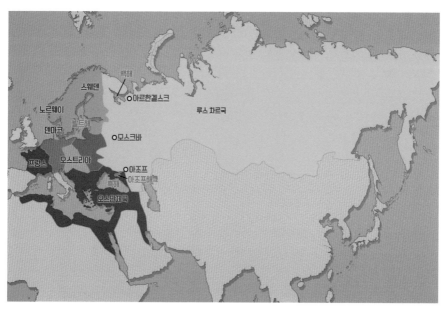

아조프해를 차지한 루스 차르국

강한 군대를 만들기 위한
표트르의 선택

아조프해 원정을 계기로 강한 군사력의 필요성을 더욱 절실히 깨달은 표트르는 모든 군대를 근대화하기로 했습니다. 보병이었던 황실 군대와 귀족으로 이루어진 군대를 상비군으로 바꾸는 일을 엄청난 추진력으로 밀어붙였습니다. 하지만 훈련 방식이 낡았던 탓에 강한 군사력을 갖추기에는 한계가 있었습니다. 표트르는 군사력을 끌어올려 더 센 군대를 만들려면 유럽식으로 훈련받은 전문 상비군이 더 많아야 한다고 판단했습니다. 이를 위해 군사학교, 특히 기병만이 아니라 포병과 공병을 위한 학교도 따로 세웠습니다. 여기에 군인 자녀를 위한 초급학교까지 세워 상급 과정에 들어갈 후보자를 길러냈죠. 또한 프랑스, 독일, 네덜란드의 군사학 서적을 러시아어로 번역해 장교들이 유럽의 선진 군사 개념과 용어를 익히게 했습니다. 표트르는 숨질 때까지 이런 학교를 50여 개나 세웠습니다.

처음에는 대부분 독일인 장교로 채웠던 군사학교는 시간이 지날수록 이들로부터 훈련받은 러시아인으로 대체되었습니다. 청년 50여 명을 선발해 네덜란드, 이탈리아, 영국으로 유학을 보내고 조선술과 항해술을 배우게 한 다음 손수 시험 문제를 내 유럽의 문물을 얼마나 잘 배웠는지 검사하기도 했죠.

큰 변화가 있었지만 이것만으로는 모자란다고 생각한 표트르는 1697년에 200명

표트르 미하일로프

이 넘는 사절단을 꾸려 서유럽으로 보냈습니다. 이때 사절단에 특별한 인물을 추가했는데, 바로 본인입니다. 그는 이름을 표트르 미하일로프Pyotr Mikhailov라 속이고 근위대 장교로 위장해 사절단에 들어갔습니다. 이 무렵 그의 초상화 속 모습은 덥수룩한 수염에 허름한 옷차림을 하고 있어 한 나라의 제왕과는 거리가 멀어 보입니다.

표트르 대제는 두 가지 목표를 달성하기 위해 이 같은 모험을 강행했습니다. 첫째는 서유럽의 군주들을 만나 기술 원조를 얻고, 루스 차르국이 오스만 제국을 물리친 유럽의 일원임을 널리 알리는 것입니다. 둘째는 자기가 직접 서유럽의 선진 기술을 배우고 익히는 것입니다. 그래서 그는 외국어로 '나는 학생이며 교사들을 찾고 있다'라는 문장을 새긴 인장을 가지고 다니면서 손수 스승을 찾아 나서기도 했습니다. 표트르가 합류한 사절단은 당시 스웨덴령 리보니아, 프로이센, 네덜란드, 영국, 오스트리아, 폴란드를 거쳤습니다.

그런데 이 위장술은 그리 오래가지 못했습니다. 무려 2m에 가까운 그의 키 때문입니다. 그 무렵 유럽인의 평균 키는 160cm대였고, 바이킹의 후손으로 체구가 컸던 스웨덴인의 평균 키도 170cm에 살짝 못 미쳤습니다. 이들 사이에서 엄청난 꺽다리였던 표트르는 눈에 확 띌 수밖에 없었죠. 큰 키 때문에, 그리고 더 많이 더 마음껏 배우고자 위장은 그만두기로 했

꺽다리 표트르

습니다.

그 뒤 표트르는 온갖 기술을 배워 나갔습니다. 해부학 강의를 듣고 유명한 해부학자가 교육 목적으로 모은 방부 처리한 태아 시신을 대거 사들이는가 하면, 세계적인 과학자를 만나기도 했습니다. 그들 가운데 한 사람이 만유인력의 법칙을 발견한 아이작 뉴턴Isaac Newton이라는 말도 있습니다. 뉴턴과 만난 표트르는 그가 이룬 수학과 기하학의 연구 성과를 듣고 대화를 나누었다고 합니다. 이처럼 그는 유럽의 기술을 고국에 적용할 방법을 고민했습니다.

하지만 표트르가 무엇보다 배우고 싶었던 것은 앞선 조선술이었습니다. 그는 유럽 최대의 조선업 중심지였던 네덜란드 잔담으로 가 대장장이의 오두막집에서 지내며 조선술을 익혔습니다. 그러고 나서는 암스테르담 동인도회사의 조선소에 들어가 장인에게서 기술을 배웠죠. 이때 몸소 연장통을 매고 조선소로 출근했다고 합니다. 그가 열심히 조선술을 배운 흔적은 '선박 구조와 도면을 철저하게 연구한 결과, 나만큼 이해하는 경지가 됐다'라고 장인이 직접 서명한 수료증으로 남아 지금까지 증명되고 있습니다. 이밖에도 암스테르담에서는 건축 양식과 정원, 운하로 도시를 잇는 방식을 인상 깊게 보고 나중에 새 수도를 세울 때 네덜란드 양식을 반영하기도 했죠.

표트르는 고국으로 돌아와서도 기술 배우기를 멈추지 않았습니다. 특히 발치 기술까지 익혀 마치 치과의사인 양 대신들의 이를 뽑기도 했습니다. 그림은 어느 귀족 여인의 얼굴을 잡고 이를 뽑는 표트르의 모습입니다. 앞에 앉은 남자는 여인의 손을 잡아 몸을 고정하고 있습니다. 이렇게 뽑은 신하들의 이는 1721년부터 3년간 64개나 되었다고 합니다. 훗날 그가 뽑은 치아를 조사해 보니 대다수에서 충치 징후가 발견되었습니다. 그의 발치

기술이 엉터리는 아니었던 셈이
죠. 하지만 중신들은 겁에 질려
이가 아프다는 말을 절대로 하지
않았다고 합니다. 그의 수집품
가운데는 발치 도구뿐 아니라 두
개골을 여는 데 쓰는 수술 도구
와 다리 절단용 톱, 수술 도구함
등도 있었습니다.

귀족의 이를 뽑는 표트르

표트르가 유럽 사절단으로 15
개월 동안 자리를 비운 사이 루
스 차르국은 혼란에 빠졌습니다.
황실 부대가 세 번째 정변을 일
으킨 것입니다. 당시 몇몇 귀족

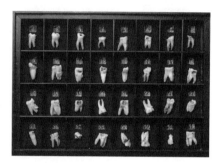
표트르가 뽑은 치아 수집품

과 황실 부대는 표트르의 개혁에 불만을 품었습니다. 군대를 유럽식으로
바꾸는 과정에서 낡은 훈련 방식에 머물러 있던 황실 부대가 점점 외면받
았기 때문입니다. 자기들의 입지가 좁아질까 두려웠던 이들은 차르를 바꾸
겠다는 야욕을 불태우며 또다시 정변을 일으켰습니다. 이 소식을 들은 표
트르는 사절단 일정을 급히 중단하고 모스크바로 돌아갔습니다. 그리고
어느 때보다 더 강력한 방식으로 빠르게 정변을 진압했습니다.

자신에게 세 번이나 반기를 든 황실 부대를 향한 표트르의 분노는 진압
에서 그치지 않았습니다. 그는 직접 칼을 빼 들고 반란군 우두머리들의 목
을 내리쳤습니다. 심지어는 귀족들에게 칼이나 도끼를 쥐여주고 스스로 목
을 치라고 했다는 이야기도 전해집니다. 표트르는 이렇게 처형된 이들의

정변 지도자를 처형하는 표트르

목을 각 도시로 들어가는 문에 걸어놓고 반기를 든 자의 최후를 똑똑히 알려주었습니다. 표트르는 반란군을 순순히 처형대로 보내지 않았습니다. 정변에 가담한 1,000여 명에게 곤장과 채찍을 내리쳤고 손발을 나무에 묶고 불에 달군 쇠꼬챙이로 등을 지지면서 자백을 강요했습니다.

그러는 가운데 정변을 일으킨 배후의 인물이 드러났습니다. 수도원으로 쫓겨난 이복 누나 소피야 공주였죠. 황실 부대가 표트르 대신에 소피야를 차르로 올리려 했다는 것입니다. 소식을 들은 표트르는 소피야가 갇힌 수녀원 방의 창밖에 처형된 정변 우두머리 세 사람의 목을 매달고 겨우내 내버려두었습니다. 그림 속 창문 밖 그림자가 정변을 일으킨 수장의 목입니다. 소피야가 이 정변에 직접 가담했는지는 몰라도 경각심과 공포심을 느끼도록 한 것이죠. 그뿐 아니라 황태자를 낳은 자신의 첫 번째 아내도 정변에 동조했다는 명목으로 수녀원에 가뒀습니다.

정변을 평정한 표트르는 유럽과의 격차를 줄이고자 러시아의 모든 제도를 바꾸기 시작했습니다. 가장 먼저 생활 양식부터 유럽식으로 바꿨습니다. 서유럽 복장을 장려하며 유럽과의 심리적 격차를 줄이려 한 것입니다. 이때 모든 사람이 따라 할 수 있도록 시범 복장을 성문 앞에 걸어두었다고 합니다. 그런데도 전통 복장으로 성문을 지나가면 벌금을 매기고 무릎을 꿇은 상태에서 땅에 옷이 닿는 부분을 잘라버리기까지 했죠. 치렁치렁한 옷을 즐겨 입던 러시아 예복 문화는 어느새 남성은 짧은 웃옷에 반바지를 입고 여성은 드레스를 입는 유럽식으로 바뀌었습니다.

표트르는 겉모습을 바꾸고자 파격적인 문화까지 들여왔습니다. 유럽에서 돌아온 표트르를 알현하려 궁전에 모인 귀족들 앞에 서유럽식 옷을 입고 손에 칼을 쥔 표트르가 나타났습니다. 그는 가장 신분이 높은 귀족의 턱수염부터 차례로 싹둑 잘라버렸습니다. 1705년 무렵에는 모든 백성에게 수염을 깎으라고 명령했죠. 당시 러시아의 국교였던 정교회는 수염

수녀원에 유폐된 소피야 공주

러시아 전통복에서 서양식 복장으로

을 깎는 것을 이단 행위로 여겼습니다. 평생 정성스레 수염을 길러왔던 정교회 신도는 충격을 넘어 수치심까지 느꼈습니다. 하지만 모든 것을 유럽식으로 바꾸려는 표트르의 개혁 의지는 매우 굳건했습니다. 그는 수염을 기르다 발각되면 지위에 따라 누진세를 붙이는 '수염 세금'을 매기면서까지 수염 자르기를 강제했습니다. 표트르가 개혁을 위해 각종 명목으로 거둔 세금은 1724년까지 무려 40여 가지에 달했습니다. 이 시기에 세금이 얼마나 무거웠던지 세금을 면제받을 수 있는 농노나 배에서 일하는 예속민이 급격히 증가했다고 합니다.

　세금보다 더 반발이 심한 개혁은 군역이었습니다. 표트르는 강대국이 되려면 언제라도 전쟁에 투입할 수 있을 병력을 늘려야 한다고 생각했습니다. 그래서 1699년부터 계급을 막론하고 전 계층을 대상으로 신병을 모아서 군대에 채워 넣었습니다. 무려 25년이나 되는 러시아군 복무 기간을 다

마치고 고향에 살아 돌아오는 사람은 그리 많지 않았습니다. 실질적으로는 평생 군복무를 밀어붙인 셈입니다. 운 좋게 제대하더라도 고향으로 돌아갈 방법이 없어 귀향을 포기한 채 복무지 근처에 눌러앉아 사는 사람도 적지 않았죠. 가족 가운데 한 명이라도 징집되면 온 집안이 초상집처럼 변해 버렸고, 장례식을 치러야만 군역에서 풀려난다는 말이 있을 정도였습니다.

1699년부터 1725년까지 53회의 징집으로 총 28만여 명의 병력이 확보되었습니다. 이들은 엄청난 돈을 들여 유럽식 훈련을 받았습니다. 표트르는 "돈은 전쟁의 혈관"이라며 온갖 세금으로 거둬들인 돈으로 군사비를 충당했습니다. 1705년에는 정부 예산 중 군사비 지출이 65~95%일 정도였죠. 표트르는 유럽에서 최대 규모의 상비군을 보유한 동시에 백성을 도탄에 빠뜨린 군주라는 평가도 받았습니다.

표트르는 음식에서도 유럽과 격차를 줄이려 했습니다. 지금은 러시아의 주식 가운데 하나인 감자를 유럽에서 들여와 보급했고, 종교적 이유로 한 해 가운데 200일 가까이 살코기와 우유를 금지하던 음식 문화도 바꿨다고 합니다.

표트르의 대야망, 해양 진출

유럽식 제도를 들여와서 강국과 격차를 줄이려 했던 표트르는 나라의 기틀이 웬만큼 잡혔다고 판단하자 눈길을 밖으로 돌리기 시작했습니다. 막강한 군사력을 갖춘 루스 차르국이 완전한 강대국이 되기 위해 해야 할 일은 바다로 나가는 것뿐이었죠. 해양으로 진출해 서유럽과 직접 교역을 하고 유럽 강대국으로서의 위상을 굳히는 경로는 크게 두 가지였습니다. 남쪽의 흑해와 서유럽의 발트해입니다. 흑해로 나가려면 오스만 제국과 다시 결전을 치러야 하고, 발트해로 나가려면 해양 강국인 스웨덴과 맞붙어야 했죠. 고심 끝에 표트르는 흑해를 지키는 오스만 제국이 아니라 발트해를 차지한 스웨덴과 전쟁을 치르기로 결심했습니다.

원래 표트르에게는 스웨덴, 덴마크, 프로이센, 폴란드 등 유럽 강대국에 둘러싸인 발트해로 진출할 계획이 없었습니다. 하지만 유럽 사절단으로 다녀온 뒤 생각이 확 바뀌었습니다. 발트해 공략에 성공하면 북해와 대서양과도 이어지니 이곳을 거쳐 아메리카 대륙과도 교역할 수 있다는 사실을 깨달은 것입니다. 흑해 진출보다 빠르게 서유럽에 닿을 수 있었죠. 문제는 바이킹의 후예이자 발트해의 강자인 스웨덴의 영토를 거친다는 것이었습니

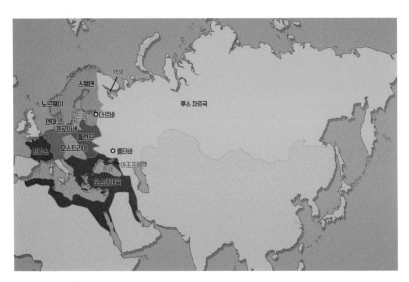

1700년 루스 차르국과 주변국

다. 그때 스웨덴은 주변의 스칸디나비아 지역을 거머쥔 강국으로, 태어나자마자 전사로 자라난 젊은 왕이 발트해를 강력하게 통제하고 있었죠.

1700년에 표트르는 덴마크와 폴란드 등 스웨덴의 이웃 나라와 동맹을 맺고 스웨덴에 전쟁을 선포했습니다. 8,000여 명의 스웨덴군에 맞선 루스 차르국의 군대는 무려 10만여 명이었죠. 이들은 수적으로 훨씬 더 앞섰음에도 크게 지고 말았습니다. 발트해로 향하는 관문인 나르바 요새를 포위하던 중 눈 앞을 가리는 눈보라 속에서 스웨덴군의 급습을 받았기 때문입니다. 두 나라는 발트해 앞에서 맞붙었는데 눈이 많이 내리자 러시아군이 방향감각을 잃고 헤매다가 강에 빠져 죽었다고 합니다. 그림에서 깃발을 내려 항복하는 이들이 표트르의 군대입니다.

비참한 패배도 발트해 진출을 향한 표트르의 야망을 꺾지는 못했습니다. 때마침 표트르의 군대가 종이호랑이에 지나지 않는다고 판단한 스웨덴

나르바 전투에서 항복하는 러시아군

이 루스 차르국을 내버려둔 채 이들과 동맹을 맺은 폴란드를 치러 떠났습니다. 표트르는 기회를 놓치지 않고 그 틈에 군대를 재정비했습니다. 농민 4만 5,000여 명을 징병해 병력을 보강하고 교회의 종까지 녹여 총검과 대포를 만들었죠. 나라의 온 힘을 전쟁에 쏟은 셈입니다.

1703년에 표트르는 아조프 원정 때처럼 육로와 해로를 막을 작전을 세웠습니다. 발트해의 요새에서 스웨덴을 압박할 새 함대를 건설한 것이죠. 이것이 오늘날까지도 남아 있는 발트해 함대입니다. 9년 동안 발트해 함대에 들어간 비용은 630만 루블로, 오늘날의 가치로 약 4,325억 원입니다. 이렇게 만든 발트해 함대는 전쟁에서 중대 전환점이 되었습니다. 표트르는 육군이 진격하는 동안 발트해 연안을 따라 발트해 함대로 스웨덴군을 상대하며 상대의 전력을 흩뜨리는 한편, 다른 군대를 연안에 상륙시켜 본격적인 전쟁을 개시했습니다. 발트해 함대를 중심으로 육해군 합동 작전을 펼치자 드디어 스웨덴의 전력이 바닥을 드러냈습니다. 이제 스웨덴은 발트해를 지킬 요새를 잃은 채 긴 전쟁을 버텨내야 했죠.

발트해 함대와 육군의 공격으로 추운 러시아 땅에서 고립된 채 보급이 끊기고 동상에 걸린 스웨덴군이 어려움을 겪고 있을 때, 표트르는 폴타바라는 곳에서 스웨덴을 막아서며 마지막 결전을 개시했습니다. 방어 진지를 만들어 기병대 돌격을 막아내며 대포로 적의 병력을 소모한 뒤 전군 돌격을 명령했습니다. 그 결과 오랜 원정에 지쳐 있던 스웨덴군은 사상자 6,900여 명, 포로 2,800여 명과 함께 스르르 무너지고 말았습니다. 드디어 표트르가 발트해의 주인이 된 것입니다.

유럽의 새로운 강자,
러시아 제국의 탄생

발트해를 손에 넣은 표트르는 해양 강국으로서의 입지를 다지고자 요새를 세우기 시작했습니다. 그는 스웨덴과 전쟁을 벌여 스웨덴령 핀란드의 네바강 하구 일대를 차지했습니다. 늪지대인 이곳에 난공불락의 요새를 세우고 발트해를 지키려 한 것이죠. 이곳이 바로 '유럽으로 향하는 창'으로 불리는 러시아 제2의 도시 상트페테르부르크입니다. 아무것도 없는 벌판에 도시를 짓는 대공사에 농노 수만 명과 더불어 군인과 포로까지 동원되었습니다. 연장이 없으면 맨손으로 땅을 팠고 여름엔 말라리아로, 겨울엔 추위로 일꾼 수천 명이 죽어 나갔습니다. 표트르는 이곳을 새 수도로 삼고 귀족을 강제로 이주시켰습니다. 그리고 이곳을 거점 삼아 더 강력한 해군을 양성하는 데 힘을 쏟았죠.

이런 파격적인 개혁이 모두에게 환영받지는 않았습니다. 특히 표트르의 개혁에 온몸으로 반대하는 이가 있었는데, 그의 첫째 아들인 알렉세이 황태자였습니다. 아버지가 자신을 낳아준 어머니를 수녀원에 가둔 것을 보고 자란 알렉세이는 표트르와 뜻이 맞지 않았습니다. 표트르는 자신이 이룩한 새로운 러시아를 이어받을 후계자를 바랐지만 알렉세이는 아버지의 개혁이 못마땅하기만 했습니다. 표트르의 급진 개혁에 반대하는 세력이 자연스레 알렉세이 주위에 모여들었고, 이들은 표트르 이전 시대로 돌아가기를 바랐습니다.

실제로 아버지와 아들은 너무도 달랐습니다. 키가 크고 열정에 넘치는 표트르와 달리 키가 작고 포부도 없는 알렉세이는 사사건건 충돌했습니다.

결국 표트르는 아들에게 후계자가 되어 자기처럼 나라를 이끌든지, 아니면 후계권을 포기하고 수도사가 되든지, 어느 하나를 택하라는 최후통첩을 날렸습니다. 아버지의 눈길을 피해 자유롭게 살고 싶던 알렉세이는 오스트리아로 달아났습니다. 그러자 표트르는 아들이 제위권을 찬탈할 음모를 꾀하다 달아났다고 생각했습니다. 아들이라고 봐주는 법이 없던 표트르는 첩자를 보내 알렉세이를 꾀어서 다시 러시아로 데려와 가둬버렸습니다. 그러고는 배후 인물이 누군지 물었습니다. 알렉세이는 결국 재판에 넘겨졌고 끔찍한 고문과 심문을 못 이긴 채 외국 군대의 힘을 빌려 황제 자리를 노렸다고 시인했습니다. 이틀 동안 굵은 가죽으로 매질을 당한 알렉세이 황태자는 끝내 목숨을 잃고 말았습니다.

아들을 죽음에 이르게 할 만큼 강력했던 표트르의 개혁 의지 덕분에 루스 차르국의 영토는 점점 더 넓어졌습니다. 표트르는 스웨덴군을 쳐부순 뒤에도 서쪽으로 나아가려고 애쓰다 또다시 스웨덴과 맞붙었습니다. 1721

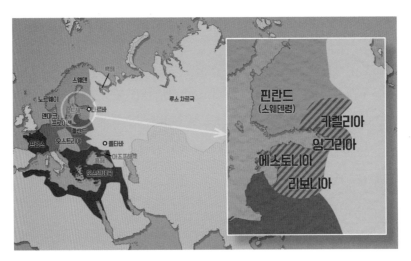

표트르 대제가 차지한 영토

년 8월 30일, 조약에 따른 영토 분할로 마무리된 이 전쟁에서 러시아는 스웨덴 영토였던 리보니아와 에스토니아 등의 지역과 몇몇 섬을 얻었습니다. 지도가 나타내는 지역은 드넓은 러시아 영토의 극히 일부처럼 보여도 유럽으로 가는 통로이자 발트해와 흑해로 나가는 주요 거점들입니다. 여기에 폴란드와 독일 지역까지 진출한 러시아는 신흥 강대국으로 떠올랐습니다.

표트르는 1721년에 나라 이름을 '루스 차르국'에서 '러시아 제국'으로 바꾸고 유럽의 제국들처럼 자신을 '차르'가 아닌 '황제'로 부를 것을 명령했습니다. 그리고 훗날 '위대한 황제'라는 뜻의 '대제' 칭호까지 얻었습니다.

러시아 제국의 전성기를 이끈
예카테리나 대제

러시아 제국을 세운 지 4년 만인 1725년 1월 28일에 평소 방광과 신장 질환을 앓던 표트르 대제가 세상을 떠났습니다. 유언장도 제대로 쓰지 못한 채 맞이한 갑작스러운 죽음이었습니다. 그 뒤 37년 동안 황제가 여섯 차례나 바뀌면서 러시아는 혼란기에 들어섰습니다.

어둠의 시기 끝에 러시아를 유럽의 강국 대열에 확실하게 올려놓은 황제가 등장했습니다. '대제'라는 칭호를 얻는 또 한 명의 황제, 예카테리나 2세 Ekaterina II입니다. 독일의 한 공국 군주의 딸이었던 예카테리나 대제는 표트르 대제의 딸인 옐리자베타Elisabeth 여제와 맺은 인연이 계기가 돼 그의 수양아들인 황태자 표트르 3세Peter III와 정략결혼을 했습니다. 외국인이었던 예카테리나는 황태자비를 거쳐 황제가 된 지 20년도 지나지 않아 러시

아 제국을 유럽의 명실상부한 열
강의 반열에 올려놓은 대제로 우
뚝 서게 됐습니다.

예카테리나 대제의 대관식

예카테리나가 황제의 자리에
오른 데는 남편이자 러시아 제국
황제였던 표트르 3세의 역할이
컸습니다. 두 사람은 사이가 매
우 나빴다고 합니다. 표트르 3세
가 9년 만에 겨우 얻은 첫째 아
들을 친자식이 아니라고 주장해
예카테리나의 분노를 샀을 정도
였죠. 그러던 어느 날 남편의 폭탄선언에 앙갚음할 틈만 엿보던 예카테리
나에게 기회가 찾아왔습니다. 1761년에 시어머니인 엘리자베타 여제가 죽
음을 맞이한 것입니다. 순리대로 표트르 3세가 황제에 오르고 얼마 지나지
않아 예카테리나는 정변을 일으켰습니다. 남편에게 불만을 가진 세력을 제
편으로 끌어들여 군대를 이끌고 궁전으로 향했습니다. 반란은 성공했고
1762년 8월에 예카테리나는 남편을 밀어내고 황제 자리에 올랐습니다.

황제가 된 예카테리나가 가장 먼저 한 일은 자신이 러시아의 정당한 황
제라는 인식을 심는 것이었습니다. 이를 위해 발트해 함대를 건설하고 러시
아 제국을 세운 표트르 대제의 후계자임을 자처했습니다. 다음은 예카테리
나 대제가 1763년에 프랑스의 대표적 계몽사상가인 볼테르Voltaire에게 보
낸 편지의 일부입니다.

'그 위대한 인물의 천재성은 정말이지 사람을 계속 놀라게 합니다. 나는 표트르 대제의 편지를 만방에서 수집하라고 지시했는데, (표트르 대제 책) 원본을 출판하기 위해서였습니다. (중략) 그의 성격에서 가장 훌륭한 면은 그가 아무리 화를 잘 내더라도 진실이 언제나 그를 지배했다는 점입니다. 그것만으로도 조각상을 세울 만하다고 생각해요.'

예카테리나는 표트르 대제를 찬양하며 스스로가 러시아 제국의 정당한 황제임을 세상에 알렸습니다. 표트르 대제가 건설한 도시 상트페테르부르크 한복판에 그가 말을 타고 있는 거대한 청동 기마상을 세우기도 했죠. 1766년부터 12년에 걸쳐 제작한 이 조각상에서 높이 쳐든 앞발은 전진을, 뱀을 밟은 뒷발은 악을 물리치는 정의를 상징합니다. 조각상을 지탱하는 돌에는 '예카테리나 2세가 표트르 1세에게'라는 문구도 새겨 넣었습니다. 자기가 러시아 제국을 세운 표트르 대제의 정통성을 잇겠다는 포부를 드러낸 셈입니다.

예카테리나는 표트르 대제의 뒤를 이어 러시아가 유럽의 확실한 일원으로 인정받는 데 앞장섰습니다. 그러려면 교육으로 백성을 일깨워야 한다고 생각해 1764년에는 러시아 최초의 여성 교육기관인 스몰니 학원을

상트페테르부르크의 청동 기마상

세웠습니다. 그리고 교육 개혁을 위해 황제의 개인 경비인 황실 기금을 교육 경비로 돌렸습니다. 이후 모든 도시에 지역 학교를 세워서 표트르 대제가 일부 시행했던 무상교육을 확대하고, 러시아 최초의 사범대학을 설립해 교사를 길러내기도 했죠.

표트르 대제가 러시아의 문화를 유럽식으로 바꾸려 했다면, 예카테리나는 한발 더 나아가 유럽의 문화를 러시아 제국의 것으로 만들었습니다. 프랑스와 이탈리아의 유능한 무용가를 초청해 서유럽의 전유물이었던 발레를 육성한 이도, 모스크바에 볼쇼이 극장을 지은 이도 예카테리나입니다. 1779년에는 발레 학교를 설립하기에 이르렀죠. 이때부터 발레 강국의 기초를 닦은 셈입니다.

나라의 기틀을 다진 예카테리나는 표트르 대제의 후계자답게 바다로도 눈길을 돌렸습니다. 그녀가 바라본 곳은 표트르의 오랜 염원이 담긴 흑해였습니다. 그 무렵 러시아는 1768년부터 오스만 제국과 6년간 벌인 전쟁에서 휴전 신청을 받아들여 승기를 잡은 상황이었습니다. 결국 지금의 우크라이나 드니프로강 사이의 영토 일부까지 러시아에 편입되면서 흑해 쪽의 해안 국경선은 더욱 확장되었죠. 예카테리나는 오스만 제국이 흑해로 다시 몰려오지 못하도록 막고자 북쪽 기지에 있는 발트해 함대 외에 흑해 연안에도 새 함대를 창설했습니다. 이게 바로 1783년에 함선 28척으로 첫발을 내디딘 '흑해 함대'의 시작입니다.

표트르 대제 때 만든 발트해 함대 전함 '폴타바'의 길이는 40m이고, 흑해 함대 전함 '예카테리나의 영광'은 49m입니다. 훨씬 더 크고 화려한 모습이었죠. 당시 러시아군 사령관이었던 그리고리 포툠킨Grigory Potemkin은 예카테리나에게 다음과 같은 편지를 보냈습니다.

발트해 함대 전함 '폴타바'와 흑해 함대 전함 '예카테리나의 영광'

'북부(발트해 함대)에서는 함대를 늘렸지만, 여기서(흑해 함대)는 무에서 유를 창조했습니다. 흑해 함대에는 러시아의 영광을 드높일 의무가 있습니다.'

'예카테리나의 영광'은 예카테리나 대제의 위상을 높이는 동시에 강대국으로 올라선 러시아의 위엄을 나타내는 흑해 함대의 대표 전함이었습니다. 이후 예카테리나는 흑해 함대로 지금의 크름 반도를 차지하고, 흑해로 나가는 기지 구실을 하는 항구의 이름을 '장엄한 도시'라는 뜻의 '세바스토폴'로 바꾸었습니다. 그리고 이곳에 있던 함선을 함대에 보태 1785년에는 30척을 훌쩍 넘는 함선을 보유한 흑해 함대로 거듭났습니다.

이렇게 흑해 함대가 빠르게 확장하는 동안 오스만 제국도 함대의 전력을 키웠습니다. 전함 29척과 호위함 32척으로 구성한 함대를 재건해 복수의 칼날을 갈고 있었죠. 오스만 제국은 준비 끝에 1787년에 또다시 러시아에 전쟁을 선포했으나 이번에도 참패를 겪었습니다.

이후 예카테리나는 표트르 대제도 이루지 못한 과업을 달성했습니다. 러시아가 동유럽에서 최고의 해양 강국이 된 것입니다. 표트르 대제가 발트해 쪽으로 진출했다면, 예카테리나 대제는 발트해와 흑해를 중심으로 서쪽으로 더 진출했습니다. 전쟁에서 오스만 제국을 이긴 뒤에는 현재 우크라이나에 있는 드니프로강 연안 지대까지 얻어서 흑해로 진출할 발판을 마련했고, 같은 시기에 폴란드가 분할되자 리투아니아와 폴란드 동부 대부분과 흑해와 카스피해 사이의 땅까지 영토로 삼았습니다. 예카테리나 대제 시기에만 50만㎢가 넘는 영토를 확보했죠. 말년에는 북아메리카의 알래스카에도 정착지를 만들었고, 그가 숨진 뒤에 이곳도 러시아 제국의 영토로 편입됐습니다. 그 결과 러시아는 유럽, 아시아, 북아메리카까지 세 대륙에 걸쳐 영토를 가진 거대한 나라가 되었습니다. 1763년에 2,300만 명이었던 인구는 1796년에 3,700만 명 가까이 치솟아 전체 유럽 인구의 20%를 차지하는 최대 인구 국가로 거듭났습니다.

표트르 대제의 발트해 함대는 러시아가 강국으로 뛰어오를 발판을 마련했으며, 예카테리나 대제의 흑해 함대는 러시아를 열강의 반열에 올려놓았습니다. 이것이 바로 두 인물이 대제로 불리는 이유입니다. 발트해 함대와 흑해 함대를 필두로 러시아는 두 함대를 더 창설하며 세계에서 손꼽히는 해양 강국으로 자리매김했습니다. 그리고 최근 푸틴 대통령은 북극해와 흑해, 오호츠크해와 베링해, 발트해와 쿠릴 해협까지의 해역을 모든 수단을 동원해 지키겠다며 더 강력한 해양 강국의 위상을 선언했죠.

그러나 두 대제의 업적 뒤에는 전쟁의 비극과 강제 노역으로 희생을 치른 백성이 있습니다. 표트르가 세상을 떠나고 300여 년이 흐른 2022년 2월에 러시아가 우크라이나를 침공하면서 전쟁이 일어났습니다. 냉전 시대에는 중립국의 위치를 지켰던 핀란드가 NATO(북대서양조약기구)에 새로 가입했죠. 또 다른 중립국인 스웨덴도 회원국 가입 절차를 밟고 있습니다. 발트해 연안의 국가가 모두 NATO에 가입하는 오늘날 러시아가 외치는 해양 강국의 꿈은 과연 이루어질 수 있을까요? 전쟁을 겪는 국민의 무고한 희생이 계속되는 지금 평화를 추구하는 지도자가 현시대의 참된 대제는 아닐까요? 이 답을 알려면 작은 땅덩어리에서 드넓은 영토로 확장을 거듭했던 러시아를 둘러싼 국제 정세를 지켜봐야 합니다.

벌거벗은 서태후

청나라의 몰락을 장식한 권력의 화신

손성욱

● 여기 1900년 시사 잡지 〈데어 플로〉에 실린 만평이 있습니다. 그림 속 한 여성이 용을 타고 빗자루를 들고 있으며, 그 앞에는 영국, 독일, 러시아, 프랑스, 미국 등 열강이 그녀에게 칼을 겨누는 중입니다. 그림 위에는 '중국 마녀의 비행'이라고 쓰여 있죠. 그림 속 주인공은 중국 역사상 희대의 악녀로 손꼽히는 서태후西太后입니다. 황제보다 큰 권력을 휘둘렀으며 청의 몰락을 함께 한 인물입니다. 일본의 역사학자 가토 도루加藤徹가 "현대 중국 독재 정치의 원조는 서태후다"라고 이야기할 만큼 권력을 향한 그녀의 야심과 욕망은 어마어마했습니다.

서태후가 죽자 사람들은 젊은 나이에 과부가 된 그녀가 밤마다 미소년들을 궁으로 부르고, 며느리인 황후의 머리채를 휘어잡았으며 자살을 종용했다고 욕했습니다. 심지어 황제와 황태후마저 독살했다는 믿기 어려운 풍설까지 떠돌았습니다. 백성들은 서태후의 사치 때문에 청일전쟁에서 패배했다며 그녀에게 책임을 돌렸습니다. 서태후가 수없는 기행으로 중국의 마지막 왕조인 청나라를 몰락으로 이끌었다는 이야기는 진실일까요?

서태후에 대한 갖가지 소문이 돌기 시작한 것은 그녀가 죽고 청나라가 망하면서입니다. 세상에 알려진 대부분의 이야기는 그때 생겨난 야사들이죠. 서태후를 둘러싼 수많은 이야기는 그 실체를

서태후에 대한 만평

서태후

파악하기 어렵습니다. 대신 여러 사료를 참고해 그녀에 관한 진실에 다가가고자 합니다. 청나라가 정말 그녀 때문에 망한 것인지, 지금부터 중국 역사상 가장 유명하고 문제적 인물로 손꼽히는 서태후를 벌거벗겨 보겠습니다.

내우외환의 시기,
후궁이 된 서태후

청나라는 한때 몽골까지 흡수하며 중국 역사상 가장 넓은 영토를 다스렸습니다. 동시에 아시아를 호령하던 제국이자 누구나 교역하고 싶어 한 경제 대국으로 떠올랐죠. 그러나 나라 안팎의 혼란으로 한순간에 그 명성을 잃고 말았습니다. 18세기 말, 성세의 절정에 가려졌던 청나라의 현실이 드러나기 시작했습니다. 오랫동안 철저하게 보호무역을 해온 청나라가 유일하게 열어놓은 단 하나의 관문, 광저우에서 아편 밀수 문제가 불거지며 영국과 아편전쟁이 일어난 것입니다. 제1차 아편전쟁에서 패배한 청나라는 난징 조약 체결로 영국에 홍콩을 넘기고 광저우뿐 아니라 샤먼, 푸저우, 닝보, 상하이를 개항했습니다. 또한 전쟁 배상금으로 막대한 비용을 지불해야 했죠. 청나라로서는 매우 굴욕적인 조약이었습니다.

한바탕 혼란이 몰아친 뒤 존재감을 드러낸 인물이 서태후입니다. 그녀가 본격적으로 역사에 모습을 드러내기 전, 청나라는 큰 혼란에 빠져 있었습니다. 아편전쟁이 끝난 지 10년도 안 돼서 1850년에 중국 역사상 최대 규모의 반란인 태평천국이 일어난 것입니다. 이 시기 청나라 국민은 가난과 굶

주림에 허덕였습니다. 이때 스스로를 '상제上帝', 즉 하늘의 왕이자 하느님의 아들이라고 주장하는 인물이 나타나 모두가 평등한 세상을 만들자며 반란을 일으켰습니다. 생계가 막막했던 농민들은 이 말에 솔깃해 그를 따랐습니다. 이렇게 안팎으로 위태로운 시기였던 1850년에 20세의 함풍제咸豊帝가 황제에 즉위했습니다.

함풍제의 고난이 펼쳐지는 순간이었습니다. 청나라군은 태평천국군을 진압하지 못하고 연신 패했습니다. 청나라는 혼란한 시기에 황실의 혈통을 잇고 안정을 이루고자 '수녀 선발제도'를 통해 후궁을 선발했습니다. 함풍제는 혼인을 했었지만, 첫 아내가 즉위 1년 전에 죽어 황후가 없었습니다. 까다로운 심사를 거쳐 뽑힌 10명 중 황제의 눈에 띄어 궁에 들어온 인물이 16세의 서태후입니다. 서태후는 그녀의 본명이 아닙니다. 함풍제가 죽은 후 그녀는 '자희태후慈禧太后'라는 휘호를 받았습니다. 자금성의 서쪽에 사는 태후라고 하여 서태후라고 불렸고 이 명칭이 널리 알려진 것입니다. 자금성의 동쪽에 살던 '자안태후慈安太后'는 동태후東太后라고 불렸죠. 이 책에서는 우리에게 익숙한 서태후라 칭하겠습니다.

서태후는 황제의 선택으로 궁에 들어왔지만, 자신의 위치에 만족하지 못했습니다. 후궁은 황후 아래 7등급으로 나누어졌는데 서태후는 5등급 귀인으로 입궁했습니다. 그녀와 함께 후궁에 선발된 동태후는 황제의 총애를 받아 불과 한 달여 만에 공석이었던 황후의 자리에 올랐습니다. 서태후는 만주족 출신으로 그녀의 이름과 집안에 대해 알려진 바가 별로 없습니다. 가장 널리 알려진 내용은 청나라 하급 관리의 딸이라는 것입니다. 그래서 신분 상승과 권력욕이 강했다고 합니다. 당시 청나라 후궁은 등급에 따라 입을 수 있는 옷감 수량과 품질, 음식의 양까지 달랐습니다. 서태후는 같이 궁에 들어온 동태후와 비교당할 수밖에 없었고, 자존심이 상했을 것입니다.

이런 서태후와 관련해 다음과 같은 이야기가 전해집니다. 하루는 함풍제가 지나가는 길목에 기르던 고양이를 일부러 풀어놓고는 잃어버렸다면서 눈물지으며 찾는 척했다고 합니다. 눈물로 청순가련함을 어필해 황제의 관심을 끌려고 했던 것이죠. 이 외에도 직접 연기하고 노래를 부를 정도로 경극을 좋아한 함풍제의 취향을 저격해 그가 지나갈 때 꾀꼬리 같은 목소리로 노래를 부르면서 유혹했다는 설도 있습니다.

청나라에서 후궁은 황실의 번영을 위해 황제의 자손을 낳아야 했습니다. 함풍제는 첫 번째 부인과 사별 후 아직 아들을 얻지 못한 상황이었죠. 마침내 서태후는 황제의 환심을 사 합방에 성공했습니다. 청나라에는 독특한 합방 문화가 있는데 황제의 암살을 막기 위해 후궁은 알몸으로 털옷이나 이불을 걸친 채 침소에 들어갔다고 합니다. 4년 뒤인 1856년, 서태후는 20세에 황자를 낳았습니다. 황후인 동태후도 갖지 못한 함풍제의 첫아들이었죠. 이로써 서태후는 황자의 모후로 황후 다음가는 영향력을 손에 쥐게 되었습니다. 그런데 동태후가 황자까지 낳은 서태후를 가만히 두고 봤을까요? 동태후는 주변 사람들을 잘 품는 인자한 인물이었다고 합니다. 덕분에 서태후도 동태후를 의지하고 따랐다는 이야기가 있습니다.

야사에는 황자를 낳은 서태후가 황제의 총애를 받았고 이때부터 정사에 관여했다고 합니다. 여동생을 황제의 동생과 결혼시키는 등 자신의 세력을 넓히기 위해 애썼습니다. 서태후에게는 남다른 재능이 있었는데, 글을 읽을 줄 알았다는 것입니다. 당시에는 쉼표나 마침표를 쓰지 않아 지금보다 글을 읽는 것이 훨씬 어려웠습니다. 게다가 여성은 과거를 보거나 정치에 참여하지 않았기 때문에 제대로 교육받지 못해 글을 아는 경우가 더욱 드물었죠. 동태후조차 글을 읽고 쓸 줄 몰랐다고 합니다. 서태후는 일이 많은 함풍제 옆에서 문서를 읽어주면서 정무를 접했을 가능성이 있습니다. 그녀가 어디까지 개입했는지 확인할 방도는 없지만 정치 간섭이 지나친 나머지 황제의 미움을 샀다는 풍설도 있습니다.

서태후는 어떻게 권력을 손에 넣었나

서태후의 권력욕이 터져 나온 계기는 청나라의 국운이 달린 제2차 아편전쟁이었습니다. 당시 영국은 제1차 아편전쟁에서 승리해 불평등 조약인 난징 조약을 맺었습니다. 하지만 청나라에서 원하는 만큼 이익이 나지 않았습니다. 외교관을 베이징에 파견할 수도 없어 외교 문제가 일어나도 제대로 해결하지 못했죠. 영국을 비롯한 서구 열강의 불만은 쌓여 갔고 결국 제2차 아편전쟁이 일어나고 말았습니다.

태평천국군을 진압하기도 버거운 상황에서 또 다른 전쟁까지 터지면서 영국과 프랑스가 청나라로 몰려오기 시작했습니다. 영국과 프랑스 연합군이 황제가 있는 베이징까지 들이닥치자 맞서 싸울 힘이 없었던 청나라는 전쟁을 멈추고 1858년 6월에 톈진 조약을 맺었습니다.

톈진 조약의 주요 내용
1. 난징 조약 당시 개방한 5개 외 10개 항구를 추가로 개항한다.

2. 영국에 400만 냥을, 프랑스에 200만 냥을 배상한다.

3. 아편 무역을 합법화하고 선교의 자유를 인정한다.

한마디로 텐진 조약은 청나라 시장을 더욱 개방해 서양 열강의 이익을 확보하려는 조약이었죠. 하지만 청나라가 텐진 조약에 불만을 가지면서 조약을 이행하기도 전에 갈등이 또 일어났습니다. 영국과 프랑스 연합군은 대규모 군사를 이끌고 베이징으로 쳐들어왔습니다. 그러자 함풍제는 서태후와 황자, 후궁들을 데리고 만리장성을 넘어 열하에 있는 별궁으로 피난을 떠났습니다. 황제가 도망쳤다는 사실을 안 연합군은 청나라의 여름 궁전인 원명원에 불을 질렀습니다. 영국은 이때 약탈한 청나라 보물 일부를 빅토리아 여왕에게 바쳤고 이는 지금 대영박물관에서 보관하고 있습니다.

황제가 도망간 베이징이 함락되는 건 시간문제였죠. 이때 황제의 이복동생인 공친왕恭親王이 자금성에 남아 전쟁을 수습했습니다. 이복형제인 함풍제와 공친왕은 황제 자리를 두고 경쟁했던 라이벌이었습니다. 소심한 함풍제와 달리 공친왕은 서양인들과도 곧잘 지내는 활발한 성격이었습니다. 그는 1860년에 각국과 베이징 조약을 맺어 전쟁을 끝냈습니다.

베이징 조약의 주요 내용

1. 청나라는 텐진 조약의 내용을 이행한다.

2. 영국과 프랑스에 지급할 배상금을 크게 늘린다.

3. 영국에 주룽반도를, 러시아에 연해주를 할양한다.

4. 선교사의 토지 구입을 승인하고 교회 건립을 허용한다.

영국과 프랑스는 텐진 조약의 즉각 이행을 요구했습니다. 청나라가 조약을 비준하지 않은 대가로 영국에 주어야 할 배상금은 400만 냥에서 1,300만 냥으로 증가했고, 프랑스에 주어야 할 배상금도 200만 냥에서 800만 냥으로 늘어났습니다. 가장 치명적인 조항은 또다시 청나라 땅을 빼앗긴 것입니다. 이미 제1차 아편전쟁에서 영국에 홍콩섬을 빼앗겼는데 이번에는 홍콩섬 건너편에 있는 주룽반도(구룡반도)를 추가로 내주게 되었습니다. 게다가 전쟁을 틈타 청을 압박한 러시아에 아무르강 인근과 연해주도 넘겨야 했죠. 또한 선교사들이 청나라에서 포교 활동하는 것에 그치지 않고 교회까지 지을 수 있게 되었습니다. 서구 열강이 아시아의 강자였던 청나라를 굴복시키면서 유럽 제국주의는 전성기를 맞이했습니다. 동시에 청나라가 세계의 중심이라는 중화사상은 급속히 무너지기 시작했습니다.

이 시기 열하에서 피신 중이던 함풍제는 전쟁이 끝났으니 자금성으로

돌아오라는 공친왕의 소식을 전해 받았습니다. 하지만 그는 속히 환궁하라는 관리들의 건의는 듣지 않고 자신의 처지를 비관하며 경극을 보는 것에만 몰두했습니다. 얼마 후 그는 병을 얻었고 1861년 열하에서 죽음을 맞이했습니다. 그가 30세, 서태후가 25세 때의 일이었죠.

함풍제가 죽자 그의 유일한 혈통이자 서태후의 다섯 살배기 아들이 청나라 황제로 즉위했습니다. 그가 바로 청나라 제10대 황제 동치제同治帝입니다. 그리고 황제의 친어머니인 서태후가 권력을 잡기 위해 본격적으로 움직이기 시작했습니다. 여기에는 함풍제가 남긴 유언에 정면으로 맞설 엄청난 결단이 필요했습니다.

본격적으로 움직이는 권력의 화신

어린 아들이 황제에 오르면 정사를 제대로 보지 못할 것으로 생각한 함풍제는 아들이 성인이 될 때까지 보필할 8명의 대신을 임명했습니다. 동시에 8대신에게 권력이 몰릴 것을 우려해 방비책도 마련했습니다. 동태후에게는 '어상'이라는 인장을, 황제에게는 '동도당'이라는 인장을 하사한 것입니다. 90쪽의 사진처럼 대신이 황제의 명을 발표할 때 문서의 서두에는 어상이, 말미에는 동도당이 찍혀 있어야만 공식 문서로 인정받았습니다. 쉽게 말해 동태후와 황제에게 8대신의 의견을 거부할 권한을 준 셈이죠.

어린 황제의 인장은 서태후의 손에 들어갔습니다. 하지만 함풍제는 서태후가 직접 행사할 수 있는 권력을 넘겨주지 않고 떠났죠. 게다가 함풍제의

걱정과 달리 8대신은 어린 황제인 동치제를 함풍제의 유지로 받들며 그를 앞세워 세력을 키워나갔습니다. 이런 상황이 마음에 들 리 없던 서태후는 고민 끝에 8대신을 몰아낼 인물을 포섭하기로 했습니다. 함께 궁에 들어온 동태후와 자금성에 남아있던 함풍제의 동생 공친왕입니다.

과연 황제의 계모인 동태후가 황제의 친모인 서태후의 뜻을 순순히 따랐을까요? 청나라는 외척 세력이 강하지 않은 나라였습니다. 황제가 사망한 상황에 힘이 되어줄 외척도 없는 동태후는 8대신의 세력이 지나치게 커지면 자신의 입지가 약해지는 것을 걱정할 수밖에 없었습니다. 수도에 남아 자신의 세력을 키워가던 공친왕 역시 8대신의 힘이 세지는 것을 못마땅하게 여겼습니다. 새로 즉위할 황제의 나이가 어릴 때 선황제는 어린 황제를 보필할 인물로 자신의 형제를 지명하기도 합니다. 그런데 함풍제는 동생인 공친왕에게 동치제의 보필을 맡기지 않고 떠났습니다. 이에 공친왕은 8대신이 언젠가는 자신을 방해할 거라 생각했죠. 서태후는 동태후와 공친왕의 이런 속내를 미리 파악해 손을 내밀었습니다.

든든한 뒷배를 얻은 서태후는 동태후, 공친왕과 함께 극비리에 궁중 쿠데타를 일으키기로 했습니다. 1861년에 일어난 신유정변이 그것입니다. 함풍제의 조문을 온 공친왕은 며칠간 열하에 머무르면서 두 태후와 함께 정권을 장악할 계획을 세웠습니다. 8대신이 함풍제의 관을 들고 베이징에 도착하기 전에 두 태후가 먼저 자금성에 들어가 궁의 대신들을 설득해 8대신을 치는 것이었죠. 공친왕은 만일의 사태에 대비해 베이징 조약으로 친분을 맺은 영국 공사에 협조를 요청해 두었습니다. 이제 가장 중요한 것이 남았습니다. 함풍제의 유지를 뒤엎을 만한 그럴듯한 명분입니다.

세 사람은 일부 신료를 조종해 '황제께서 정사를 보기에는 아직 옥체가 미령하니 두 태후가 정사를 처리하되, 그녀들을 도울 한두 명의 신하를 옆에 두는 것이 어떻겠느냐'라는 상소문을 올리도록 했습니다. 서태후는 아무것도 모르는 척 황제와 8대신을 불러 이 문제를 논의했습니다. 어린 동치제는 아무 생각이 없었습니다. 8대신은 자신들이 있는데 두 황후의 수렴청정이 무슨 소리냐며 길길이 날뛰었죠. 결국 이 문제는 자금성으로 돌아가 다시 상의하기로 했습니다.

사실 이는 세 사람이 낸 묘수였습니다. 서태후는 자금성으로 돌아가자마자 동치제가 열하에서 두 태후의 수렴청정을 승인할 것을 명했으나, 8대신이 마음대로 황명을 고쳐서 거부했다고 조정 대신들에게 전했습니다. 8대신을 반역으로 몰아간 것이죠. 그러고는 이들을 즉각 처결하라는 황명이 담긴 교지를 내렸습니다. 어린 황제는 글을 쓸 줄 모르니 서태후가 초고를 작성했습니다. 이미 베이징은 공친왕의 세력이 장악해 그들을 설득하는 것은 어렵지 않았습니다. 여기에 가장 중요한 명분까지 충족된 것입니다.

여차하면 8대신 세력을 제압할 군대까지 준비한 서태후와 동태후, 공친왕은 거칠 것이 없었습니다. 결국 8대신은 목이 잘리거나 유배지로 보내졌습니다. 1861년 11월 11일, 드디어 동치제의 황제 즉위식이 열렸습니다. 8대 신을 몰아내고 신유정변에 성공한 서태후와 동태후, 그리고 공친왕의 시대가 열린 것입니다.

수렴청정하게 된 두 태후는 매일 아침 5시~6시에 일어나 봉황무늬 옷을 입고 치장을 마친 다음, 가마를 타고 양심전으로 향했습니다. 그곳에서 대신들과 국사를 의논했죠. 사진처럼 황제가 앉는 의자 뒤에 노란 장막을 쳐놓았습니다. 남녀가 유별했던 시기였기에 여성이었던 두 태후가 장막 뒤에 앉아 얼굴을 가린 채 정사를 본 것입니다. 글을 모르는 동태후를 대신해 서태후가 대부분의 업무를 처리했습니다.

신유정변의 한 축이었던 공친왕은 '의정왕議政王'이라는 직위를 받았습니다. 이는 쉽게 말해 '정사를 의논하는 왕'입니다. 대신들과 회의를 주관하

두 태후가 수렴청정했던 양심전

고, 황제에게 보고할 내용을 수렴청정하는 두 태후에게 전달하는 중책이죠. 공친왕은 자신의 힘을 디딤돌 삼아 단계적으로 군사 개혁을 실시했습니다. 또한 유능한 인재 양성을 위해 학생들을 해외로 유학 보내거나 외국어 교육 기관인 '동문관'을 세우기도 했습니다.

세 사람이 권력을 잡으면서 청나라에 변화의 바람이 불기 시작했습니다. 가장 큰 변화는 영국이 골칫거리였던 태평천국군을 진압해주겠다며 먼저 손을 내민 것입니다. 그간 영국은 기독교를 믿는 태평천국군을 호의적으로 대했습니다. 그런데 그들이 스스로 하느님의 아들이라 말하는 것을 보며 의아함을 느꼈습니다. 게다가 영국은 청나라에 더 많은 아편을 팔아 수익을 내야 하는데 이들은 '아편 금지'를 외쳤죠. 득이 될 게 없다고 판단한 영국은 태평천국군이 반란에 성공하면 베이징 조약에서 약속받은 이익을 받지 못할 거라 생각해 청나라 황실을 돕기로 한 것입니다. 영국의 개입으로 무려 14년간 청나라 황실을 위협했던 태평천국군이 진압됐습니다. 동치제가 즉위한 지 3년 만에 이룬 성과였죠.

청나라에 평화로운 시기가 찾아온 것도 잠시, 서태후는 의정왕이라는 직위를 앞세워 권력을 휘두르는 공친왕이 신경 쓰였습니다. 그녀는 권력을 나눠 가질 생각이 없었습니다. 결국 자신의 아들이자 황제의 이름으로 공친왕을 의정왕에서 파면한다는 교지를 내렸습니다. 공친왕을 파면한다는 상유문의 초고에는 다음과 같은 내용이 있습니다.

'공친왕이 국가의 대사를 논의한 이래, 거리낌 없이 거만하게 행동하고, 매우 교만하며, 높은 지위와 큰 권력에 기대어 군주는 안중에도 없었다. 짐을 어리게 보고, 수없이 억누르며, 암암리에 자주

이간질하여 자세히 물을 수가 없었다.'

공친왕의 불손한 태도를 지적하며 관직에서 파면한다고 명령한 이 교지는 서태후가 작성한 것입니다. 야사에 따르면 공친왕이 두 태후와 정무를 논의하는 자리에서 태후의 말을 제대로 못 알아들었다며 무례하게 다시 이야기해 달라고 하거나 논쟁을 벌이며 목소리를 높였다고 합니다. 서태후는 공친왕의 버릇없는 태도를 보고 위계관계를 분명히 해야겠다고 생각했고, 황제의 이름을 빌려 공친왕을 파면한 것입니다.

그러자 공친왕은 서태후 앞에 납작 엎드려 울면서 죄를 뉘우친다고 고했고, 관료들도 구명에 나섰습니다. 공친왕이 실질적인 정무를 맡았기에 그가 자리를 비우면 정사가 제대로 돌아갈 리 없었습니다. 또한 공친왕은 서양인과의 친분이 두터워 신문물을 받아들이거나 그들과 소통하는데 제격이었습니다. 결국 서태후는 그에게서 의정왕 직위를 박탈하되, 업무를 처리할 최소한의 관직만 보장해 줬습니다. 이제 공친왕의 목숨줄은 서태후가 틀어쥐게 된 것입니다. 이때 그녀는 곧 서른을 앞둔 나이였습니다.

서태후는 공친왕을 앞세워 본격적으로 개혁을 추진했습니다. 이 시기 공친왕은 서양의 문물과 기술을 받아들여 부국강병을 이루자는 근대화 정책인 양무운동을 펼쳤습니다. 하지만 전쟁에서 진 것도 분한데 서양 오랑캐의 기술까지 도입하면 청나라의 근간을 흔들 수 있다며 반대가 심했죠. 게다가 공친왕이 의정왕 자리에서 물러나면서 정치적 입지가 줄어들자 보수파 대신들은 자신의 세력을 확대할 기회로 여겼습니다. 이때 서태후가 공친왕의 의견을 지지하면서 양무운동이 본격화됐습니다.

서태후는 자신이 권력을 잡았을 때 청나라가 부국강병을 이루면 역사에

길이 남을 업적이 되리라 생각했습니다. 설사 실패하더라도 양무운동을 주도한 공친왕에게 책임을 물면 그만이었죠. 게다가 공친왕은 서양인들과 친분이 두터워 양무운동 추진에 적임자였습니다. 자신과 어깨를 나란히 할때는 눈엣가시였으나 그의 목숨줄을 쥔 상황에서는 여러모로 쓸모가 많았던 것입니다.

청나라는 양무운동을 펼치면서 해군력 강화를 가장 신경 썼습니다. 바다 건너온 서양 세력에 참패한 쓰라린 경험 때문이었죠. 배를 건조할 기관을 세우고, 대포와 화약 등의 무기도 직접 만들기 시작했습니다. 1871년에는 4대 서양식 함대인 북양함대(웨이하이), 남양함대(상하이), 복건함대(푸저

북양함대의 군함 정원호와 진원호

우), 광동함대(광저우)를 창설했습니다. 95쪽의 사진은 4대 함대 중 최강으로 불린 북양함대의 군함 정원호와 진원호로, 현재 함대와 크게 다르지 않은 모습입니다. 해양 강국인 영국 해군의 뒤를 바짝 추격하던 독일에서 만든 철갑함이었죠. 다른 3대 함대 역시 당대 동아시아에서 최고 수준이었습니다. 여기에 직접 군함을 건조하기도 했습니다. 사실 청나라가 처음 만든 함선은 영국 배를 본뜬 것입니다. 난징 조약, 톈진 조약, 베이징 조약을 차례로 맺으며 배상금을 지불하느라 함대를 살 돈이 부족해지자 궁리 끝에 영국의 증기선을 들여와 분해한 뒤 근대식 함선을 만들었습니다.

동류에서 정적이 된
서태후 vs 동태후

　청나라가 내실을 다지는 동안 황궁을 장악한 서태후는 미모를 가꾸는 데 집중했습니다. 25세라는 젊은 나이에 과부가 된 그녀는 초라해 보이는 것을 용납할 수 없었죠. 단순히 외모에 관심이 있는 것이 아니라, 눈에 보이는 권위가 중요했습니다. 실제로 서태후의 시중을 들었던 궁녀의 말에 따르면 외모 치장에 특히 관심이 많았다고 합니다. 예를 들면 그녀는 새똥으로 만든 '옥욕산'이라는 화장품으로 세수를 하면서 하루를 시작했습니다. 세수가 끝나면 가냘픈 손을 가진 어린 환관이 약 6cm의 옥 방망이로 밀가루 반죽을 밀 듯 서태후의 얼굴을 50회가량 밀었습니다. 그다음에는 각종 화장품을 바르고 분과 붉은 장미로 만든 연지로 마무리했죠. 피부 미용을 위해 진주 가루를 먹기도 했는데, 실제로 진주를 갈았던 맷돌이 남아있습니다. 백국화, 인진, 곡정초 등 꽃과 약재로 목욕하는 것도 즐겼는데 때때로 달걀흰자와 돼지기름을 섞어 전신 마사지를 했다고 합니다.

서태후는 피부만큼 머리치장에도 관심을 가졌습니다. 그녀는 종종 머리를 빗겨주는 환관에게 베이징 거리로 나가 여인들의 헤어스타일을 관찰할 것을 명령했고, 그중 예쁜 스타일을 골라 서태후에게 선보였다고 합니다. 이런 방법으로 3일~5일에 한 번씩 새로운 스타일을 연출했죠. 청나라 최고 권력자로 갖은 사치를 누린 그녀도 화장실만큼은 가질 수 없었습니다. 자금성에는 화장실이 없어서 어린 환관들이 황제와 태후, 황후, 후궁들이 쓴 요강을 이고 지고 나르며 날마다 솔로 깨끗이 씻어야 했습니다. 궁녀들은 흰 종이에 물을 뿌리고 인두로 다려 직접 화장지를 만들었습니다. 황족이 쓰는 요강을 '관방'이라고 하는데 서태후의 관방은 은으로 정교하게 만들어 전시하고 싶을 만큼 아름다웠다고 합니다. 이외에도 궁녀들이나 야사로 전해지는 이야기가 매우 많지만 어디까지 믿어야 할지 판단하기 어렵습니다. 그만큼 민간에서 서태후를 미워하는 목소리가 컸다는 뜻이겠죠.

자금성을 차지한 서태후의 행보에 제동을 건 것은 그녀의 그늘에 가려져 있던 동태후였습니다. 함풍제가 죽고 난 후 젊은 나이에 권세를 쥔 서태후를 둘러싼 소문이 떠돌기 시작했습니다. 남자를 밝히는 그녀가 젊고 잘생긴 경극 배우를 몰래 궁 안으로 들였다는 것입니다. 하루는 동태후가 서태후의 처소에 갔다가 그녀와 경극 배우가 함께 누워있는 모습을 목격했다는 야사도 전해집니다. 심지어 청나라 말기 중국에서 생활한 영국인 에드먼드 백하우스Edmund Backhouse 남작은 《태후와 나》라는 회고록에서 서태후와의 은밀한 이야기를 밝히기도 했습니다. 다만 이는 모두 서태후를 향한 수많은 설 중 하나일 뿐입니다.

서태후에 대한 안 좋은 풍문이 끊이지 않자 에둘러 주의를 주던 동태후도 서태후가 '환관은 수도를 벗어날 수 없다'라는 규정을 어기고 가장 아끼는 환관 안덕해安德海의 외출을 허락하자 행동에 나섰습니다. 서태후와 대신들을 함께 불러 황실의 법도를 어긴 안덕해를 어떻게 해야 할지 물은 것입니다. 결국 안덕해는 수많은 사람이 보는 앞에서 목이 잘려 죽었습니다. 문제는 안덕해의 처리를 논의할 때 동태후와 대신들이 서태후의 체면을 생각해 알아서 조용히, 가볍게 처리하지 않았다는 것이죠. 체면을 구긴 서태후는 동태후를 예전처럼 대하기 힘들었을 것입니다.

서태후의 성격상 즉시 동태후를 내쳤겠으나 야사에 따르면 동태후에게는 무기가 하나 있었다고 합니다. 함풍제가 죽기 전에 '만약 서태후가 아들을 믿고 권력을 휘두르면 그녀를 죽여라'라고 적은 교지를 남긴 것입니다. 그는 정치적 야심을 보이는 서태후를 경계했고, 순하고 어진 동태후의 위치가 위태로울까 걱정했을 것입니다. 서태후는 동태후가 함풍제의 교지를 가진 것을 알고 있어 함부로 대하지 못했다고 합니다. 어느 날 동태후가 심하게 앓아눕자 서태후가 자신의 피로 감기약을 만들어 보냈으며, 이에 감동한 동태후가 눈물을 흘리며 함풍제의 교지를 불태워 줬다는 이야기도 있으나 믿기 어려운 풍설입니다.

두 황후의 갈등을 확인할 수 있는 사건은 극히 드물지만, 황제인 동치제의 황후를 간택하면서 둘 사이에 미묘한 마찰이 있었습니다. 황후 간택은 서태후가 입궁했던 방식인 수녀 선발제도로 이뤄졌습니다. 서태후에게 황후 간택은 단순히 며느리를 고르는 문제가 아니었습니다. 동치제가 성인이 되어 직접 정치에 나설 때 자신의 편을 들어줄 사람을 들이는 일이었죠. 그런데 동치제가 생모인 서태후의 뜻을 무시하고 동태후가 추천한 인물을 황후로 맞이한 것입니다. 그녀는 효철의황후孝哲毅皇后로 신유정변 당시 척결한 8대신 중 한 사람의 외손녀였습니다.

동치제가 자신이 추천한 여인을 선택하지 않자 단단히 마음이 상한 서태후는 두 사람이 만나는 것을 방해했습니다. 동치제는 효철의황후를 진심으로 좋아해 함께 있고 싶어 했지만 "아직 배워야 할 것이 많으니 학업에 방해가 되지 않도록 황후의 침실에 드나들지 말라"라며 합궁을 막았다고 합니다. 꼭두각시 황제였던 동치제는 아내의 동침까지 좌우하려 한 서태후의 괴롭힘에 무력감을 느꼈습니다. 야사에는 환관들이 이런 동치제를 위로하겠다며 그를 기생집에 데려갔고, 금세 주색잡기에 빠지고 말았다고 합니다.

불행히도 동치제는 결혼한 지 3년도 안 되어 18세에 갑작스레 사망했습니다. 당시 그의 행적 탓에 매독으로 죽었다는 소문이 돌았습니다. 민간에서 떠도는 이야기를 기록한 《청궁유문》에는 동치제가 매독에 걸렸다는 내용이 있고, 동치제의 스승이었던 옹동화翁同龢도 매독으로 추정되는 동치

동치제 효철의황후

제의 증상을 일기로 남겼습니다. 동치제를 기생집에 데려간 태감들에게 서태후가 곤장형을 내렸다는 이야기도 전해집니다. 하지만 황실 공식 자료나 어의의 처방전은 사인을 천연두로 기록하고 있으며 옹동화도 일기에 사인을 천연두로 기록해 천연두로 죽었을 가능성이 가장 커 보입니다.

동치제가 병으로 앓아눕자 서태후는 며느리인 황후의 탓으로 돌리며 비난했습니다. 결국 효철의황후는 동치제가 사망한 지 1년도 안 돼서 자결로 짧은 생을 마감했습니다. 그녀의 죽음에 관한 여러 가지 설 중에서 가장 유명한 이야기는 서태후가 "황제를 따라가라"라고 강요해 효철의황후가 금가루를 물고 자살했다는 것입니다. 금을 삼키면 장기가 망가져 사망하는 경우가 종종 있기 때문입니다. 야사에는 효철의황후가 동치제의 아이를 임신했고, 그 아이가 태어나면 자신이 더는 섭정을 할 수 없다는 두려움에 자살을 강요했다는 내용이 남아있습니다.

이 외에도 서태후에게서 무언의 압박을 느낀 효철의황후가 곡기를 끊고 굶어 죽었다는 이야기도 전해집니다. 굶주림에 지친 황후가 친정아버지에게 도와달라는 편지를 보냈지만, 서태후의 권력이 무서웠던 부친은 "답은 황후께서 아실 겁니다"라면서 서태후의 뜻에 따라 자결하라는 뜻을 전한 것입니다. 결국 황후는 22세의 나이로 죽었습니다.

황제는 바뀌어도
흔들리지 않는 서태후의 권세

아들을 먼저 보낸 서태후의 나이는 39세였습니다. 아직 앞길이 창창했던 그녀는 권력을 내려놓을 생각이 없었습니다. 동치제의 갑작스러운 죽음으로 황실이 큰 혼란에 빠졌을 때 서태후는 동치제의 사촌인 광서제光緒帝를 다음 황제로 만들 계획을 세웠습니다. 고작 세 살밖에 안 된 광서제는 황제가 되기에 거리가 먼 인물이었으나 어릴수록 더 오래 수렴청정할 수 있기에 서태후는 뜻을 꺾지 않았습니다. 그녀의 위세에 눌린 관료들은 반대하지 못했고, 광서제는 새로운 황제가 되었습니다. 서태후는 광서제를 비판과 질책으로 훈육했습니다. 게다가 광서제가 9세가 되었을 때 동태후가 갑작스레 사망하면서 그를 보듬어줄 사람은 아무도 없었죠. 서태후는 자신의 앞에만 서면 얼어붙는 광서제를 못마땅해했습니다.

동태후의 사망으로 서태후가 청나라 최고 권력으로 떠오른 이 시기, 청나라는 또다시 서구의 침략이라는 태풍에 휘말렸습니다. 청불전쟁이 일어나면서 조공국이었던 베트남마저 청 중심의 질서에서 완전히 이탈한 것입니다. 수백 년간 이어진 청나라와 아시아 국가 간의 조공 관계가 서서히 무너지고 있었죠. 광서제는 조상들이 일군 판도가 줄어드는 모습을 힘없이 지켜볼 수밖에 없었습니다.

숨죽여야 했던 광서제는 16세가 되면서 서태후의 간섭을 참을 수 없게 됐습니다. 황법에 따르면 황제는 16세에 황후를 정하고 친정을 시작하는 것이 관례입니다. 하지만 서태후는 광서제가 혼인할 나이가 되었음에도 황후 간택을 계속 미뤘습니다. 혼인은 성년이 되었음을 의미하는 것이므로 그 이후에는 서태후가 정권을 잡을 수 없었기 때문입니다. 혼인하지 못한 채 17세가 된 광서제는 좌절감을 이기지 못해 난동을 피웠다고 합니다. 서태후는 하는 수 없이 대혼식 날짜를 선언하고 황제가 결혼하면 수렴청정을 거두겠다고 선언했습니다.

문제는 서태후가 그리 쉽게 권력을 내어줄 리 없다는 것이었죠. 그녀는 주요 인사를 임명하거나 국가의 중대 사안을 결정할 때는 황제가 명을 내리더라도 반드시 자신을 거치도록 했습니다. 그리고 광서제의 의사와는 상관없이 자신의 조카인 융유황후隆裕皇后와 결혼시켰습니다.

서태후는 황제의 어머니 자격으로 광서제의 배우자를 고를 수 있었고, 자신에게 절대복종할 황후를 원했기에 조카를 황후 자리에 앉힌 것입니다. 융유황후는 평범한 외모에 어깨가 꼽추처럼 약간 굽어있었다고 합니다. 게다가 광서제보다 세 살이나 많았죠. 융유황후가 맘에 들지 않았던 광서제는 그녀에게 애정을 주지 않았습니다. 서태후의 뜻에 따라 원치 않는 황후를 맞이한 광서제는 이제 수렴청정에서 벗어나 온전한 황제로 자리매김할 수 있었을까요?

나라를 휘청이게 만든
서태후의 사치

서태후는 광서제가 혼인한 1889년부터 새롭게 정비한 황실 정원인 이화원으로 거처를 옮겼습니다. 수렴청정을 끝내고 자금성에서 물러난 것입니다. 그리고 이화원에 자신만의 왕국을 만들기 시작했습니다. 원래 황실 정원의 이름은 '청의원'이었으나 서태후는 '노인들의 몸과 마음을 편하고 온화하게 한다'라는 뜻의 '이화원'이라는 새 이름을 붙였습니다. 그녀는 이곳에서 편안하고 사치스러운 삶을 누렸습니다. 당시 청나라는 영국과 프랑스에 전쟁 배상금을 갚고 있었는데 이화원 수건에만 무려 은 800만 냥이 넘게

들었다고 합니다. 이는 청나라 한 해 예산의 10% 정도에 해당하는 막대한 금액이었죠.

서태후는 평소에도 사치가 심했다고 전해집니다. 그녀는 옷, 장신구, 손톱 등 자신을 호화롭게 꾸미는 데 돈을 아끼지 않았습니다. 사진에서 서태후가 손톱에 착용한 것은 청나라 귀족 여인들이 손톱을 보호하기 위해 썼던 장신구인 '호갑투'입니다. 만주족 여성들은 손톱을 1인치 이상 기르는 풍습이 있었는데, 손톱이 부러지는 걸 막기 위해 고깔 같은 장신구를 씌웠습니다. 호갑투는 아무나 낄 수 있는 것이 아니라 손 쓰는 일을 하지 않는 최상류층 여성, 특히 황실 여성들이 주로 애용했습니다. 후궁들의 호갑투는 금, 은, 동, 바다거북 껍질 등 귀한 보석으로 만들어 화려했죠. 서태후도 호갑투를 즐겨 사용했다고 합니다.

서태후는 최고급 순백 비단에 장인이 한땀 한땀 수를 놓아 완성한 버선을 선호했습니다. 화려한 자수를 새기는 데 7일~8일이 걸렸으나 한 번 신은 버선은 두 번 다시 신지 않았다고 합니다. 상황이 이러하니 버선을 만드는 데만 당시 황족이 받는 1년 연봉에 가까운 돈이 들었습니다. 까탈스러

서태후의 호갑투

서태후의 의복

움과 사치는 그녀가 입는 옷에서도 드러났습니다. 의복을 입은 서태후의 사진은 70세쯤에 찍은 것입니다. 이전 사진은 거의 없어 이때의 사진으로 그녀의 화려한 의복을 짐작할 수 있습니다. 모두 금박을 두른 값비싼 비단 옷입니다.

이화원에서 벌어진 서태후의 사치는 이뿐만이 아닙니다. 그녀는 옷 위에 300여 개의 진주로 만든 망토를 걸쳤습니다. 여기에 굽이 12cm가 넘는 구두를 신었는데, 이 역시 갖가지 보석들로 치장했죠. 서태후가 죽은 뒤 그녀의 옷이 700상자 넘게 발견되었다는 풍설이 있을 만큼 그녀는 자신을 꾸미는 데 많은 돈을 썼습니다. 뿐만 아니라 과일의 향을 좋아해서 항아리에 신선한 과일을 넣어 디퓨저처럼 사용했습니다. 환관들이 하루에도 몇 번씩 항아리 속 사과를 교체했으니 엄청난 양의 사과가 필요했죠.

서태후는 과일 향뿐만 아니라 과일 모양의 보석을 유독 좋아하고 아꼈습니다. 사진 속 보석들은 수박과 배추 그리고 동파육을 조각한 것입니다. 에메랄드 비취 수박은 서태후가 은 500만 냥을 주고 산 것으로 가장 아꼈던 보석이라고 전해집니다. 이 보석을 가장 튼튼한 찬장에 넣어 기계식 자물쇠까지 채운 다음 환관들이 밤낮으로 돌아가며 지켰다고 합니다. 서태후의 사치와 관련한 속설은 청나라가 멸망한 책임을 그녀에게 지우기 위해 과장된 면이 있지만, 남겨진 사진이나 유물을 보면 속설을 마냥 부정하기는 어렵습니다.

서태후의 사치는 외모 치장에만 집중된 것이 아닙니다. 호사로운 식사를 즐겼는데, 식사 때마다 무려 120가지가 넘는 요리를 만끽했다고 합니다.

서태후의 보석들

청나라 말, 황실 식사를 담당했던 어선방 환관은 서태후가 상어 지느러미로 만든 샥스핀과 전복, 제비집을 좋아했다고 증언했습니다. 특히 피부 미용에 좋다며 즐겨 찾았던 제비집은 상류층이 찾는 인기 요리가 됐죠. 누군가는 서태후의 맛에 대한 탐닉 덕분에 중국 요리가 꽃피웠다고도 농담처럼 이야기하지만, 당시 청나라에 생계가 막막해 고향을 떠나는 유민이 많았다는 사실을 생각하면 웃으며 들을 수 있는 이야기는 아닙니다.

청나라의 바닥을 보여준
청일전쟁

서태후가 이화원에 머무는 동안 광서제는 그녀의 간섭에서 벗어날 기회를 호시탐탐 노렸습니다. 그러던 중 1894년에 청일전쟁이 일어났습니다. 그간 서구 열강에 고전을 면치 못했던 청나라는 동양의 작은 나라인 일본과는 해볼 만하다고 생각했습니다. 게다가 북양대신 이홍장李鴻章 등의 주도하에 청나라의 부국강병을 목표로 양무운동을 펼쳤고, 아시아 최대 함대를 소유하고 있었으니, 전쟁을 망설일 이유가 없었죠. 물론 전쟁을 반대하는 목소리도 작지 않았습니다. 청나라의 재정은 여전히 좋지 않았고, 전쟁의 승패는 예측 불가능했습니다. 하지만 전쟁은 광서제를 힘 있는 황제로 만들어줄 기회이기도 했습니다.

청일전쟁은 1894년 7월, 일본군이 경복궁을 침입해 조선 조정을 장악하면서 본격적으로 시작됐습니다. 이후 곧바로 풍도해전이 일어나고 그해 8월에는 평양전투가 벌어졌죠. 청나라는 전쟁이 진행될수록 고전을 면치 못

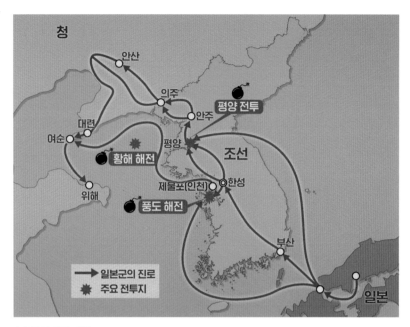

청일전쟁 전투 지역

했습니다. 일본이 조선을 대륙 진출의 기지로 삼아 육·해군을 다스리는 대본영을 설치하는 등 만반의 준비를 했기 때문입니다. 그에 비해 예고 없이 전쟁에 뛰어든 청나라군은 준비가 미흡했습니다. 결국 풍도해전에 이어 평양전투에서도 일본에 패하고 말았습니다.

108쪽의 사진은 평양전투 직후에 찍은 것입니다. 열악한 복장의 청나라 병사들과 달리 일본 병사들은 유럽식 군복을 갖춰 입고 바싹 군기가 든 모습입니다. 청일전쟁의 종군 기자였던 미국의 제임스 크릴먼James Creelman은 청나라 병사들의 복장을 가리켜 '치렁치렁한 소매가 달린 군복과 1리(약 400m)만 걸어도 포로가 될 판인 헐렁거리는 군화'라고 표현했습니다. 게다가 청나라 병사들은 평양전투를 앞두고 술판을 벌였다고 하니 기강마저

평양전투 직후 포로가 된 청나라 병사들

해이했죠. 청나라의 패배는 당연한 결과였습니다.

청나라가 풍도해전, 성환전투, 평양전투에서 연패했지만 승기가 일본에 완전히 넘어간 것은 아니었습니다. 이홍장은 전쟁을 질질 끌며 협상을 통해 문제를 해결하길 원했습니다. 하지만 청일전쟁의 명운을 가를 황해해전이 의도치 않게 벌어졌습니다. 9월 17일, 청나라는 황해해전에 해군 병력을 집중했습니다. 막대한 예산으로 구입한 7,000톤급 진원호와 정원호를 필두로 12척의 전함을 내세웠죠. 일본 역시 4,000톤급 쾌속 전함 나니와호와 요시노호를 필두로 10여 척의 전함이 나섰습니다.

청나라는 전함들을 횡으로 길게 늘어세워 거대 군함으로 충격을 주는 전술을 썼습니다. 이 전술은 꽤 유용하지만 좁은 연안에서 싸울 때는 진원호와 정원호 같은 거함이 효과적으로 대응할 수 없다는 문제가 있었죠. 일본은 상황에 따른 유연한 전술을 펼치면서 빠른 움직임과 속사포를 이용해 청나라군을 공략했습니다. 전투는 청나라가 자랑하던 군함들이 무너지며 끝났습니다. 일본 군함은 한 척도 침몰하지 않았죠. 아시아 최강이라던 북양함대가 참패한 것입니다. 해전이 벌어진 지 3시간 만의 일이었습니다. 북양함대가 대패했다는 소식을 전해 들은 이홍장은 답답한 심정을 글로 남겼습니다.

> '아래에서는 신식 쾌속선을 주문하는데 우리 군은 창건 이후 단 한 척도 증강하지 못했다. 모두 신의 책임이다.'

이홍장이 신식 군함을 늘리지 못한 것을 자책한 데는 이유가 있습니다. 돈을 엉뚱한 데 쓰느라 군비 확충이 어려웠기 때문입니다. 청일전쟁 직전에는 더욱 심했습니다. 청일전쟁의 패색이 짙어져 가던 1894년 11월 7일, 이화원에서 서태후의 환갑잔치가 열렸습니다. 서태후는 자신의 권력을 과시하기 위한 형식적 의례를 중요하게 여겼는데, 당시 중국에서 뜻깊게 여기는 환갑을 그냥 넘어갈 리 없었죠. 청나라는 전쟁 중임에도 서태후의 생일 잔치를 열었습니다.

서태후를 만족시키려면 화려한 잔치를 준비해야 했고 많은 돈이 필요했습니다. 전쟁 발발 1년 전, 서태후의 환갑잔치에 필요한 비용은 어림잡아 3,600만 냥으로 예상됐습니다. 당시 청나라의 1년 예산이 약 8,000만 ~9,000만 냥 정도였으니 일 년 예산의 3분의 1을 넘는 비용이었죠. 게다가 이 액수는 청나라가 약 20년간 해군을 증설하고 요새를 건설하는 등 해양 방어에 쓴 비용의 80%에 해당하는 엄청난 금액이었습니다. 전쟁을 예상하지 못한 상황에서 나온 숫자지만, 일본이 급성장하며 청나라를 위협하는 상황이니 돈을 아껴 부국강병에 힘써야 하는데 돈 쓸 궁리만 한 것입니다. 청일전쟁으로 환갑잔치는 물거품이 되었고, 서태후는 베이징에서의 연회만으로 만족해야 했습니다.

1895년 4월 17일 청나라와 일본은 시모노세키 조약을 체결해 전쟁에 종지부를 찍었습니다. 청나라는 전쟁 배상금으로 이자를 제외하고도 2억 3,150만 냥을 물어야 했죠. 이는 아편전쟁 배상금의 15배, 청나라 1년 예산의 세 배 가까이 되는 돈이었습니다. 청나라 재정은 파산 직전까지 내몰렸고, 근대적인 금융제도가 없던 터라 높은 이자를 주고 서구 열강에 돈을 빌려야 하는 처지가 됐습니다.

게다가 이번에는 랴오둥반도와 평후 제도를 일본에 빼앗겼습니다. 그러자 기다렸다는 듯이 영국, 러시아, 독일 등의 열강도 청나라 내 이권 경쟁에 뛰어들었습니다. 이들은 자신이 차지하려 했던 청나라를 일본이 점령하

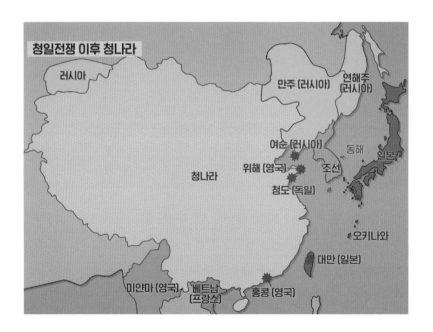

자 땅을 내놓으라며 엄포를 놓았습니다. 일본은 하는 수 없이 랴오둥반도의 영유권을 포기하고 그 대가로 3,000만 냥을 추가로 받기로 했습니다. 청일전쟁이 끝난 청나라 영토는 열강들에 의해 난장판이 되고 말았습니다. 아편전쟁부터 청나라의 땅을 차지해 갔던 영국은 홍콩과 구룡반도, 북양함대의 사령부가 있던 위해까지 점령하게 됐습니다. 독일은 청도(칭다오)를, 러시아는 여순(뤼순)을 차지하고 대규모 군항과 요새를 건설했죠.

청나라 쇠퇴기와
서태후의 패착

청일전쟁의 패배와 시모노세키 조약으로 나라가 서서히 몰락해 가던 이때 청나라 지식인들은 나라를 살리려면 일본의 메이지 유신처럼 대대적인 개혁을 추구해야 한다고 주장했습니다. 낡은 법을 고쳐서 국력을 키우자는 '변법자강'의 목소리가 커진 것이죠. 이때 서태후는 광서제가 완전히 친정을 할 수 있도록 물러섰습니다. 모든 것을 스스로 결정하게 된 광서제는 이들의 의견을 적극적으로 받아들여 '무술변법'을 실시했습니다. 하지만 서양 문물을 적극적으로 받아들이는 급진적인 개혁정책이 쏟아지자 물러나 있던 서태후가 보수파와 결탁해 반대했습니다. 아편전쟁 이후 백성들은 궁핍에 시달렸고 각지에서 반란이 일어났지만, 서태후는 변법으로 자신의 권력을 빼앗길 것이 두려웠던 듯합니다.

많은 지식인 역시 무술변법에 반발했습니다. 개혁 방안에는 과거제 폐지도 있었는데, 과거시험을 위해 오랫동안 준비해 온 노력이 물거품이 될 수도 있었기 때문입니다. 갑자기 서구식 교육을 받으라는 것이 너무도 급진적인 데다가 황제가 나서서 서양 오랑캐처럼 짧은 머리를 한다는 사실도 받아들일 수 없었죠.

반발에 부딪힌 광서제는 군사 쿠데타를 일으키려 했습니다. 황제가 쿠데타를 일으킨다는 게 이상하지만, 광서제는 이름만 황제였을 뿐 실제 권력은 다른 사람 손에 있었습니다. 그는 개혁을 위해서는 권력이 필요하다고 생각했습니다. 하지만 그가 동원할 수 있는 군사는 거의 없었죠. 광서제와 그의 측근들은 청일전쟁 이후 창설한 신식 군대의 수장을 맡고 있던 위안스카이(원세개袁世凱)를 떠올렸습니다. 그러나 서태후와 광서제를 저울질하던 위안스카이는 끝내 서태후 편에 섰고, 광서제의 계획을 폭로해 버렸습니다. 쿠데타 계획을 들은 서태후는 크게 분노했고 새 황제로 앉힐 어린아이를 물색하기 시작했습니다. 광서제를 황제 자리에서 끌어내리고 수렴청정을 이어갈 생각이었던 것이죠.

이때 영국과 프랑스가 광서제의 폐위를 반대하고 나섰습니다. 청나라에 서구식 제도를 도입하자는 무술변법이 그들에게는 유리하다고 판단했기 때문입니다. 청나라의 많은 관료와 지식인 역시 반대했습니다. 황제는 하늘의 뜻을 받아 통치하는 사람인데 이를 태후가 마음대로 바꾸는 것은 나라를 뒤흔드는 일이라고 생각한 것입니다. 국력이 약해질 대로 약해진 상황에서 서태후는 서구 열강의 의견을 무시할 수 없었고, 내부 반발 또한 외면하기 힘들었습니다. 그렇다고 광서제를 그냥 두기에는 불안했죠. 결국 서태후는 광서제를 폐위하는 대신 자금성에 유폐하기로 했습니다. 이 과정에서 그와 함께 움직이던 지식인들이 처형당하거나 해외로 피신하면서 무술변법은 허무하게 끝났습니다.

광서제의 유폐 사건을 계기로 서태후는 자신이 원하는 대로 움직이지 않는 서양 세력을 몰아내기로 마음먹었습니다. 이를 위해 비밀결사 조직인 의화단을 끌어들였습니다. 민간 종교 집단인 의화단은 옥황상제나 토속신앙, 소설 속 주인공들을 숭배하기도 했습니다. 그중에는 《서유기》에 나오는 손오공과 저팔계도 있었죠. 이들은 원래 '서양 세력을 몰아내고 청조를 지키자'라는 명목으로 무술을 익혔는데 서양 무기인 총 대신 재래식 칼과 창으로 무장한 채 훈련했습니다. 의화단은 '100일 동안 권법을 익히고 주문을 달달 외우면 창과 칼에 찔려도 피가 나지 않으며, 400일 동안 수련을 계속하면 하늘을 나는 마법을 부릴 수 있다'라고 생각했습니다. 게다가 부적을 붙이고 주문을 외우면 하늘의 병사가 몰려와 자신들을 도와준다고 믿었죠.

의화단(1900년 추정)

의화단의 구성원은 대부분 삶의 터전을 잃은 농민들이었습니다. 이들과 서태후의 공통점은 서양인을 싫어한다는 것입니다. 청일전쟁에서 떠안은 막대한 배상금을 갚기 위해 청 조정은 백성들의 주머니를 쥐어짰으니 서양인이 달갑게 보일 리 없었죠. 서구 열강을 향한 의화단의 반감은 점점 커졌습니다. 원래는 의화단을 이용할 생각이 없었던 서태후도 그들의 세력이 커지자 다른 마음을 품기 시작했습니다.

곧 20만 명이 넘는 의화단이 '청나라를 도와 서양을 멸하자'라는 구호를 외치며 베이징으로 쳐들어갔습니다. 그러고는 닥치는 대로 서양인을 죽였습니다. 의화단과 결탁한 일반 농민들마저 학살에 가담했습니다. 의화단은

의화단의 서양인 학살

교회와 외국인 거주지를 불태우고 기독교를 믿는다고 하면 청나라 사람들까지 공격했습니다. 초기 선교사들의 무덤을 파헤치고 서양 공사관을 공격하기도 했죠.

서구 열강의 침략에 피해를 입었다고 해도 이렇게까지 서양인을 싫어한 이유는 무엇일까요? 1858년 천진 조약, 1860년 북경 조약을 맺으며 서양인의 중국 내지 여행이 자유로워졌습니다. 그러자 서양 선교사들이 청나라 내지로 진출해 고아원, 의료시설 등을 세우고 선교사업을 시작했습니다. 그들인 벌인 사업은 원래 지방 지배층인 신사층이 전통적인 방식으로 책임지던 일로, 지방 사회에서 충돌이 불가피했습니다. 여기에 낯선 서양 문화로 인해 서양인이 아이들을 잡아가고 병자들을 실험에 사용한다는 유언비어까지 퍼졌습니다. 민간에서 기독교인과의 분쟁이 잦아지면서 어느새 반기독교 정서가 거세진 것입니다.

1900년 6월, 의화단이 서양인을 위협하고 서태후마저 의화단에 관대한 태도를 보이자 서구 열강은 연합군을 조직했습니다. 이때 서태후는 걱정은 커녕 강경파의 부추김에 선전포고까지 했습니다. 설상가상으로 독일 공사가 의화단에 살해당하면서 더는 전쟁을 피할 수 없게 되었습니다. 서양 연합군은 의화단을 진압하기 위해 청나라로 밀고 들어왔습니다.

116쪽의 사진은 대규모 병력을 앞세운 연합군이 톈진 함락 후 곧바로 수도 베이징에 입성한 모습입니다. 톈진에 배치된 청나라 해군은 이들의 모습에 압도되어 싸울 엄두도 내지 못한 채 백기를 들었다고 합니다. 잔혹했으나 특별한 전술이 없던 의화단은 겁에 질려 뿔뿔이 흩어졌죠. 당시 청나라에 모인 연합군은 영국, 미국, 프랑스, 독일, 러시아, 일본 그리고 오스트리아-헝가리 제국과 이탈리아까지 8개국이었습니다. 이미 청나라를 야금야

금 차지한 나라들이죠.

1900년 8월에 연합군이 자금성 동화문을 공격하자 서태후는 베이징을 버리고 광서제와 시안으로 도망쳤습니다. 제2차 아편전쟁 이후 또다시 수도를 버린 것입니다. 베이징에는 연합군이 끊임없이 밀고 들어왔고, 서구

베이징에 입성하는 8개국 연합군

청나라에 모인 연합군

열강은 청나라 사람들을 죽였습니다. 이들은 베이징 주변에서 의화단을 소탕한다는 명목으로 온갖 학살과 약탈을 저지르고 수많은 보물을 가져갔습니다. 서태후와 황제가 떠난 수도에 남은 백성들을 지켜줄 사람은 아무도 없었죠. '눈에는 눈, 이에는 이'라는 서구 열강의 방식은 자신들의 요구 조건을 들어달라는 일종의 협박이었습니다. 결국 1901년 9월 7일에 신축조약을 맺으면서 전쟁을 끝낼 수 있었습니다.

> 신축조약 주요 내용
> 1. 의화단 사건의 책임자를 처벌한다.
> 2. 청나라는 연합군 8개국에 4억 5,000만 냥을 40년에 나눠 갚는다.
> 3. 외국군의 수도 주둔을 허용한다.

연합군은 가장 먼저 고위 관리 12명의 처벌을 요구했습니다. 그 외에도 119명의 지방 관원이 사형 또는 처벌을 받았죠. 서태후가 서구 열강을 도발한 대가는 고스란히 청나라 백성들에게 돌아갔습니다. 4억 5,000만 냥의 배상금은 청나라의 5년 예산에 해당하는 엄청난 금액으로 40년에 걸쳐 갚아야 했습니다. 게다가 베이징에 열강의 군대를 주둔시켜서 청나라를 좌지우지하겠다는 욕심까지 드러냈습니다. 연합군은 의화단 사건의 책임자인 서태후를 사형하라는 조건도 걸었으나 당연히 불가능했죠. 서태후는 자신만 빠져나간 뒤 나머지 조건을 승인해 무사히 베이징으로 돌아왔습니다. 그녀는 각국 대사 아내들과의 연회를 통해 친분을 쌓아 자신의 안전을 확보하는 데 급급했다고 합니다.

아슬아슬하게 버티던
청나라 기둥, 눈 감다

서태후의 잘못된 판단으로 청나라가 몰락의 길을 걷고 있는 동안에도 그녀는 여전히 사치스러웠고, 권력에 대한 욕심 또한 놓지 못했습니다. 해가 지지 않는 대영 제국의 빅토리아 여왕을 모방해 사진을 찍기도 했죠. 서태후의 나이도 어느덧 칠순을 넘겼습니다. 몇 차례의 전쟁과 외세의 침략, 나라 안의 반란 등이 잇따르면서 청나라는 더욱 수렁에 빠졌습니다. 이 불안한 시기에 광서제는 서태후에게 힘없이 밀려나 목숨만 겨우 유지하다가 1908년에 끝내 사망하고 말았습니다.

광서제가 사망했을 당시 서태후의 독살 때문이라는 설이 있었습니다. 2008년, 광서제의 머리카락에서 다량의 비소가 검출되면서 독살로 인한 사망이 사실로 밝혀졌습니다. 서태후가 독살을 명했는지는 알 수 없지만

영국 빅토리아 여왕(1897)을 따라 한 서태후(1904)

광서제의 죽음으로 가장 이득을 볼 사람은 서태후였죠. 그녀는 광서제가 사망하기 직전 2년 10개월밖에 되지 않은 어린아이를 데려와 황제로 즉위할 준비를 끝마쳤습니다. 그가 바로 청나라의 마지막 황제인 선통제宣統帝 푸이溥儀입니다. 하지만 서태후는 선통제의 즉위식을 보지 못하고 죽음을 맞았습니다. 광서제가 죽은 다음 날이었습니다.

죽어서까지도 사치를 버리지 못한 서태후의 장례비는 광서제의 장례비보다 세 배가 더 들었다고 합니다. 항간에는 장례비용 대부분이 서태후와 함께 묻힌 비단옷과 보석에 사용됐으며, 도굴꾼들이 서태후의 무덤을 파헤쳐 모두 훔쳐 갔다는 이야기가 있습니다.

서태후의 죽음 이후 권력의 중심이 사라지자 청나라는 급격히 분열되었습니다. 이내 무능한 청 황실을 몰아내고 새로운 나라를 만들어야 한다는 혁명의 물결이 거세지면서 청나라는 1911년에 끝내 멸망했습니다. 서태후가 권력을 잡았던 시기는 계속되는 서양 세력의 침략과 민란이 일어나며 청나라가 서서히 분열되던 상황이었습니다. 그럼에도 양무운동을 지지하며 나라를 안정시킨 서태후는 분명 정치적인 감각이 있는 인물입니다. 청나라 멸망의 모든 책임을 서태후에게 지울 수는 없습니다. 하지만 권력을 향한 욕망은 나라보다 자신의 이익을 앞세웠고 청나라는 몰락했습니다. 서태후의 일생과 청나라의 역사를 통해 우리는 권력을 어떻게 획득하고, 어떻게 유지되어야 하는지를 고민해 봐야 하겠습니다.

벌거벗은 케네디 가문

스캔들과 비극으로 얼룩진 정치 명문

김봉중

● 지금부터 미국 역사에서 대대손손 명성을 자랑하는 한 가문에 관해 이야기하겠습니다. 이 가문을 대표하는 인물은 미국인의 절대적 사랑을 받는 제35대 대통령 존 F. 케네디John F. Kennedy입니다. 43세로 최연소 대통령이 된 그는 미국의 개척자 정신을 일깨우며 정계에 새로운 바람을 몰고 왔습니다. 그리고 다음과 같은 명연설을 남기기도 했죠.

"친애하는 국민 여러분, 국가가 당신을 위해 뭘 해줄지 묻지 말고 여러분이 국가를 위해 뭘 할 수 있는지 물어보십시오."

지금도 혁신의 아이콘으로 불리는 그가 주목받는 또 다른 이유는 든든한 배경이 있기 때문입니다. 대통령을 비롯해 장관, 상·하원의원, 대사 등 미국 정계의 핵심 인물을 꾸준히 배출하며 미국 최고의 일가로 자리매김한 케네디 가문입니다.

존 F. 케네디는 역대 가장 인기 있는 대통령으로 꼽힐 만큼 미국인의 사랑을 받았습니다. 이는 그의 가문을 향한 호감도 덕분이기도 합니다. 케네디 가문, 록펠러 가문, 루스벨트 가문 등은 왕조나 귀족이 없는 미국에서 이러한 역할을 해 왔습니다. 그중에서도 케네디 가문은 미국을 대표하는 집안이라고 할 수 있죠. 미국 곳곳에는 존 F. 케네디의 이름을 붙인 공연장, 도서관, 우주센터, 기차역, 의료센터, 박물관 등 그를 상징하는 건물이 400개가 넘는다고 합니다. 그만큼 미국인의 사랑과 존경을 받았던 대통령이었던 것은 틀림없습니다.

케네디 대통령

케네디 가문 가족사진

　최고의 정치 왕조를 일구며 완벽한 가족처럼 보였던 케네디 가문은 사실 온갖 스캔들과 의혹, 비극으로 얼룩져 있습니다. 케네디 대통령을 포함한 4남 5녀의 남매 중 4명이 비극적인 죽음을 맞았고, 치명적 스캔들 같은 치부로 가문의 명성에 흠집을 낸 인물도 있죠. 많은 사람의 동경을 받던 미국 최고의 명문가에서 도대체 무슨 일이 벌어진 것일까요? 지금부터 스캔들과 비극으로 얼룩진 정치 명문 케네디 가문의 실체를 벌거벗겨 보겠습니다.

천대받던
케네디가의 성공

　170년이 넘는 긴 시간 동안 미국 최고의 명문가로 명성을 쌓아 올린 케네디가의 또 다른 수식어는 '이민자 가정의 성공 신화'입니다. 아메리칸드림의 실현을 보여주는 훌륭한 본보기라는 것입니다.

케네디 가문의 역사는 미국이 아닌 아일랜드에서 시작됐습니다. 1845년, 기나긴 장마가 아일랜드 전역을 덮치면서 감자잎마름병이 발생했습니다. 감자가 썩어들어가는 병으로, 병든 씨감자를 심으면 수확량이 80%나 감소했죠. 병이 빠른 속도로 퍼지면서 아일랜드인의 주식인 감자 생산량이 급속히 줄어들었습니다. 대기근은 1850년까지 계속됐고 당시 아일랜드 인구의 20%에 해당하는 100만 명이 굶주림과 전염병으로 죽어 나갔습니다. 상황이 이렇게 되자 아일랜드인들은 살기 위해 고국을 떠나 기회의 땅인 미국으로 이주하기 시작했습니다.

200만 명이나 되는 대이동의 역사 속에 존 F. 케네디의 증조할아버지인 패트릭 케네디Patrick Kennedy도 있었습니다. 그는 26세이던 1849년에 아메리칸드림을 꿈꾸며 미국행에 올랐습니다. 하지만 현실은 매우 혹독했습니다. 개신교의 나라에서 가톨릭을 믿는 아일랜드인은 차별과 멸시의 대상이었기 때문입니다. 일자리를 내주지 않아 허드렛일만 해야 했고, 일부는 마피아 같은 범죄조직에 들어가기도 했죠.

1889년 6월, 미국의 정치 풍자 잡지 〈PUCK〉에 당시 미국 내 아일랜드 이민자들의 상황을 알 수 있는 만평이 실렸습니다. 미국의 상징인 자유의 여신이 '평등한 권리'라는 꼬리표가 붙은 숟가락으로 '융

정치 풍자 잡지에 실린 만평

화의 냄비'를 휘젓는 모습입니다. 하지만 여기에 섞이지 않는 사람이 있습니다. 오히려 칼을 들고 자유의 여신을 위협하는 인물은 아일랜드 이민자로, 미국은 아일랜드인을 이런 식으로 취급했습니다. 특히 앵글로·색슨 개신교도들의 성지와도 같았던 매사추세츠주의 보스턴은 차별의 정도가 훨씬 심각했습니다. 이 시기 신문에는 '니나(NINA)'라는 문구가 자주 등장했는데, 이는 'NO IRISH NEED APPLY'의 줄임말입니다. '아일랜드인들은 지원하지 마시오'라는 뜻이죠.

이처럼 미국 내 아일랜드인을 향한 뿌리 깊은 차별과 냉대로 케네디가 역시 가난한 이민자의 삶에서 벗어나지 못했습니다. 그러던 중 이민 2세대이자 존 F. 케네디의 할아버지인 패트릭 조지프 케네디Patrick Joseph Kennedy가 가문의 운명을 바꿀 일을 시작했습니다. 부둣가에서 일하며 번 돈으로 술집을 차려 집안을 일으켜 세운 것입니다. 술집은 아일랜드 출신 노동자들이 고된 일을 끝낸 뒤 향수를 달래고 하루의 피로를 푸는 아지트 역할을 했습니다. 술집 경영으로 패트릭 조지프 케네디는 많은 돈을 벌었고, 아일랜드 이민 사회에서 두터운 신임까지 얻었습니다. 그는 주의회 의원에 도전했고, 1884년 매사추세츠주 하원의원에 당선되었습니다. 훗날에는 주 상원의원까지 지냈죠. 이렇게 보스턴 지역에서 일군 정치적, 경제적 성공으로 케네디가는 명문가의 기반을 닦아 나갔습니다.

그리고 드디어 엄청난 부와 명성을 가진 왕조를 열었습니다. 존 F. 케네디의 아버지인 조지프 케네디Joseph Kennedy가 그 주인공입니다. 하버드 대학교에서 경제와 경영을 전공한 그는 1912년에 아버지가 대주주로 있던 은행에 취직했습니다. 이후 25세라는 어린 나이에 은행장으로 승진하면서 '하버드를 졸업한 백만장자'라는 화려한 타이틀을 갖게 되었죠.

사실 조지프 케네디가 막대한 부를 쌓은 것은 불법 사업 덕분이었습니다. 1920년대, 미국은 금주법으로 알코올이 포함된 음료는 생산하거나 판매할 수 없었습니다. 하지만 조지프 케네디는 캐나다에서 몰래 술을 들여와 엄청난 돈을 벌었습니다. 당시 그는 '밀주의 아버지'로 불릴 만큼 영향력이 대단했습니다. 불법 사업에는 협력자가 필요한 법입니다. 조지프 케네디는 캐나다에서

조지프 케네디

몰래 들여온 술의 판매망을 확보하기 위해 밀주 유통을 장악한 마피아와 손잡았습니다. 그는 특히 시카고 마피아의 대부 샘 지안카나Sam Giancana 와 두터운 친분을 유지했습니다.

악명 높은 마피아인 지안카나는 밀주는 물론이고 불법 도박, 마약 밀매, 고리대금업 등 손대지 않은 불법 사업이 없었죠. 그의 밑에서 일하는 조직원만 5만 명이었으며, 그가 벌어들인 수입은 현재 가치로 20억 달러에 달했습니다. 우리 돈으로 약 2조 4,600억 원이나 됩니다. 훗날 공개된 미국 기밀문서에는 그에 관한 흥미로운 내용이 있습니다. 미국의 정보기관인 CIA가 쿠바의 혁명가 피델 카스트로Fidel Castro의 암살을 계획할 때 지안카나에게 총잡이를 구해달라고 요청했다는 것입니다. 이 사건은 케네디 정부 때 벌어진 일입니다.

이렇게 밀주 사업으로 엄청난 부를 얻은 조지프 케네디는 미국 금융의 중심지인 월가로 활동 무대를 옮겼습니다. 이번에는 주변 업자들과 손잡고

특정 종목의 주식을 서로 팔아넘기며 가격을 올리는 주가 조작을 시도했습니다. 현재 주식시장의 작전 세력과 같은 형태였죠. 사람들이 그 종목을 사려고 몰리기 시작하면 그동안 모았던 주식을 높은 값에 팔아 어마어마한 차액을 남겼습니다. 그러던 중 1929년에 미국 대공황이 시작되면서 주가가 대폭락했습니다. 놀랍게도 조지프 케네디는 이런 상황을 예견이라도 한 듯 바로 직전 해에 가지고 있던 주식을 모두 팔았다고 합니다. 덕분에 대공황 시기에도 전혀 손해를 입지 않고 건재하게 살아남았습니다.

그가 주식시장에서 손을 뗀 것과 관련해 유명한 일화가 있습니다. 어느 날 점심시간에 구두를 닦고 있는데 구두닦이 소년이 주가에 관해 이야기한 것입니다. 그는 어린 소년까지 주식시장에 관심이 많은 것은 그만큼 시장이 과열된 것이며, 이제 떨어질 일만 남았다는 신호라고 판단했습니다. 그리하여 가진 주식을 모두 처분한 것이죠.

이렇게 돈 버는 데 기막힌 능력을 발휘했던 조지프 케네디가 새롭게 눈을 돌린 곳은 미국 영화 산업의 중심지인 할리우드였습니다. 1920년대의 할리우드는 소규모 스튜디오들이 난립한 상황이었습니다. 그는 특유의 사업 수완을 발휘해 소규모 스튜디오들을 사들여 합병으로 몸집을 불린 후 되팔아 수백만 달러를 벌어들였습니다. 그 과정에서 RKO라는 영화사를 설립하기도 했는데, 이곳은 할리우드 영화사에서 손꼽히는 명작인 〈시민 케인〉, 〈킹콩〉 등의 영화를 배급했습니다.

미국의 경제지 〈포춘〉은 1957년에 조지프 케네디가 미국 내 15위 안에 드는 부자라고 발표했습니다. 〈뉴욕타임스〉는 1977년 보도에서 8년 전 세상을 떠난 그의 재산이 5억 달러였다고 추정하기도 했죠. 이는 현재 가치로 약 26억 달러이며 3조 원이 넘는 금액입니다. 이렇게 막대한 재산을 벌어들인 조지프 케네디는 가문의 권력을 키워나가기 시작했습니다. 1934년에 미국 증권거래위원회 초대 회장이 되었고, 1938년에는 주영 미국대사로 임명되면서 케네디가의 이름을 높여갔죠. 사실 이 자리는 그가 당시 미국 대통령이던 프랭클린 루스벨트Franklin Roosevelt의 선거운동에 상당한 자금을 투자한 결과였습니다. 이후 조지프 케네디는 주영국 대사로서 윈스턴 처칠Winston Churchill 등 세계 저명인사들과 인맥을 쌓았습니다. 이로써 케네디 가문은 돈 많은 사업가 집안을 넘어 사회적 영향력을 발휘하는 명문가의 반열에 올라선 것입니다.

명문 케네디가의 엄격한 자녀 교육법

조지프 케네디는 아일랜드 출신의 이민자 가정이자 보스턴 시장을 지낸 권력가 집안의 딸인 로즈 피츠제럴드Rose Fitzgerald와 결혼했습니다. 두 사람은 4남 5녀를 낳으며 다복한 가정을 이뤘습니다. 조지프 케네디와 4명의 아들에게는 공통점이 있었는데, 모두 하버드 대학교 출신이라는 것입니다. 하버드는 청교도인이 미국에 세운 최초의 대학입니다. 이런 곳에 아일랜드 이민자 출신의 가톨릭교인이 들어가는 것은 너무도 어려운 일이었죠. 그런데 케네디 가문에서 아버지와 자녀까지 무려 5명이나 줄줄이 하버드에 입학한 것입니다. 이런 이유로 더 많은 사람이 케네디 가문을 선망하게 되었습니다. 이처럼 케네디가가 미국 최고의 명문가로 평가받은 데는 그들의 학벌도 큰 몫을 했습니다.

케네디 가문 가계도

    4명의 아들이 모두 하버드 대학교에 간 것은 어머니 로즈 케네디의 교육열 덕분입니다. 그녀는 평소 "위대한 사람보다는 위대한 자녀를 둔 위대한 어머니로 남고 싶다"라고 입버릇처럼 말했습니다. 이런 그녀가 특별히 좋아하는 성경 구절은 '매를 아끼는 자는 그의 자식을 미워함이라. 자식을 사랑하는 자는 근실히 징계하느니라'라는 잠언이라고 합니다. 실제로 로즈는 아이들에게 체벌도 서슴지 않았습니다. 막내아들인 에드워드 케네디 Edward Kennedy는 로즈의 교육에 대해 이렇게 회상하기도 했습니다.

    "어머니는 자식들이 변덕을 부리며 고집 피울 때마다 매우 엄하게 대했다. 옷장에서 꺼내 온 옷걸이나 손으로 엉덩이를 때리기도 했고, 집에서 쫓아내야 할 만큼 상황이 심각하면 아무도 없는 방에 우리를 집어넣었다. 하루는 어두컴컴한 방에 혼자 있어야 하는 벌을 받고 있는데, 집안 규율을 어겨 벌을 받게 된 누나가 옆에 있다는 것을 알고 안심했던 적도 있었다."

이런 교육관 때문에 로즈는 호랑이처럼 자녀를 엄격하게 교육하는 엄마를 일컫는 '타이거 맘'의 원조라는 평가를 받기도 합니다. 그 외에도 로즈는 온 가족이 함께하는 저녁 식사 자리에서 아이들과 토론하는 시간을 가졌습니다. 주방 옆 게시판에 그날의 토론 주제를 적은 카드를 미리 붙여둔 다음 신문 헤드라인부터 지리, 역사 등 다양한 주제에 관해 토론하는 습관을 들인 것입니다. 그리고 '내가 만약 대통령이 된다면 무엇을 할 것인가?' 게임도 즐겼다고 합니다. 케네디가의 막내딸 진 케네디Jean Kennedy의 자서전에 따르면 이 게임은 아들들을 중심으로 진행했습니다. 이를테면 '실업률이 떨어졌다. 당신이 대통령이라면 무엇을 할 것인가?', '허리케인으로 수백 명이 죽었다. 당신이 대통령이라면 무엇을 할 것인가?' 같은 질문을 던진 것입니다. 마치 미래를 예견한 것 같습니다.

로즈는 자녀의 경제 교육에도 엄격했습니다. 용돈을 넉넉히 주지 않아 존 F. 케네디는 10세 때 용돈을 올려달라는 청원서까지 썼습니다. 이제 보이스카우트 단원이 돼서 돈 쓸 일이 많으니 용돈을 30센트 더 인상해 달라고 구구절절 설명한 뒤에야 용돈을 올려 받을 수 있었죠. 셋째 아들인 로버트 케네디Robert Kennedy도 용돈을 벌기 위해 신문 배달 아르바이트를 했습니다. 그런데 기사가 딸린 고급 자동차를 타고 다니며 신문을 배달한다는 사실을 알게 된 로즈가 자전거를 타고 다니면서 신문을 배달하라고 일러준 일화도 있습니다.

하지만 자녀들의 교육에 로즈보다 더 큰 야망을 품었던 것은 아버지인 조지프 케네디였습니다. 그는 자녀 중 누군가는 반드시 백악관에 보내겠다는 큰 그림을 그렸습니다. 이 목표를 이루기 위해 아들들에게 경쟁을 부추겼죠. 학업이든 운동이든 1등이 아니면 의미 없다고 가르쳤고, 아들들은 끊임없이 아버지에게 자신의 능력을 증명해야 했습니다. 특히 두 살 터울인 첫째 조지프 케네디 주니어Joseph Kennedy Jr.와 둘째 존 F. 케네디는 어릴 때부터 서로에 대한 경쟁심이 남달랐습니다. 체스나 낱말 게임을 할 때 둘째 존이 이기기라도 하면 분에 찬 첫째가 몸싸움을 걸어 반드시 분풀이를 했습니다. 한번은 두 형제가 자전거 경주를 하다가 정면으로 충돌해서 존 F. 케네디가 28바늘이나 꿰매는 상처를 입기도 했습니다.

두 형제의 경쟁은 하버드 대학교에 입학한 후에도 계속됐습니다. 사진은 두 사람이 하버드 대학교에 다니던 시절에 함께 찍은 것입니다. 아버지를 중심으로 왼쪽이 첫째인 조지프 케네디 주니어, 오른쪽이 둘째 존 F. 케네디입니다. 먼저 하버드에 입학한 조지프 케네디 주니어는 우수한 학업 성적을 보였고, 뛰어난 운동 신경으로 미식 축구팀과 럭비팀에서 활약했습니다. 학생회에서도 줄곧 간부를 도맡았죠. 대학을 졸업한 뒤에는 하버드의 법학대학원에 진학했습니다. 그는 이렇듯 완벽에 가까운 모습으로 아버지

하버드 시절 조지프와 존

의 기대를 한 몸에 받았습니다. 형에 이어 하버드에 진학한 존 F. 케네디는 공부는 형에 못 미쳤으나 역시 미식 축구팀 주장으로 활약했고, 수영팀에서도 활동하며 뛰어난 리더십을 보였습니다.

미국의 영웅이 된
존 F. 케네디

부모로부터 엄격한 엘리트 교육을 받고 자란 케네디가의 네 아들 중 가장 먼저 대중에게 이름을 알린 것은 둘째 아들인 존 F. 케네디였습니다. 졸업 후 진로를 고민하던 그는 제2차 세계대전이 발발하자 전선에 뛰어들기로 했습니다. 그런데 당시 건강이 좋지 않았던 데다 등에 심각한 통증이 있던 존 F. 케네디는 신체검사에서 불합격 판정을 받았습니다. 결국 아버지에게 도움을 요청했고, 아버지의 친구였던 해군 제독의 힘을 빌려 원하던 해군에 입대했습니다. 해군 장교로 복무할 당시 그의 나이는 25세였습니다.

존 F. 케네디가 이토록 군대에 가고 싶어 했던 것은 그보다 3개월 먼저 군에 들어간 케네디가의 장남 조지프 케네디 주니어 때문입니다. 제2차 세계대전이 발발하고 미국의 참전 가능성이 커지자 조지프 케네디 주니어는 해군에 지원했습

제2차 세계대전 당시 존 F. 케네디

니다. 아버지 조지프는 위험하다며 행정직을 권했으나 도전적인 성향의 장남은 해군 항공대를 고집했죠. 아버지는 하는 수 없이 아들의 선택을 받아들였습니다.

사실 아버지 조지프가 장남의 전쟁 참가를 허락한 진짜 이유는 따로 있습니다. 그는 가난한 아일랜드 이민자가 성공할 수 있게 만들어준 미국에 대한 애정과 자긍심이 컸던 인물로, 국가의 필요에 보답해야 한다고 생각했습니다. 그래서 큰아들을 전쟁터에 보낸 것입니다. 또 다른 이유는 자식을 백악관에 입성시키는 그의 목표를 이뤄줄 유력한 인물이 장남이라고 판단했기 때문입니다. 장차 정계에 진출할지도 모를 아들이 국가적 재난 상황에 군 복무를 하지 않으면 미래에 걸림돌이 될 수도 있었죠. 그리고 케네디가의 명성을 유지하는 데도 아들의 입대가 필요하다고 생각했습니다. 따라서 둘째인 존 F. 케네디 역시 아버지의 애국심과 가문의 영광, 그리고 자신의 미래를 위해 무리해서라도 군에 입대한 것입니다.

남태평양 초계 어뢰정에서 해군 장교로 복무하던 존 F. 케네디는 갑작스러운 사고를 당했습니다. 부하들과 함께 승선한 PT 109호가 일본군에 격침당한 것입니다. 두 명이 즉사하고 남은 대원의 목숨마저 위태로운 상황에서 존 F. 케네디는 부하들을 구하기 위해 전력을 다했습니다. 부하의 구명조끼 끈을 입에 물고 살아남은 부하들을 이끌어 인근 섬까지 헤엄쳐서 갔고, 일주일 동안 끊임없는 구조요청을 보냈습니다. 덕분에 존 F. 케네디는 부하들과 함께 기적적으로 목숨을 구했습니다. 이 일이 알려지면서 당시 〈뉴욕타임스〉에는 다음과 같은 헤드라인의 기사가 실렸습니다.

'구축함이 PT 보트를 부수면서 케네디의 아들이 태평양의 영웅이 되다.'

영웅 만들기 좋아하는 미국인에게 하버드를 졸업한 케네디가의 아들이 전쟁 중에 목숨을 걸고 부하들을 구출했다는 이야기는 화제가 되기에 충분했습니다. 존 F. 케네디는 무공훈장을 받고 미국의 전쟁 영웅이 되며 다시 한번 케네디가의 이름을 세상에 알렸습니다.

비극의 서막,
첫째 아들의 죽음

존 F. 케네디가 미국의 영웅에 등극하는 사이 케네디가에는 첫 번째 비극이 다가오고 있었습니다. 비운의 주인공은 첫째 아들 조지프 케네디 주니어였습니다. 전쟁이 막바지에 이른 1944년 여름, 조지프 케네디 주니어는 영국 해협에서 대잠수함 초계 비행에 나섰습니다. 그의 임무는 폭발물을 가득 실은 시험용 무인 조종 비행기를 타고 독일에 있는 목표물을 향해 날아가는 것이었습니다. 그가 목표 상공에 도착해 낙하산을 타고 비행기에서 탈출하면 비행기가 적진의 목표물을 향해 폭발물을 터트릴 예정이었죠. 그런데 1944년 8월 12일 오후 6시, 조지프 케네디 주니어가 탄 비행기가 이륙한 지 12분 만에 공중에서 폭발하고 만 것입니다. 이렇게 케네디가의 기대주였던 장남은 전쟁 중 예기치 못한 사고로 전사하고 말았습니다.

사실 조지프 케네디 주니어는 이미 의무 전투 횟수를 다 채워서 전역이 가능했습니다. 그런데도 전장을 떠나지 않았다고 합니다. 게다가 모두가 위험하다며 말리는 임무에 직접 자원한 것입니다. 그의 아버지도 편지로 이 소식을 접하고 집으로 돌아오라고 답장했지만 소용없었습니다. 이 같은 행동이 전쟁 중 무공훈장을 받은 존 F. 케네디에 대한 경쟁심에서 비롯한 것

조지프 케네디 주니어

이라는 주장도 있지만 어디까지나 추정에 불과합니다.

장남의 죽음은 케네디가의 운명을 바꿔놓았습니다. 자녀를 백악관에 입성시키겠다는 아버지의 희망이 둘째인 존 F. 케네디에게 옮겨간 것입니다. 실제로 아버지 조지프 케네디가 장남의 사망을 회상하며 했던 말이 미 의회 기록으로 남아 있습니다.

"내가 둘째를 정계에 입문시켰어. 내가 그 아이한테 형이 죽었으니 네가 상원의원 선거에 나서야 한다고 말했지. 그 아이는 하기 싫어했지. 하지만 내가 무조건 해야 한다고 말했어."

실제로 존 F. 케네디는 언론이나 법률 쪽에서 일하려던 계획을 접고 형을 대신해 정치가의 길을 걷기로 결심했습니다. 그는 종종 친구들에게 "나는 지금 형의 삶을 채우는 중이고, 만일 형이 살아있다면 내가 정치를 할 리 없었겠지"라고 털어놓았습니다. 또 형이 살아있었으면 자신은 법과대학원에 갔었을 거라는 말도 했다고 합니다.

존 F. 케네디는 제대한 지 1년 만인 1946년 매사추세츠주 연방 하원의원에 당선됐습니다. 스타 정치인의 인생이 시작된 것입니다. 29세의 정치 신인이 단번에 하원의원에 당선된 데는 두 가지 이유가 있습니다. 첫 번째는 그가 제2차 세계대전에서 얻은 전쟁 영웅이라는 타이틀입니다. 존 F. 케네디는 자신에게 유명세를 안겨준 전쟁 영웅 이미지를 선거에서 전면적으로 활용했습니다. 전쟁터에 나가 목숨 걸고 싸우던 젊은이가 돌아와 고향을 위해 일하겠다고 나선 모습을 적극적으로 어필한 것이죠. 이 전략은 매우 효과적이었습니다.

두 번째는 그의 든든한 후원자인 아버지였습니다. 조지프 케네디는 선거 지역인 매사추세츠주의 주지사를 만나 보스턴의 경제 발전을 위해 사재를 털어 50만 달러를 투자하겠다고 나섰습니다. 뿐만 아니라 광고회사를 동원해 아들을 열혈 홍보했습니다. 옥외 광고판, 신문 광고, 지하철, 광고용 우편물 등 매사추세츠주를 존 F. 케네디의 얼굴로 도배하다시피 했죠. 선거에 들인 돈은 최소 30만 달러로, 지금 시세로 약 456만 달러입니다. 우리 돈으로 56억 원에 달하는 금액입니다. 당시 정치 평론가들도 이를 두고 '땅콩 한 개를 으깨기 위해 코끼리의 무게를 사용한 꼴'이라고 말할 정도로 과한 비용이었죠.

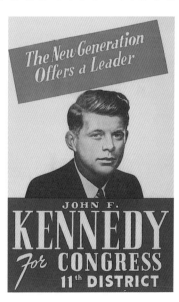

존 F. 케네디의 하원의원 선거 포스터

상대 후보들도 존 F. 케네디를 비판했습니다. 실제로 '후보 중에 가문의 거대한 부를 자랑하는 대학을 갓 졸업한 젊은 애송이가 하나 있으며, 그는 공직을 맡아본 경험이 전혀 없다'라고 몰아붙이는 라디오 방송을 하기도 했죠. 지역 신문에는 '연방 하원 의석을 판매하는데 경험은 전혀 필요 없고 백만장자만 지원할 수 있다'라는 풍자 광고가 실렸습니다. 또한 존 F. 케네디가 매사추세츠 출신이기는 하지만 성인이 된 뒤에는 대부분의 시간을 뉴욕에서 보냈고, 선거철에만 보스턴에 돌아와 호텔에 머물며 선거운동을 하는 모습을 비아냥대기도 했죠.

이런 비난에도 불구하고 존 F. 케네디는 선거에서 압승을 거뒀습니다. 경쟁자였던 공화당 후보가 2만 6,000여 표를 얻은 데 반해 케네디는 7만 표 가까이 획득한 것입니다. 29세 청년 정치인의 화려한 정계 데뷔였습니

캐슬린 케네디 사고 현장

다. 이후 그는 하원의원 3선 후, 상원의원으로도 선출되며 중진급 정치인으로 성장했습니다.

존 F. 케네디가 정치인으로 승승장구하는 사이 그의 집안에 또다시 비극이 닥쳤습니다. 넷째인 캐슬린 케네디Kathleen Kennedy가 갑작스러운 사고를 당한 것입니다. 1948년, 캐슬린은 종교적 이유로 결혼을 반대하는 아버지를 만나 설득하기 위해 파리로 향했습니다. 그런데 그녀가 탄 비행기가 추락하면서 숨지고 말았습니다. 사망 당시 그녀의 나이는 28세였습니다. 첫째 아들이 숨진 지 4년 만에 벌어진 캐슬린의 죽음은 케네디가에 닥친 두 번째 비극이었죠.

대통령 후보로 올라선
존 F. 케네디

집안은 비극으로 얼룩졌으나 정치인 존 F. 케네디는 성공 가도를 달렸습니다. 1958년에 상원의원으로 재선에 성공하면서 2년 뒤 치를 대통령 선거에서 민주당의 유력 후보로 떠오른 것입니다. 젊고 의욕 넘치던 청년 정치인에서 미국의 새로운 리더이자 정치 아이콘으로 급부상한 그는 엄청난 인기를 자랑했습니다. 1년간 연사 초청 제안만 2,500건에, 매주 100건 이상의 강연 요청이 들어왔다고 합니다. 그야말로 정치 아이돌이었죠. 대중적 인기에 힘입어 존 F. 케네디는 마침내 미국의 제35대 대통령 선거에서 민주당 대표에 등극했습니다. 당시 존 F. 케네디의 선거 포스터를 보면 '1960년대의 새로운 리더'가 되겠다는 당당한 포부를 드러내고 있습니다.

그와 대통령 자리를 두고 팽팽하게 겨
룬 상대는 공화당 상원의원인 리처드 닉
슨Richard Nixon이었습니다. 그는 현직 대
통령이었던 공화당의 드와이트 아이젠하
워Dwight Eisenhower 정부에서 8년이나 부
통령을 지낸 정치 베테랑이었죠. 게다가
임기 말년까지도 아이젠하워의 지지율이
60% 이상이었기에 정치권은 닉슨의 우세
를 예상했습니다. 이런 상황에서 미국 역
사상 처음으로 열린 대선후보들의 TV 토
론회는 결과를 뒤집을 수도 있는 중요한
변수였습니다. 총 네 번의 토론회가 예정
된 가운데 1960년 9월 26일에 열린 첫 토
론회는 무려 7,000만여 명이 시청했다고
합니다. 당시 미국 전체 인구의 3분의 1에

존 F. 케네디의 대선 포스터

해당하며 유권자 수에 육박하는 숫자였죠. 한마디로 TV 토론회는 대중의
큰 관심을 받는 정치 이벤트였습니다.

　토론회를 앞둔 존 F. 케네디는 참모들에게 예상 문제를 내게 하고 답변
을 모아둔 인덱스카드를 들고 다니며 연습했습니다. TV라는 매체를 통해
보이는 이미지가 얼마나 중요한지 알고 있기에 사전 준비를 매우 철저하게
한 것입니다. 토론회 전에는 스튜디오 배경색을 알아본 뒤 적절한 색상의
양복을 골라 입고 사전 제작회의에 참석했습니다. 토론 당일에는 카메라에
시선을 맞추고 마치 국민을 바라보며 말하는 듯한 장면까지 연출했죠.

TV 토론회는 두 대선후보의 이미지를 크게 바꿔놓았습니다. 대중은 이제껏 주로 신문으로 접했던 닉슨을 카리스마 있는 인물로 생각했습니다. 그런데 TV에서 본 그는 무릎 통증으로 다리를 떨었고, 나이 들고 병약한 모습이었습니다. 반면 닉슨에 비해 조금은 생소했던 존 F. 케네디는 자신감 있고 거침없는 모습으로 사람들을 사로잡았습니다. 토론회를 본 사람들은 존 F. 케네디의 승리가 유력하다고 이야기했죠. 두 번째 토론회가 끝난 뒤 진행자 프랭크 맥기Frank McGee는 다음과 같은 소감을 남겼습니다.

"케네디는 TV 시청자들의 관심을 끌면서 정면을 응시했어요. 자신감이 있어 보였죠. 그러나 닉슨은 스튜디오에서 기자들에게 연설하면서 계속 좌우를 살폈어요. 그곳에 있고 싶지 않은 것처럼 보였습니다."

케네디의 예상대로 TV 토론회는 지지율에 큰 영향을 주었습니다. 토론 전 두 후보의 지지율은 존 F. 케네디가 46%, 닉슨이 47%로 박빙이었습니다. 그런데 1차 토론회가 끝난 후 존 F. 케네디는 49%, 닉슨은 46%의 지지율을 확보하며 판세가 뒤집힌 것입니다.

존 F. 케네디의 인기가 높아질수록 그를 향한 비방과 비난의 수위도 높아져 갔습니다. 그뿐만 아니라 그의 가족, 특히 아버지를 향한 비난이 들끓었습니다. 당시 이를 반영한 140쪽의 풍자화를 보면 세 마리의 강아지가 케네디가의 세 아들에게 목줄을 걸고 있습니다. 그리고 이들을 향해 조지프 케네디가 무어라 말하는 모습입니다. 그림을 설명한 글은 다음과 같습니다.

그는 세 마리의 개를 키웠다. 개들의 이름은 서로의 이름을 따서 바비와 테디라고 지었다. 조지프는 세 아들에게 '케네디가는 누구나 대통령이 될 수 있단다'라고 말했다.

여기서 바비는 로버트 케네디의 애칭, 테디는 에드워드 케네디의 애칭입니다. 세 아들에게 대통령이 되길 강요하는 아버지의 욕망을 풍자하는 것이죠. 목줄을 잡고 있는 쪽이 사람이 아닌 개인 것은 세 아들이 대통령이될 역할만 해주면 될 뿐 개만큼도 못한 존재라는 뜻입니다. 실제로 대선 당시 존 F. 케네디가 대통령이 되면 그의 아버지가 국정을 좌지우지할 것이며, 그의 동생까지 백악관에 입성해 케네디 가문이 백악관을 장악할 것이라는 우려 섞인 목소리가 나오기도 했습니다.

케네디가 풍자화

케네디가 사람들이 똘똘 뭉쳐 존 F. 케네디의 유세를 도우며 대통령 만들기에 주력하고 있을 때 그 어떤 곳에도 나타나지 않는 가족이 있었습니다. 집안의 셋째이자 큰딸인 로즈메리 케네디Rosemary Kennedy입니다. 대중은 그녀가 모습을 드러내지 않는 이유를 궁금해했습니다. 다음은 케네디가가 그 사정을 설명한 1960년 7월 14일자 〈시카고 트리뷴〉에 실린 기사의 일부입니다.

> '로즈메리 케네디는 가족 일에 예외적인 존재다. 그녀는 위스콘신주의 가톨릭 학교에서 교사로 일하며 정치와 거리를 두고 오빠의 선거운동을 돕지 않고 있다.'

이 내용이 사실일까요? 그녀가 위스콘신주의 학교에 있었던 것은 맞습니다. 하지만 그녀의 신분은 교사가 아닌 특수학교의 학생이었죠. 로즈메리는 출산 과정에서 뇌 손상을 입어 지적 장애를 가진 채 태어났습니다. 그런데 자랄수록 점점 더 공격적인 성향을 보이더니 여러 남자와 학교를 뛰쳐나가기도 했습니다.

그녀의 상태가 심각해지자 아버지 조지프 케네디는 결단을 내렸습니다. 전두엽 절제술을 시켜 딸의 공격성을 고치고, 지능을 높이려 한 것입니다. 당시로서는 위험천만했던 뇌 수술을 강행한 것은 가문의 명성에 흠이 될 만한 것은 무엇이든 없애야 한다고 생각했기 때문입니다. 23세였던 로즈메리는 아버지의 강요로 수술대에 올랐으나 불행히도 수술은 실패하고 말았습니다. 원래 10세 정도였던 그녀의 지능은 3세 수준으로 퇴행했죠. 결국 로즈메리는 평생을 사람들의 눈을 피해 살아야 하는 신세가 됐고, 가문의

로즈메리 케네디

치부로 여겨지며 케네디가의 어두운 비밀로 남았습니다.

　그녀의 비극적인 삶은 한참 후에야 밝혀졌습니다. 사실 조지프 케네디는 아내에게도 알리지 않고 몰래 로즈메리를 수술시켰습니다. 그런데 수술이 실패하자 딸을 특수학교나 요양원 등 여러 시설로 보내고는 어디에 있는지조차 알려주지 않았다고 합니다. 단 한 번도 로즈메리를 만나러 가지 않았던 조지프 케네디는 결국 죽을 때가 돼서야 딸이 있는 곳을 말해줬고 어머니 로즈 케네디는 20여 년 만에 딸을 만날 수 있었죠. 로즈메리는 2005년에 숨졌는데 그녀가 죽고 난 뒤에야 전두엽 절제 수술을 받은 사실이 세상에 알려졌습니다.

　이렇게 케네디가를 둘러싼 의혹이 난무했음에도 존 F. 케네디는 득표수 10만 표 차이, 선거인단 수 303명 대 219명으로 닉슨을 제치고 제35대 미국 대통령에 당선됐습니다. 여기에는 숨은 조력자가 존재합니다. 아들을 백악관에 입성시키겠다는 오랜 꿈을 눈앞에 둔 조지프 케네디는 '킹 메이커'로 활동했습니다. 특히 아들의 당선에 도움이 될 만한 사람들을 만나 연회를 베풀고 후원금도 아낌없이 건넸죠. 심지어는 금주법 시절부터 인연을 맺어 온 마피아까지 끌어들였습니다. 그는 뉴욕의 한 레스토랑에서 마피아 보스들과 만나 존 F. 케네디를 대통령으로 만들 수 있도록 도와달라고 부탁했습니다. 여기에는 시카고 마피아의 보스 샘 지안카나도 참석한 것으로 전해집니다.

그의 노력은 실제로 빛을 발한 듯합니다. 일리노이주는 존 F. 케네디와 닉슨의 표 차이에 영향을 미친 지역 중 하나입니다. 이곳은 이전 두 번의 대통령 선거에서 공화당이 승리한 지역이었죠. 그런데 당시 공화당이었던 닉슨이 약 236만 9,000표를 얻은 데 반해 민주당인 존 F. 케네디가 약 237만 7,000표를 얻으며 간발의 차이로 승리한 것입니다. 일리노이주의 최대 도시인 시카고는 마피아 샘 지안카나가 막강한 영향력을 행사하던 곳입니다. 실제로 마피아 보스들이 시카고에 모여서 선거를 돕기로 했다는 증언이 있었고, 어느 마피아는 회고록을 통해 당시 투표소 앞에서 폭력을 행사했음을 밝히기도 했습니다. 하지만 결정적인 증거는 나오지 않았죠. 우연의 일치일 수도 있지만 존 F. 케네디가 예상을 뒤엎고 대통령이 된 데는 마피아의 개입이 영향을 미쳤다는 소문은 지금껏 사라지지 않고 있습니다.

완벽한 가정에서
추악한 스캔들까지

각종 의혹과 비난에도 불구하고 1961년 1월 20일에 존 F. 케네디는 드디어 미국의 제35대 대통령이 되었습니다. 29세에 정치에 입문한 지 14년 만에 권력의 정점에 닿은 순간이었습니다. 동시에 케네디 가문이 그토록 바라던 백악관에 입성한 순간이었죠. 존 F. 케네디는 43세 최연소 대통령이자 최초의 가톨릭 신자 대통령이라는 타이틀과 함께 미국의 새로운 리더이자 정치 아이콘으로 등극했습니다. 그는 대통령 취임 행사라는 전통을 만들기도 했습니다. 거물급 인사들과 케네디 가문이 모두 모인 취임식에서 군악대를 동원해 성대한 퍼레이드를 벌였고, 무려 다섯 번의 연회를 열었습니다. 밤에는 화려한 불꽃놀이까지 펼쳐졌죠. 이날은 가장 성대한 대통령 취임식으로 평가받기도 합니다.

대통령이 된 존 F. 케네디는 '뉴 프런티어(new frontier)'라는 새로운 세대의 개척자 정신을 강조했습니다. 인종차별 폐지와 사회복지 확산에 힘썼고, 민권운동을 후원하며 흑인 차별을 막는 정책을 펼쳤습니다. 평화봉사단을 설립하고 세계 각지에 봉사단을 파견해 저개발국의 발전을 돕기도 했습니다. 또한 미국과 소련이 첨예하게 대립하던 냉전 시대에는 소련과 핵전쟁 직전까지 갔던 쿠바 미사일 위기를 무사히 넘겼고, 아폴로 프로젝트를 시작해 달 탐사 시대의 포문을 열기도 했죠.

재클린 케네디

한편 대통령 못지않게 미국인의 관심과 사랑을 한 몸에 받은 인물이 있습니다. 31세의 젊은 퍼스트레이디, 재클린 케네디Jacqueline Kennedy입니다. 그녀는 대학 졸업 후 〈워싱턴 타임스-헤럴드〉라는 신문사에서 기자로 일하던 중 소개로 상원의원이던 존 F. 케네디와 만났습니다. 두 사람은 가톨릭 신자, 아일랜드계, 취미 등 공통점이 많다는 사실에 호감을 느꼈고 만난 지 1년 만인 1953년에 결혼식을 올렸습니다. 그리고 1957년에 딸 캐롤라인 케네디Caroline Kennedy를, 1960년에 아들 존 F. 케네디 주니어 John F. Kennedy Jr.를 얻으며 행복한 가정을 이뤘습니다.

미국인들은 완벽에 가까운 케네디 부부를 동경했고 재클린 케네디는 미국 여성에게 선망의 대상이 되었습니다. 특히 '재키룩'이라 불린 그녀의 패션은 우아하면서도 젊은 미국 여성의 활기찬 분위기를 대변하며 많은 사랑을 받았습니다. 온갖 매체에서 그녀의 의상과 헤어스타일을 다룰 정도였죠. 필박스 모자와 A라인 원피스는 재키룩의 시그니처라 할 수 있습니다. 그녀가 구찌라는 브랜드의 핸드백을 즐겨 들자 이후 그 가방은 '재키백'이라 불리기도 했습니다. 대중의 큰 관심을 받은 최초의 영부인이라 해도 과언이 아닙니다.

재클린은 적극적으로 퍼스트레이디의 역할을 확장해 나간 인물이기도 합니다. 무엇보다 미국의 상징인 백악관의 이미지를 바꾸는 데 공을 들였습니다. 그녀는 미술위원회를 만들어 구시대의 유물 같았던 백악관을 새롭게 단장했습니다. 그리고 TV를 통해 백악관 곳곳을 직접 소개하기도 했습니다. 1962년 2월 14일에 방영한 백악관 투어의 시청자 수는 5,600만 명에 달했다고 합니다. 또한 백악관 내 모든 공공의 방을 복원한 뒤 《백악관: 역사 가이드》라는 책을 펴내기도 했죠.

프랑스어, 스페인어, 이탈리아어 등 여러 외국어에 능통한 재클린은 국제 사회에서도 활약했습니다. 프랑스에서 드골Gaulle 대통령 부부와 만찬을 가졌을 때 유창한 프랑스어로 대화를 이끈 것은 유명한 일화입니다. 드골 대통령은 "케네디가 대통령이 된 것은 모두 재클린 덕분이다"라고 말하기도 했죠. 존 F. 케네디 역시 유럽 순방을 마친 뒤 "저는 재클린의 유럽 여행에 동반한 남자였습니다"라며 아내의 능력에 고마움을 표현하기도 했습니다.

완벽한 가정의 표본 같았던 대통령 부부 사이에도 추악한 비밀이 존재했습니다. 존 F. 케네디가 끊임없이 불륜을 저지른 것입니다. 가장 먼저 독보적 분위기와 외모를 자랑한 독일 출신의 여배우 마를레네 디트리히Marlene Dietrich와 염문을 뿌렸죠. 놀라운 것은 그녀가 존 F. 케네디의 아버지와도 스캔들이 있었다는 사실입니다. 이 외에 시카고 마피아 샘 지안카나의 정부이자 배우인 주디스 캠벨Judith Campbell도 있습니다. 그녀는 자신이 존 F. 케네디와 지안카나의 만남을 주선했다고 주장했습니다. 덕분에 케네디 정부와 마피아의 연계설을 둘러싼 의혹이 커졌습니다. 당시 할리우드 인기 여배우 목록과 케네디 대통령의 여자들이 거의 일치한다고 할 만큼 많은 여배우를 만났다고 합니다.

존 F. 케네디는 배우들뿐 아니라 백악관 내부에서도 은밀한 만남을 가졌습니다. 패멀라 트루누어Pamela Turnure는 재클린의 언론 비서관이자 케네디 대통령의 연인이었습니다. 아내의 최측근과도 불륜을 저지른 것입니다. 또 다른 상대는 백악관 기자실에서 인턴으로 일한 대학생 미미 앨퍼드Mimi Alford로, 훗날 그녀는 대통령과의 관계를 알리는 회고록을 출판하기도 했습니다. 책에서 존 F. 케네디가 대통령의 사적 공간을 보여주겠다면서 자신을 침실로 불러들였으며, 그때부터 1년 이상 대통령과 내연 관계로 지냈다고 주장했죠. 그 밖에 대통령의 해외 출장에 동행하는 여비서 두 명이 따로 있었다는 이야기도 있습니다. 이렇게 이름이 오르내린 여성을 모두 합치면 100명이 넘을 것이라고 합니다.

수많은 여성과 염문설을 뿌린 케네디 대통령의 스캔들은 한 시대를 풍미했던 최고의 섹시 스타 매릴린 먼로Marilyn Monroe에서 정점을 찍었습니다. 그녀는 1962년 뉴욕 매디슨 스퀘어 가든에서 열린 케네디 대통령의 생일 파티에서 축하 공연이라는 특별한 선물을 하기도 했습니다. 나중에 밝혀진 바로는 두 사람은 이때 이미 연인 관계였다고 합니다. 재클린도 두 사람의 관계를 알고 있었죠. 그녀는 케네디가 만난 여성 중 매릴린 먼로가 가장 불편한 존재였음을 고백했습니다. 먼로가 재클린에게 직접 전화를 걸어와 케네디 대통령이 자신과 결혼을 약속했다고 말했기 때문입니다. 그때 재클린은 자기는 백악관을 나갈 테니 당신이 이곳으로 들어와 영부인으로서 모든 책임을 지고, 당신들이 문제를 다 떠안으라고 대답했다고 합니다.

오랜 시간이 흘렀지만 두 사람 사이에는 아직도 풀리지 않은 미스터리가 남아 있습니다. 매릴린 먼로의 죽음을 둘러싼 의혹입니다. 그녀는 케네디 대통령의 생일 파티로부터 3개월이 지난 8월 4일 저녁에 자택에서 싸늘한 주검으로 발견됐습니다. 사인은 약물 과다 복용으로 알려졌지만 이를 믿는 사람은 거의 없었죠. 그녀의 죽음이 타살이라는 의혹의 중심에는 케네디 대통령이 있었습니다. 매릴린 먼로가 케네디 대통령과 만나면서 국가 기밀 등을 알게 됐고, 그로 인해

매릴린 먼로

국가 안보를 위협하는 존재가 돼 암살당했다는 음모론이 확산된 것입니다. 하지만 그녀의 죽음에 관한 진실은 아직도 밝혀지지 않았습니다.

이렇게 존 F. 케네디의 사생활은 온갖 스캔들로 얼룩졌으나 국민에게는 진취적이고 신뢰받는 대통령이었습니다. 대통령 참모진과 재클린의 노력으로 복잡한 사생활이 알려지지 않은 덕분입니다. 존 F. 케네디의 인기는 나날이 치솟았고, 그와 함께 케네디가의 명성 또한 높아져만 갔죠. 그런데 이런 케네디 가문에 최악의 비극이 닥치고 말았습니다.

충격적인
대통령 암살 사건

1963년 11월, 케네디 대통령 부부는 이듬해 대통령 선거를 앞두고 케네디 정부의 지지율이 낮은 텍사스주의 5개 도시 순회에 나섰습니다. 그중에서도 댈러스는 백인 우월주의 비밀 결사단체인 KKK 가입률이 미국에서 가장 높고 공화당 텃밭이라 불릴 만큼 보수 성향이 강한 도시였습니다. 이런 지역이 흑인 민권운동을 지지하고 개척과 변화를 주장하는 케네디를 달가워할 리 없었죠. 한마디로 재선을 위해 정치적 험지를 방문한 것입니다.

두 사람은 11월 22일 금요일에 댈러스에 도착했고 환영 인파 속에서 카 퍼레이드가 열렸습니다. 케네디 대통령 부부가 리무진 뒷좌석에, 텍사스 주지사 부부가 앞좌석에 앉았죠. 텍사스 주지사의 아내는 댈러스 주민들의 열렬한 반응을 보며 "대통령님, 이런데도 댈러스가 대통령을 사랑하지 않는다고 말씀하진 못하시겠죠?"라고 말했습니다.

    흥분과 열기도 잠시, 댈러스의 유세 현장은 곧 최악의 참사 현장이 되고 말았습니다. 오후 12시 30분에 세 발의 총성이 울려 퍼졌고 동시에 케네디 대통령이 쓰러진 것입니다. 머리에 총을 맞고 쓰러진 대통령은 병원으로 옮겨졌으나 30분 만에 숨졌습니다. 그의 나이는 46세였고, 대통령으로 재임한 지 3년 만이었습니다.

    케네디 대통령을 저격한 사람은 텍사스 교과서 보관 창고에서 일하던 리 하비 오즈월드Lee Harvey Oswald라는 남성이었습니다. 그는 창고 건물 6층 창문에서 존 F. 케네디를 향해 방아쇠를 당겼고 대통령이 총에 맞자 도망쳤습니다. 그날 오후 2시, 경찰은 영화관에 숨어든 오즈월드를 체포했습니다. 하지만 그는 계속해서 범행을 부인했습니다. 이후 댈러스 내 다른 구치소로 호송되던 중 나이트클럽 주인인 잭 루비Jack Ruby가 쏜 총에 맞아 사망했습니다. 대통령을 저격한 범인이 숨지면서 사건의 진실은 영원히 미궁에 빠졌습니다. 그로 인해 케네디 대통령 암살 사건은 오늘날까지도 수많

암살 직전의 케네디 대통령

은 음모론을 양산하고 있죠.

남편이 암살되는 모습을 옆에서 지켜봤던 재클린은 워싱턴으로 돌아올 때까지도 피 묻은 분홍색 정장을 그대로 입고 있었습니다. 참모진이 옷을 갈아입으라고 제안하자 "내 남편을 죽인 이들에게 자신이 무슨 짓을 한 것인지 보여줘야 한다"라고 대답했다고 합니다. 남편의 죽음을 모두가 기억하길 바란 것입니다.

한순간에 대통령을 잃은 국민들은 비탄에 잠겼습니다. 케네디가의 상징이었던 존 F. 케네디의 죽음은 가문에 닥친 비극의 정점을 찍었습니다.

안타깝게도 케네디가의 죽음은 존 F. 케네디의 암살로도 끝나지 않았습니다. 다음 비극의 주인공은 케네디가의 셋째 아들인 로버트 케네디였습니다. 그는 케네디 대통령의 정치적 동반자이기도 했죠. 존 F. 케네디의 상원의원 시절부터 대통령 선거까지 모두 동생 로버트가 총괄하고 판을 짠 것입니다. 1961년, 존 F. 케네디는 대통령으로 취임하면서 정치 인생의 조력자였던 로버트를 법무부 장관에 임명했습니다. 케네디가의 두 형제가 동시에 백악관에 입성한 것이죠. 로버트는 '워싱턴의 2인자'로 불리며 형을 지척에서 보좌했습니다.

법무부 장관이 된 로버트는 조직범죄와의 전쟁을 선포하고 마피아들을 잡아들이기 시작했습니다. 케네디 가문이 오랜 세월에 걸쳐 마피아와 결탁해 왔음에도 아랑곳하지 않고 조직범죄에 연루된 인물들을 검거해 나갔습니다. 당시 로버트가 이끄는 조직범죄팀에서 기소한 관련 범죄자가 전년보다 세 배가량 증가했으며, 유죄 판결 역시 3.5배 정도 증가했을 정도였죠. 존 F. 케네디의 대통령 당선에 자신들의 도움이 있었다고 생각한 마피아는 큰 배신감을 느끼고 로버트를 협박하기도 했습니다. 케네디가의 막내인 에드워드 케네디 역시 마피아로부터 '대통령이나 부통령에 출마한다면 죽여버릴 것이며, 우리는 케네디가를 증오한다'라는 살해 위협이 담긴 편지를 받았다고 합니다.

이랬던 로버트는 갑작스러운 형의 죽음을 겪고 난 뒤 돌연 법무부 장관을 사임하고 백악관을 나왔습니다. 그러고는 본격적인 정치 행보에 나섰습니다. 1964년 뉴욕주 연방 상원의원에 출마해 당선된 그는 정치인으로서 미국 내 빈곤 문제와 민권 문제를 개선하기 위해 많은 노력을 기울였습니다. 해외 인권 문제에도 관심이 남달랐던 로버트는 1966년에 남아프리카공화국을 방문해 인종차별 정책에 반대하는 연설을 하며 깊은 인상을 남기기도 했습니다. 그의 과감한 행보에 대중들은 반응하기 시작했고, 로버트는 정치를 시작한 지 4년 만인 1968년에 대통령 선거 출마를 공식 선언했습니다. 미국인들은 케네디 가문에서 또 한 명의 대통령이 탄생할 것이라 예상했습니다.

1968년 6월 5일 자정을 조금 넘긴 시각, 캘리포니아주 민주당 예비선거에서 승리한 로버트가 한 호텔에서 축하 연설을 막 마친 참이었습니다. 그와 일행은 기자회견장으로 갈 가장 짧은 동선을 파악했고 호텔 주방을 통해 이동하기로 했습니다. 로버트의 등장에 주방 직원들은 모두 들떴고, 환호를 보내며 그와의 악수를 청했죠. 당시 주방 보조로 일하던 소년 후안 로메로Juan Romero도 흥분한 표정으로 로버트와 악수했습니다. 순간 총성과 함께 로버트가 쓰러졌고 호텔은 아수라장으로 변했습니다. 팔레스타인 출신 이민자 시르한 비샤라 시르한Sirhan Bishara Sirhan이 쏜 총알이 로버트의 머리를 관통한 것입니다.

깜짝 놀란 로메로가 로버트 옆에 무릎 꿇고 앉자, 로버트는 무슨 말을

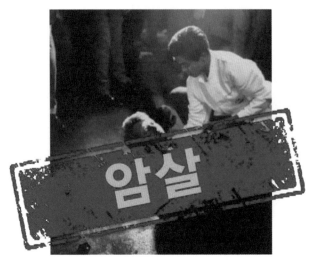

암살

암살 직후의 로버트 케네디

하려 했습니다. 로메로가 그의 입에 귀를 가까이 가져가자 "모두 괜찮나?"라고 물었다고 합니다. 이후 병원으로 실려 간 로버트는 뇌에 박힌 총알을 제거하는 수술을 했지만 총격 25시간 만에 숨졌습니다. 케네디가의 다섯 번째 비극이자 두 번째 암살이었죠. 이때부터 케네디가의 비극은 저주라고 불리기 시작했습니다.

연이은 케네디 가문의 끔찍한 죽음에 미국은 충격과 슬픔에 잠겼습니다. 로버트의 장례 행렬에는 200만 명에 달하는 인파가 몰렸죠. 그의 시신을 워싱턴으로 운구하는 동안 기차역마다 많은 사람이 모여 로버트의 마지막 길을 배웅했습니다. 암살자 시르한은 체포된 뒤 로버트의 친이스라엘 정책에 불만을 품고 저격했음을 자백했지만, 자신은 총을 쏜 적이 없다고 번복했습니다. 로버트의 마피아 척결에 불만을 품은 마피아가 그를 암살했다는 소문도 있으나 정확히 밝혀진 사실은 없습니다.

케네디가의
치명적 스캔들

이제 케네디 가문의 네 형제 중 유일하게 살아남은 인물은 에드워드 케네디뿐입니다. 과연 그는 케네디가의 비극에서 벗어날 수 있을까요?

정치 명문가의 막내답게 에드워드 역시 형들을 따라 정치인의 길을 걸었습니다. 그는 매사추세츠주에서 법적으로 상원의원 출마가 가능한 30세가 되자마자 상원의원에 출마해 당선됐습니다. 이후 정치인으로 승승장구하던 중 형들이 모두 사망하자 유력한 대통령 후보로 떠올랐습니다. 케네디가의 명맥을 이을 유일한 인물로 평가받은 것입니다. 하지만 운명은 그를 내버려두지 않았습니다.

1969년 7월, 파티에 참석한 후 귀가하던 에드워드의 자동차가 난간을 들이박으며 물속으로 추락한 것입니다. 다행히 에드워드는 자동차 문을 열고 헤엄쳐 나와 간신히 살아남았습니다. 그런데 다음날 사고 현장 인근에서 어부들이 침수된 자동차를 발견하면서 사건은 반전을 맞이했습니다. 자동차 안에 에드워드의 비서인 메리 코페친Mary Kopechne의 시신이 있었던 것입니다. 그녀의 입과 코, 치마에서는 혈흔이 발견되기도 했죠. 문제는 혼자 살아남은 에드워드가 사고가 일어난 지 10시간이 넘도록 경찰에 신고도 하지 않았다는 것입니다. 심지어는 아무렇지도 않게 파티 장소로 돌아가기까지 했습니다.

이를 둘러싸고 음주 운전, 여비서와의 부적절한 관계 등 여러 의혹이 제기됐지만 에드워드는 모두 부인했습니다. 결국 사건은 의혹을 뒤로한 채 재조사 없이 종결됐습니다. 에드워드는 사고 현장을 떠난 죄로 징역 2개월에 집행유예 1년, 운전면허 정지 1년 처분을 받았을 뿐이었죠. 당시 에드워드는 사고와 관련해 다음과 같은 입장을 밝혔습니다.

"이 비극적인 사건에 대해 제가 느끼는 끔찍한 고통과 슬픔을 어떤 말로도 표현할 수 없습니다. 이번 주는 저와 제 가족들에게 고통스러운 주였습니다. 매사추세츠 주민들이 상원의원을 신뢰할 수 없다면 정당성이 있든 없든 간에 상원의원은 직무를 적절하게 수행할 수 없는 것이고 계속해서는 안 됩니다. 어떻게 결정이 나든 저는 제가 이 비극을 뒤로 하고 우리 국가와 인류에 더 큰 기여를 할 수 있기를 바랍니다."

에드워드는 상원의원에서 물러나겠다는 말 대신 주민들이 그만두길 바란다면 그럴 수도 있다며, 자신의 사임 문제를 유권자들에게 떠넘겼습니다. 이렇게 그날의 사고는 명확한 이유를 밝히지 못한 채 마무리됐지만, 이 사고로 에드워드의 정치생명은 큰 타격을 받았습니다. 이후 민주당의 대통령 지명대회에 후보자로 출마하는 등 대권을 위한 행보를 계속해 나갔지만

에드워드 케네디 사고 현장

번번이 패배하고 말았습니다. 케네디가의 명성에 치명타를 가한 에드워드는 대통령의 꿈을 접어야만 했습니다.

존 F. 케네디를 포함한 6명의 케네디가 사람들이 비극의 주인공이 되었고, 케네디 가문의 비극도 일단락되는 것처럼 보였습니다. 하지만 불행하게도 비극은 대를 이어서도 계속됐습니다. 로버트 케네디의 넷째 아들인 데이비드 케네디David Kennedy는 28세에 플로리다 호텔에서 약물 과다 복용으로 사망한 채 발견되었습니다. 세 살에 아버지를 잃은 존 F. 케네디 주니어는 변호사 및 저널리스트이자 맨해튼의 저명인사로 성장했으나, 38세에 그가 탄 경비행기가 추락하며 사망하고 말았죠. 에드워드 케네디의 딸 카라 앤 케네디Kara Anne Kennedy는 운동 중 심장마비로 사망했습니다. 이후 로버트 케네디의 손녀 시어서 케네디 힐Saoirse Kennedy Hill이 약물 중독으로 사망했고, 2020년에는 또 다른 손녀인 매브 케네디 맥킨Maeve Kennedy McKean과 그녀의 아들이 카누 사고로 목숨을 잃었습니다.

우리가 지금까지 살펴본 케네디가 비극의 실체는 무엇일까요? 어쩌면 야망과 성공을 향한 과도한 집착이 가문의 비극을 불러왔을지도 모르겠습니다. 하지만 케네디가의 비극을 조금 더 자세히 들여다보면 이 가문의 역사가 큰 틀에서 미국사와 궤를 같이함을 알 수 있습니다. 이민자들이 미국에서 꿈꿨던 아메리칸드림의 빛과 그림자를 보여준다고 할 수 있죠. 그런 의미에서 미국사를 관통하는 '개척자 정신'을 가장 적극적으로 구현하고 실천한 이들 역시 케네디 가문입니다. 비극과 저주라는 단어에 가려져 있지만 '도전 정신, 개척 정신, 포기하지 않는 정신'을 대표하는 케네디가의 정신은 여전히 미국인들에게 큰 울림을 주고 있습니다.

벌거벗은 처칠

그는 어떻게 히틀러로부터 영국을 구했나

윤영휘

● 1939년 9월 1일, 독일의 총통 아돌프 히틀러Adolf Hitler가 폴란드를 침공하면서 제2차 세계대전의 서막이 열렸습니다. 이미 오스트리아가 나치 독일에 병합된 데 이어 체코슬로바키아도 히틀러의 손에 넘어간 상황이었죠. 유럽 대부분이 히틀러에게 점령당했던 이 시기에 영국 또한 국가 존폐의 갈림길에 서게 됐습니다. 많은 영국인이 더

윈스턴 처칠

는 싸우는 것이 의미 없다고 생각할 때, 죽는 순간까지 히틀러에 맞서 싸워야 한다고 외치는 지도자가 있었습니다. 우리나라에 이순신 장군이 있다면 영국에는 이 사람이 있다고 할 만큼 영국사에서 중요한 인물인 그는 영국 총리 윈스턴 처칠Winston Churchill입니다.

한마디로 처칠은 '영국의 전쟁 영웅이자 스스로 영국 역사를 만든 인물'입니다. 제2차 세계대전에서 나치 독재자 히틀러로부터 영국을 지켰고 전쟁을 연합국의 승리로 이끄는 데 큰 역할을 했죠. 히틀러는 영국을 손에넣기 위해 온갖 수법을 써도 무너지지 않고 버티는 처칠을 극도로 싫어했다고 합니다. 역사에 가정은 없다고 하지만, 만약 이 시기 영국에 처칠이 없었다면 제2차 세계대전의 최후는 우리가 아는 결말과 달라졌을지도 모릅니다. 전체주의가 유럽을 지배하고 영국 역시 나치 독일의 속국으로 전락했을 수도 있습니다.

2002년 영국 방송사 BBC는 영국인 100만 명을 대상으로 '영국의 가장 위대한 인물'에 관해 설문조사를 진행했습니다. 이때 아이작 뉴턴과 윌리엄

셰익스피어William Shakespeare 등을 제치고 가장 위대한 인물로 뽑힌 사람이 바로 처칠입니다. 영국의 역대 총리 56인 중 최고의 수상으로 뽑힌 인물 역시 처칠이었습니다. 그만큼 영국사에서 독보적 존재이자 큰 존경을 받는 인물이죠. 지금부터 제2차 세계대전의 영웅인 처칠이 히틀러로부터 영국을 구한 과정을 벌거벗겨 보겠습니다.

금수저의 끝판왕
처칠

처칠의 탄생을 이야기하려면 그의 선조로 잉글랜드의 군인이자 정치가였던 말버러 공작 '존 처칠John Churchill'까지 거슬러 올라가야 합니다. 영국에서 공작은 왕족을 제외하고 가장 높은 신분입니다. 단순한 상류층이 아닌 고위 귀족이라 할 수 있습니다. 유명한 담배 브랜드의 이름도 담배 공장이 말버러 공작의 영지에서 가까워서 나온 것이라고 합니다.

1704년, 말버러 공작은 영국-오스트리아 연합군과 프랑스-바이에른 동맹군이 벌인 스페인의 왕위 계승 전쟁에서 승리한 공을 인정받아 왕실로부터 블레넘 궁전을 하사받았습니다. 240만 평이 넘는 넓은 부지에 200여 개의 방을 갖춘 이곳은 영국에서 왕실 건물을 제외하고 유일하게 궁전으로 불리고 있습니다. 1987년에는 세계문화유산에 등재될 정도로 건축적 아름다움과 중요성을 인정받은 곳이기도 하죠. 훗날 영국을 구한 윈스턴 처칠 총리는 1874년 11월 30일에 이곳에서 태어났습니다.

처칠의 할아버지는 제7대 말버러 공작으로 아일랜드 총독을 지냈고, 처칠의 아버지 랜돌프 처칠Randolph Churchill은 영국 재무장관을 지냈죠. 어머니인 제니 제롬Jennie Jerome의 집안도 만만치 않았습니다. 처칠의 외할아버지는 미국 뉴욕의 백만장자로 한때는 〈뉴욕타임스〉의 주식 절반을 소유했다고 합니다. 이렇게 유럽 귀족과 미국의 신흥 부자가 만나 결혼을 했고, 8개월 만에 얻은 첫아들이 윈스턴 처칠입니다.

이처럼 처칠은 부족할 게 없는 환경에서 자랐습니다. 평생 버스를 타 본 적이 없으며, 런던 지하철도 딱 한 번 타봤을 정도로 다이아몬드 수저의 삶

랜돌프와 제니의 젊은 시절

을 살았죠. 훗날 처칠의 아내는 그가 일반인의 삶에 대해 전혀 몰랐다고 밝히기도 했습니다.

남 부럽지 않은 환경에서 자란 처칠이지만 그에게도 부족한 것은 있었습니다. 집안만 보면 뛰어난 성적으로 엘리트 코스를 밟는 게 당연해 보이지만 실제로 처칠의 성적은 참담한 수준이었습니다. 게다가 단순히 성적만 나쁜 게 아니라 학교생활도 형편없었던 것 같습니다. 그의 어린 시절 생활 기록부를 보면 다음과 같은 내용을 확인할 수 있습니다.

*지각 횟수: 20회, 매우 부끄러운 일
*역사, 지리: 매우 잘함, 특히 역사
*전체 행동 소견: 매우 나쁨, 모두에게 끝없는 트러블 메이커, 늘 친구들과 다툼
*교장 소견: 올바르게 행동할 수 있다는 신임을 받지 못함

이 외에도 처칠이 얼마나 문제아였는지 알 수 있는 일화가 있습니다. 한 번은 군것질을 좋아했던 그가 설탕을 훔쳐 먹다 걸려서 교장 선생님께 회초리를 맞았습니다. 분명 본인이 잘못한 일인데도 화가 치밀었던 처칠은 교장 선생님의 모자를 발로 밟아서 찢었다고 합니다. 이렇듯 제멋대로였던 처칠은 영국의 명문 사립학교인 해로 스쿨에 턱걸이 수준으로 합격해 열등반에 배정돼 공부했습니다.

사실 처칠에게 부족했던 것은 성적만이 아니었습니다. 부모의 사랑 또한 부족했습니다. 정치가인 아버지는 너무 바빴고, 성적도 좋지 않은 데다 사고만 치는 아들에게 큰 관심을 보이지 않았죠. 훗날 처칠이 아버지와 진지

처칠의 어린 시절 생활기록부

한 대화를 나눈 게 평생에 두세 번밖에 되지 않았다고 말했을 만큼 두 사람의 관계는 매우 소원했습니다. 어머니 역시 유모에게 아들을 맡긴 채 파티를 즐기는 데만 몰두했다고 합니다. 파티를 매우 좋아해 출산을 앞두고도 블레넘 궁전 파티에서 춤을 추다가 진통이 시작돼 처칠을 낳았다는 이야기도 있습니다. 처칠의 어머니 제니는 멋진 외모와 쿨한 성격으로 영국 사교계에서 인기가 높았습니다. 이렇듯 어린 시절의 처칠은 부모의 관심이 절실했던 낙제생이었습니다.

낙제생에서 종군기자로, 인생의 반전이 시작되다

처칠의 인생은 사관학교에 입학하면서 바뀌기 시작했습니다. 그의 아버지는 아들이 대학에 갈 만큼 똑똑하지 못하다고 판단해 사관학교 진학을 권했습니다. 처칠은 샌드허스트 육군사관학교 입학을 목표로 했지만, 번번이 성적 미달로 불합격했습니다. 특히 그가 끔찍하게 싫어하던 수학과 라틴어가 발목을 잡았죠. 학교 선생님께 수학 과외까지 받았지만 별로 나아진 게 없었습니다. 불행 중 다행히도 역사와 영어를 잘해 삼수 끝에 겨우 사관학교에 합격했습니다.

그런데 처칠의 아버지는 어렵게 사관학교에 입학한 소식을 듣고 오히려 화를 냈다고 합니다. 샌드허스트 육군사관학교에는 기병과와 보병과가 있었는데, 이 시기에 기관총이나 대포 같은 무기가 발달하면서 보병과의 전망이 더 좋았습니다. 처칠이 당연히 보병과에 들어갈 것으로 철석같이 믿고 있던 아버지는 이미 보병 연대장에게 처칠의 거취까지 부탁해 놓았습니다. 그런데 처칠이 보병과는 떨어지고 기병과에 합격한 것입니다. 처칠의 회고록에 따르면 아버지가 보병과에 불합격한 것도 모자라 말이 두 필이나 필요하다는 기병과의 입학 조건 때문에 더욱 화를 냈다고 합니다. 다음은 회고록 내용의 일부입니다.

> "보병은 시종 한 명이면 되지만, 기병은 시종에 말 한 필이 더 있어
> 야 된다."

아버지는 늘 이렇게 말씀하셨다. 안타깝게도 이것은 아버지의 착
각으로 기병을 너무 만만하게 보신 것이다. 공식적으로는 군마로
말 한 필이 아닌 두 필이 필요했고, 사냥용 말 한두 필에 폴로 경기
용 조랑말까지 있어야 한다는 사실을 아버지는 전혀 예상하지 못
했다. 아버지는 매우 폭발하셨다. 나는 입시 성공에 대한 고마움
대신 '사회 부적응자'가 될 수도 있다고 경고하는 신랄한 내용을
담은 장문의 편지를 받았다.

    육군사관학교에 입학해 뿌듯했던 처칠은 아버지의 편지에 매우 큰 상처
를 받았다고 합니다. 이렇게 우여곡
절 끝에 사관학교에 입학한 처칠은
전략과 전술을 짜는 군사학에 큰 흥
미를 느꼈습니다. 게다가 더는 수학
과 라틴어로 고생하지 않아도 됐죠.
덕분에 낙제생이라는 꼬리표를 떼고
130명 중 20등으로 졸업했습니다.
이후 처칠은 기병 장교가 됐습니다.
    이 시절 처칠은 일평생 사랑하게
될 시가를 만났습니다. 기병 장교로

기병 장교 시절의 처칠

시가를 문 처칠

임관한 지 얼마 지나지 않아 직접 전쟁 상황을 살피기 위해 1898년에 미국-스페인 전쟁이 벌어지던 쿠바로 향했고 수도 아바나에 머무르는 동안 담배의 일종인 시가에 푹 빠진 것입니다. 그는 21세에 처음 피운 시가를 평생 즐겼고, 어느새 시가는 그를 상징하는 것이 되었습니다. 실제로 언론에 공개된 여러 사진에서 처칠이 시가를 들거나 물고 있는 모습을 쉽게 찾을 수 있습니다.

시가와 관련한 재미있는 에피소드가 있습니다. 처칠이 제2차 세계대전 참여를 독려하기 위해 캐나다를 방문했을 때의 일입니다. 의회 연설을 마친 그는 잠시 시간을 내 의사당에서 사진을 찍었습니다. 불만 가득한 처칠의 표정이 특징인 이 사진의 제목은 '포효하는 사자'로, 그를 대표하는 사진이 되었습니다. 사실 처칠의 표정이 좋지 않은 것은 사진작가가 좀처럼 입에서 시가를 떼지 않는 그에게서 시가를 낚아채 버렸기 때문이었습니다. 그 순간 화가 난 처칠의 표정이 사진에 담긴 것입니다. 이 사진은 2016년부터 새로 발행한 영국의 5파운드 지폐에도 새겨졌습니다. 시가를 빼앗기고

포효하는 사자

미소 짓는 처칠

화가 났던 처칠은 정치적인 이미지를 고려해 사진을 한 장 더 찍어달라고 요청했고 사뭇 다른 표정의 사진을 남길 수 있었죠.

5파운드 지폐에 새겨진 '포효하는 사자'

처칠은 매일 10개비 정도의 시가를 피웠습니다. 서재 옆에는 시가 저장실을 만들어 약 3,000~4,000개비의 시가를 보관했죠. 특히 16cm 시가를 즐겨 피웠는데 이를 '처칠 사이즈'라고 부르기도 합니다. 제2차 세계대전 중 초고도 비행기를 타야 했던 적이 있었는데, 그는 비행기 안에서도 시가를 피우기 위해 특수 고안한 산소마스크를 제작해 달라고 요청하기도 했습니다. 덕분에 1만 5,000피트 상공에서도 행복하게 시가를 피웠다고 합니다.

보어전쟁이 낳은
영웅

시가를 좋아하는 평범한 장교였던 처칠이 주목받은 것은 1899년 남아프리카에서 벌어진 제2차 보어전쟁입니다. 이는 영국이 남아프리카의 금광과 다이아몬드 광산을 빼앗기 위해 네덜란드계 백인인 보어인이 건설한 나라를 침략하며 벌어진 전쟁입니다. 쉽게 승리할 것이라는 예상과 달리 영국은 보어인을 상대로 고전을 면치 못했습니다. 평소 글쓰기를 좋아했던 처칠은 보어전쟁이 일어나자 런던 신문사 〈모닝 포스트〉의 종군기자가 되어 전쟁에 나섰습니다.

전쟁 상황을 취재하던 어느 날 무장한 보어인들이 처칠이 탄 정찰 열차를 공격했습니다. 이 과정에서 포로로 붙잡힌 처칠은 감시가 소홀한 틈을 타 수용소를 탈출했습니다. 그러고는 때마침 지나가던 화물 열차에 올라탔습니다. 처칠이 탈출한 사실을 알게 된 보어군은 그를 체포하라는 영장을 발부했습니다. 처칠이 살든 죽든 데려오기만 하면 은화 25파운드를 지급하겠다는 현상금을 제시한 포스터도 함께였죠.

이 소식이 영국에 알려지면서 그의 행방이 사람들의 관심을 끌게 되었습니다. 처칠이 도망 중 잡혔다거나 아직 살아 있다는 등의 온갖 추측성 기사들이 쏟아졌습니다. 이때 처칠은 자신의 수배령이 떨어졌다는 사실도 모른 채 어딘지도 모르는 황무지에서 내려 사방을 헤매고 있었죠. 그러던 중 멀리 외딴 농가를 발견하고 운명에 맡기는 마음으로 농가의 문을 두드렸습니다. 놀랍게도 그곳에는 그 지역의 유일한 영국계 남아프리카인이 살고 있었습니다. 믿기 어려운 행운 덕분에 간신히 목숨을 구한 처칠은 그 사람의 도움을 받아 무사히 적지를 빠져나왔습니다. 얼마 후 처칠의 탈출기가 영국에 대대적으로 보도되었고 그는 보어전쟁이 낳은 최고의 영웅이 되었습니다.

처칠이 남아프리카 공화국의 항구 도시 더반에 도착했을 때 수많은 사람과 악단이 그를 환영하기 위해 모였고, 장군과 시장이 직접 나와서 처칠을 맞이했습니다. 훗날 처칠은 군중의 열렬한 환영으로 자신의 몸이 갈기갈기 찢길 뻔했다고 회상했습니다. 이때 처칠은 미국까지 가서 탈출기를 강연했는데 뉴욕에서는 《톰 소여의 모험》으로 유명한 작가 마크 트웨인Mark Twain이 처칠을 '전쟁 영웅이자 장래 영국 총리가 될 사람'이라고 소개하기도 했습니다.

전쟁 영웅이 된 처칠의 인기가 날로 높아지자 그를 향한 여러 정당의 러브콜이 잇따랐습니다. 오랜 시간 국회의원을 했던 아버지의 영향을 받아 평소 정치에 관심이 많았던 처칠은 자신에게 찾아온 기회를 이용하기로 했습니다. 1900년, 26세의 처칠은 총선에 출마해 하원의원에 당선되었습니다. 1908년에는 통상부 장관으로 임명되었는데, 하원의원이 된 지 불과 8년 만이었습니다. 이후 처칠은 경제부 장관, 내무부 장관을 거치면서 탄탄대로를 걸었습니다. 37세에는 해군부 장관에 임명돼 당시 세계 최강이라 평가받던 영국 해군을 이끄는 수장이 됐죠.

이때 처칠의 인생뿐 아니라 영국의 흑역사로 남은 인생 최대의 위기가 닥쳐왔습니다. 처칠이 해군부 장관이 된 지 4년째인 1914년에 제1차 세계대전이 일어난 것입니다. 곧 유럽은 전쟁의 광풍에 휩싸였습니다. 제1차 세계대전은 영국, 프랑스, 러시아, 미국 등의 '연합국'과 독일, 오스트리아-헝가리 제국 등의 '동맹국'이 충돌한 전쟁입니다. 전쟁이 일어난 직후에는 아직

제1차 세계대전 당시 유럽의 진영

노선을 정하지 못한 국가들도 있었습니다. 그중에서도 중립을 유지하고 있는 오스만 제국의 선택에 이목이 쏠렸습니다. 유럽과 아시아를 잇는 요충지에 위치한 오스만 제국이 어느 편에 서느냐에 따라 전쟁의 양상이 바뀔 수도 있기 때문이었죠. 그런데 1914년 11월에 오스만 제국이 돌연 동맹국의 편에 선 것입니다.

사실 영국과 오스만 제국의 사이가 틀어지게 된 사건이 있었습니다. 전쟁이 발발하기 전 오스만 제국은 영국에 두 척의 전함을 제작해 달라고 주문했습니다. 이에 영국은 오스만 제국과 합작회사까지 설립해 전함 제작을 지원했습니다. 그런데 제1차 세계대전이 터지자 영국은 완성한 전함을 오스만 제국에 넘기지 않고 영국 해군에 투입해 버렸습니다. 전쟁 중에 전함한 척이 귀하니 어쩔 수 없다는 것이었죠. 영국의 일방적인 결정에 오스만 제국은 화가 났고, 독일은 이 기회를 틈타 오스만 제국에 접근해 두 척의 전함을 주면서 환심을 사려고 했습니다. 결국 오스만 제국은 독일과 동맹국이 되는 비밀조약을 맺었습니다.

오스만 제국에 넘겨야 할 전함을 영국 해군에 편성하도록 명령한 것은 해군부 장관인 처칠이었습니다. 그의 결정은 오스만 제국의 노선 변화를 가져왔고 이는 연합국에 큰 타격을 주었습니다. 더구나 오스만 제국은 동맹국에 가담하면서 유럽과 아시아를 연결하는 요충지인 다르다넬스 해협을 봉쇄해 버렸습니다. 흑해와 지중해를 연결하는 유일한 통로가 막히면서 러시아에 대한 연합국의 군수물자 지원도 심각한 차질을 빚게 되었습니다. 상황이 심각해지자 처칠은 다르다넬스 해협을 봉쇄한 오스만 제국을 직접 공격하기로 했습니다. 세계 최강의 영국 해군이 함정을 동원해 함포사격을 하면 해안에 있는 오스만군의 포대를 무력화할 수 있다고 판단한 것입니다. 이 작전이 성공하면 갈리폴리 반도에 주둔 중인 오스만 제국군도 철수

다르다넬스 해협

할 것이라며 전세를 낙관했죠.

하지만 결과는 처칠의 예상과 정반대였습니다. 영국, 프랑스, 오스트레일리아, 뉴질랜드 등이 결성한 연합국의 함대가 1915년 3월에 다르다넬스해협을 공격했습니다. 이때 오스만 제국군이 바닷속에 설치한 기뢰에 부딪혀 영국 함대 일부가 파괴되고 침몰해 버렸습니다. 이후 처칠은 해군력만으로는 이 작전을 감당할 수 없다는 사실을 깨닫고 황급히 육군과 해군이 연합한 상륙작전으로 방향을 변경한 뒤, 갈리폴리 반도로 연합군을 보냈습니다. 하지만 해안에 도착한 연합군 함대는 전진조차 할 수 없었습니다. 이곳은 대규모 병력이 상륙할 수 없는 지형이었고, 전방의 고지는 너무나 험했기 때문입니다. 게다가 해안 폭이 너무 좁아서 연합군은 이러지도 저러지도 못한 채 전방 고지대에 자리 잡은 오스만 제국군의 대포와 기관총 세례를 그대로 받아야 했습니다. 이런 문제를 극복하려면 상륙하는 병

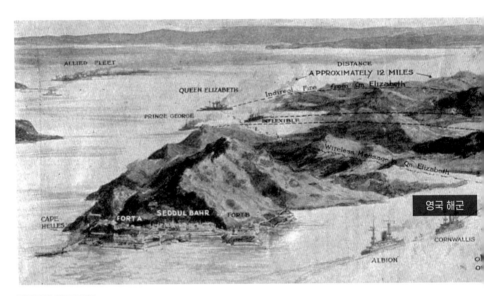

갈리폴리 반도 지형

력을 엄호해 줄 해군의 함포사격 지원이 필요합니다. 그런데 당시는 육·해군 합동 상륙작전이라는 정교한 작전 개념이 발달하기 전이어서 적절한 도움을 받기 어려웠습니다. 결국 연합군은 8개월에 걸친 갈리폴리 전투 끝에 약 20만 명의 사상자와 5만 7,000여 명의 사망자라는 큰 피해를 보고 철수했습니다.

사실 패배의 원인은 해군과 육군 모두에게 있었지만 작전을 구상하고 성급하게 밀어붙인 처칠이 가장 큰 비판을 받았습니다. 영국 신문사 〈데일리 메일〉은 처칠이 아무런 목적도 없이 수천 명의 장병을 희생시켰으며, 영국군을 위험에 처하게 만든 과대망상 정치가라는 기사를 실었습니다. 사안이 너무도 심각해 영국은 진상조사위원회를 구성했고 해군부 장관인 처칠에게 책임을 물었습니다.

처칠을 평생 따라다닌
검은 개의 정체

　이런 처칠이지만 제1차 세계대전에서 공적을 세우기도 했습니다. 대표적인 것이 탱크 개발 프로젝트를 지원한 것입니다. 당시 유럽 서부전선에서는 참호전 양상으로 전투를 치르면서 상대편 철조망을 뚫고 공격하던 수많은 군인이 희생됐습니다. 그래서 돌격하는 군인들을 막고 철조망을 뭉개버릴 수 있는 철갑차량이 필요하다는 의견이 나왔습니다. 물탱크처럼 커다랬기에 '탱크'라고 불린 이 차량의 도입 문제를 두고 의견이 분분했습니다. 육군 고위 간부들 사이에서는 '애벌레'처럼 생긴 지게차가 얼마나 효율적이겠냐며 회의적으로 보는 시각이 많았죠. 이런 상황에서 오히려 해군부 장관이었던 처칠이 탱크의 잠재력을 알아채고 '육상전함' 개발을 위한 위원회를 설립하도록 지시했습니다. 이후 많은 전문가가 신무기 개발을 위해 노력한 결과, 1916년 8월에 세계 최초의 탱크인 '마크 I'이 전선에 투입됐습니다. 탱크는 제1차 세계대전에서 전투의 흐름을 뒤바꿔 놓은 게임 체인저 역할을 했습니다.

　한편 갈리폴리 전투 패배 이후 처칠은 해군부 장관에서 물러나며 자신의 잘못된 판단에 책임을 졌습니다. 이후로도 갈리폴리 전투는 처칠의 지울 수 없는 오명으로 남았습니다. 처칠의 정적들은 그와 논쟁 중에도 상황이 불리해지면 갈리폴리 전투라는 흑역사를 들먹여 공격하곤 했죠. 문제는 뼈아픈 실책이었던 갈리폴리 전투의 패배로 원래 우울 증상이 있던 처칠이 더 심각한 우울증에 시달린 것입니다. 그의 아내는 갈리폴리 작전 이후 남편이 너무나 비통해한 나머지 죽지 않을까 걱정했을 정도였다고 토로 했습니다.

평소 자신의 우울증을 '검은 개'라고 표현한 처칠은 평생을 검은 개와 함께 살았다고 고백하기도 했습니다. 총리로 일하던 시절에 밤낮없이 일에 몰두하면서도 잠들기 전에 베개를 껴안고 꺼이꺼이 울기도 했고, 새벽까지 술을 마시며 우울증을 견디기도 했죠. 혹시라도 죽고 싶은 마음이 들까 봐 강가나 호수 주변에 가지 않았다는 이야기도 있습니다.

갈리폴리 작전의 참패로 힘들었던 처칠은 깊은 우울감을 이겨내기 위해 그림 그리는 일에 몰두했습니다. 마흔이 넘어 붓을 들기 시작한 처칠은 "하늘나라에 간다면 처음 맞는 100만 년 중 대부분의 시간은 그림을 그릴 것이다"라고 말할 정도로 그림에 애정을 드러내기도 했죠. 아래의 그림은 처칠이 모로코를 방문했을 때 인상 깊게 본 풍경을 그린 것입니다. 그는 이 그림을 제2차 세계대전 당시 미국의 프랭클린 루스벨트Franklin Roosevelt 대

처칠의 풍경화 〈쿠투비아 모스크의 탑〉

통령에게 선물했습니다. 시간이 흘러 이 그림의 소유주도 몇 차례 바뀌었습니다. 유명 배우 앤젤리나 졸리Angelina Jolie도 10년간 이 그림을 소장했죠. 2021년에는 이 풍경화가 크리스티 경매장에 나왔는데, 처칠의 작품 중 최고가를 기록한 1,150만 달러(약 130억 원)에 팔렸습니다.

한편 처칠은 그림에 몰두하던 중에도 군대에 재입대해 서부전선으로 향했습니다. 한때는 해군부 장관으로 전쟁을 진두지휘하던 사람이 육군 중령으로 복귀해 다시 전장을 누비기 시작한 것입니다. 파격적인 행보였죠. 이 시기 처칠은 몇 차례 죽을 고비를 넘기기도 했습니다. 이 같은 그의 행보는 갈리폴리 작전 실패에 대한 나름의 속죄였습니다. 하지만 실추된 이미지와 인기는 쉽게 복구되지 않았습니다. 특히 국회의원을 제외한 모든 공직에서 물러난 1929년부터 10년간은 처칠도 '광야의 시기'라고 말했을 정도로 그의 인생 그래프에서 바닥을 찍었던 시절이었습니다.

히틀러의 야욕을
꿰뚫어 본 처칠

스타 정치인이었던 처칠의 위상은 추락했으나 기회가 완전히 사라진 것은 아니었습니다. 그를 역사의 전면전으로 다시 불러들인 것은 아이러니하게도 제2차 세계대전 내내 격돌했던 히틀러였습니다. 제1차 세계대전의 패배로 영토를 상실하고 막대한 전쟁 배상금까지 치르며 자존심에 상처를 입은 독일 국민에게 게르만 민족의 영광을 약속한 히틀러는 1933년에 독일의 권력을 장악했습니다. 2년 뒤에는 제1차 세계대전의 평화 협정인 베르사유 조약을 폐지하고 독일의 재무장을 선언했죠. 이후 끊임없는 군비 증강과 더불어 독일 국민에게 게르만 민족의 우수성을 강조하며 전쟁을 선동했습니다.

그러고는 곧 무서운 기세로 유럽으로 진격해 갔습니다. 1938년 3월에는 오스트리아를 합병한 데 이어 체코슬로바키아 영토의 일부인 주데텐란트 지역을 요구했습니다. 이곳은 독일과 체코슬로바키아의 접경지대로 체코슬로바키아 땅이지만 독일인이 다수 거주하고 있었죠. 체코슬로바키아가 강하게 반발하면서 전쟁 직전의 상황이 벌어졌습니다.

사태의 심각성을 깨달은 영국, 프랑스, 독일, 이탈리아 정상들은 독일 뮌헨에 모여 회담을 했습니다. 이것이 영국 현대사에서 가장 굴욕적인 양보로 남은 뮌헨회담입니다. 어떻게든 전쟁을 막고 싶었던 영국과 프랑스는 체코슬로바키아의 주데텐란트를 분리해 독일에 합병하는 대가로 체코슬로바키아의 독립을 보장한다는 히틀러의 요구를 들어주었습니다. 문제는 이 과정에서 체코슬로바키아의 입장을 배제했다는 것입니다. 체코슬로바키아는 당사국임에도 회담에 초대받지 못했고, 영국과 프랑스는 협상안을 받아들이지 않으면 홀로 나치 독일에 맞서 전쟁을 벌이는 수밖에 없다며 체코슬로바키아에 합의를 강요했습니다.

히틀러와 뮌헨에서 협정을 맺고 돌아온 영국 총리 네빌 체임벌린Neville Chamberlain은 영국 국민에게 다음과 같이 회담 결과를 발표했습니다.

"오늘 아침 저는 독일 총통 히틀러와 또 다른 이야기를 나누었으며, 여기 있는 이 종이에는 저와 히틀러의 이름이 적혀 있습니다. 우리는 어젯밤 체결된 조약과 영·독 해군 협약이 앞으로 양국 사이에 전쟁을 하지 않겠다는 열망에 대한 상징을 나타낸다고 생각합니다."

뮌헨협정을 맺은 각국 정상들

  체임벌린은 독일에서 명예로운 평화를 들고 왔다며 매우 만족해했고, 영
국 의회와 언론도 히틀러에게 양보했다는 사실은 생각도 하지 않은 채 체임
벌린이 평화를 지켰다며 칭송했습니다. 당시 영국인들은 제1차 세계대전의
충격이 가시지 않은 터라 어떻게든 전쟁을 피하고 싶은 마음이 컸습니다.
게다가 독일의 경제력과 군사력을 과대평가하고 있었죠. 그러나 독일은 아
직 전쟁 준비가 제대로 되지 않은 상태였습니다.

  뮌헨협정 결과를 불안하게 지켜보던 처칠은 히틀러를 믿을 수 없다며 여
론과 정반대의 목소리를 냈습니다. 협정 후 하원 연설에서는 "이 협정은 완
전한 패배"라고 혹평했죠. 협정을 맺고 돌아온 체임벌린 총리에게는 다음
과 같은 비판을 남겼습니다.

  "당신에게는 불명예와 전쟁의 선택지가 주어졌습니다. 당신은 불명예를
선택했고, 곧 전쟁을 하게 될 것입니다."

그러면서 처칠은 전쟁에 대비한 군비 증강을 주장했습니다. 하지만 주변 정치인들은 전쟁광 처칠이 괜한 불안감을 조장한다며 되려 그를 비난했습니다. 처칠의 예견대로 뮌헨협정 체결로부터 1년이 채 지나지 않아 히틀러는 체코슬로바키아의 남은 국토마저 집어삼켰습니다. 1939년 1월에는 폴란드를 침공하며 기어코 유럽에서의 전쟁을 시작했습니다. 제2차 세계대전의 서막이 오른 것입니다. 이로써 체임벌린 총리가 기뻐하며 흔들던 뮌헨 협정문은 휴지 조각이 되었습니다.

사실 처칠이 히틀러라는 인물에 의구심을 품고 주시한 것은 꽤 오래전부터였습니다. 처칠은 히틀러가 집권하기 전인 1930년부터 그의 야욕과 반유대주의를 경고해 왔습니다. 히틀러가 집권한 1933년부터는 본격적으로 영국 정부에 경고의 목소리를 냈죠. 처칠은 외교부와 영국 정보부의 정보원을 통해 꾸준히 첩보를 입수해 독일의 상황을 정확히 파악하고 대책을 주문했습니다. 특히 영국 정부가 비행기 생산을 감축하자 "우리는 조만간 유럽 전쟁이 손에 잡힐 거리에 있는 것을 보게 될 것"이라며 강력한 경고를 보내기도 했죠. 그뿐 아니라 연설이나 대중 강연, 라디오 방송, 칼럼 등을 통해 영국인에게 나치의 군국주의 성향과 팽창주의를 알리려 노력했습니다. 하지만 시대적 분위기는 처칠의 편이 아니었습니다. 처칠이 히틀러와 나치를 경계해야 한다고 주장할 때마다 전쟁광이라는 비난이 따라다녔죠.

히틀러의 유럽 침공이 시작되자 대중은 히틀러의 야욕을 경고했던 처칠을 다시 보기 시작했습니다. 그동안 해군부 장관과 군수부 장관 등을 거치며 얻은 처칠의 전쟁 지식과 경험이 위기에 빠진 영국에 도움을 줄 것이라는 여론이 형성된 것입니다. 결국 전쟁이 확실시되자 체임벌린 총리는 처칠을 다시 해군부 장관으로 임명했습니다. 당시 상황을 잘 보여주는 만평이 있습니다.

1939년 11월, 〈뉴욕 포스트〉에
실린 이 만평은 처칠과 나치주의를
상징하는 독일 장교가 서부 방어선
을 사이에 두고 언쟁하는 모습을 그
렸습니다. 독일 장교가 "우린 영 제
국을 파괴할 때까지 멈추지 않을 것
이다!"라고 하자 처칠이 "해볼 테면
해봐라, 싸우자!"라고 응수하고 있
죠. 주목할 것은 영국을 대표하는
인물이 총리인 체임벌린이 아니라

나치 독일에 맞서는 처칠을 그린 만평

처칠이라는 점입니다. 아마도 누가 영국의 진짜 전쟁 리더인가에 대한 대중
의 평가를 반영한 것 같습니다.

나치 독일이 본격적으로 유럽을 침공하면서 영국 내각에도 변화가 생겼
습니다. 노르웨이가 함락되고 유럽 서부전선이 무너지자 체임벌린이 총리
직을 내려놓은 것입니다. 위기의 영국을 책임질 새로운 총리 자리는 처칠에
게 돌아갔습니다. 당시 총리 자리를 두고 처칠 외에도 유력한 후보로 외무
장관이자 협상파였던 핼리팩스Halifax가 있었습니다. 국왕 조지 6세George
VI 역시 고집불통 이미지의 처칠보다 핼리팩스를 선호했죠. 하지만 상원의
원이었던 핼리팩스는 하원 중심의 영국 정부를 효율적으로 이끌 수 없다며
총리직을 거절했습니다. 여론의 지지와 약간의 우연이 겹쳐 처칠은 영국의
총리가 되었습니다. 그의 나이 66세에 벌어진 일이었죠.

최악의 시기 혹은
최적의 시기에 등판한 처칠!

　총리가 된 처칠은 가장 먼저 야당을 초청해 거국일치 내각을 만들었습니다. 이는 비상사태나 전쟁 같은 국가적 위기를 타개하기 위해 당파를 초월하여 조직한 내각입니다. 전례 없는 위기 상황에 반대 세력까지 포섭해 국민을 하나로 만들려 한 것입니다. 그다음에는 제1차 세계대전 때 전쟁 업무가 분산되어 비효율적이었던 것을 기억하고 전쟁을 총괄하는 전쟁부를 만들었죠. 그는 스스로 전쟁부 장관을 겸임하면서 '내가 전쟁을 책임진다'라는 메시지를 주려고 했습니다.

　처칠이 총리에 오를 당시 오스트리아와 체코슬로바키아는 이미 독일에

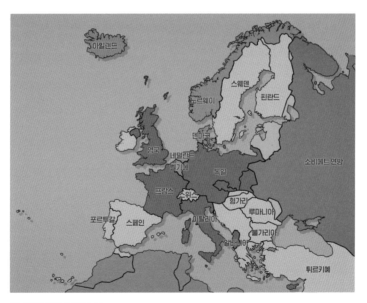

1940년 5월 유럽 전선

흡수되었고, 1939년 9월에 전쟁이 시작된 지 한 달 만에 폴란드는 지도에서 사라졌습니다. 전쟁 전에 소련의 스탈린Stalin과 합의한 대로 동유럽을 나눠 가진 히틀러는 1940년 4월부터 서유럽을 침공했습니다. 노르웨이, 네덜란드, 벨기에가 차례로 무너졌고 5월이 되자 믿었던 프랑스마저 항복 직전이었습니다. 처칠은 프랑스까지 찾아가 끝까지 버텨줄 것을 독려했지만 패배를 막기에는 너무 늦은 상황이었습니다. 유일하게 영국을 도와줄 수 있는 미국은 여전히 중립을 지켰죠. 한마디로 독일의 파죽지세에 영국은 의지할 곳 없이 외로운 싸움을 해야만 했습니다. 히틀러와 타협하자는 여론까지 나오던 상황에 이제 막 총리가 된 처칠은 공식적인 첫 연설을 통해 자신의 메시지를 전했습니다.

"제가 드릴 수 있는 것은 피와 수고와 눈물과 땀뿐입니다. 우리 앞에는 투쟁과 고통의 긴 시간이 기다리고 있습니다. (중략) 여러분은 우리의 목적이 무어냐 묻습니다. 저는 한마디로 답할 수 있습니다. 승리입니다. 어떤 대가를 치르더라도 승리, 어떠한 공포가 닥쳐와도 승리, 아무리 멀고 험한 길이라 해도 승리입니다. 승리가 없이는 생존도 없기 때문입니다. (중략) 자, 이제 단결된 힘으로 함께 전진합시다!"

처칠의 연설은 위기의 순간에 분위기를 반전시키고 영국 국민의 사기를 높여 모두를 하나로 묶었습니다. 유럽이 줄줄이 무너지는 가운데 영국만은 절대로 지지 않겠다는 의지를 심어준 것입니다. 한 여론조사에 따르면 1940년 7월 처칠의 지지도는 88%에 달했다고 합니다. 미국의 존 F. 케네디 대통령은 "처칠은 영어라는 무기를 동원해 전쟁터에 보냈다"라고 평가하기도 했습니다.

처칠 vs 히틀러,
됭케르크 철수 작전

　제2차 세계대전이 본격적으로 시작되면서 처칠과 히틀러가 맞붙어 싸울 시간이 다가왔습니다. 처칠이 영국의 운명을 짊어진 총리가 된 순간 히틀러는 프랑스의 함락을 눈앞에 두고 있었습니다. 이제 히틀러의 시선은 영국으로 향할 수밖에 없었죠. 히틀러의 진격을 무조건 막아야 했던 처칠에게 처음 주어진 임무는 몰살 위기에 처한 40만 명의 연합군을 구출하는 것이었습니다. '됭케르크 철수 작전'이라 불린 이 사건은 제2차 세계대전에서 처칠의 리더십을 처음으로 시험대에 올렸습니다.

　됭케르크는 프랑스 북부와 벨기에의 국경 근처, 그리고 도버 해협에 접해 있는 항구 도시입니다. 처칠이 총리가 된 1940년 5월 10일, 사실상 동유럽을 정복한 히틀러는 서쪽으로 방향을 돌려 프랑스 침공을 시작했습니

됭케르크 위치

다. 당시 유럽 최고의 육군을 보유했다고 자부했던 프랑스는 막상 독일 기갑부대의 진격이 시작되자 맥없이 밀렸습니다. 탱크를 보조 무기 정도로만 여기던 다른 나라와 달리 독일군은 높은 기동성과 강한 공격력을 가진 탱크로만 기갑사단을 만들어 빠르게 공격하는 새로운 전술을 이용했습니다. 탱크를 적극 활용한 기갑부대의 진격으로 동유럽의 군사 강국이었던 폴란드는 10일 만에 수도가 포위되고 한 달 만에 함락되고 말았죠. 기갑부대의 활약으로 4일 만에 서부전선을 돌파한 독일군은 프랑스군을 둘로 분리한 뒤 계속해서 북쪽으로 전진해 도버 해협까지 도달했습니다. 어느새 프랑스 북부 해안의 됭케르크에는 약 40만 명의 연합군이 포위됐고 몰살될 위기에 처했습니다.

이제 막 총리가 된 처칠은 됭케르크를 두고 항복 또는 전멸이라는 선택의 갈림길에 섰습니다. 5월 20일, 그는 고민 끝에 됭케르크 철수 작전을 결정했습니다. 하지만 성공 가능성은 희박했죠. 당시 영국 해군의 보고에 따르면 생환율을 10% 정도로 잡았다고 합니다. 이때 제2차 세계대전의 미스터리로 남은 일이 벌어졌습니다. 5월 24일에 갑자기 히틀러가 해안으로 돌진하던 독일 기갑부대에 진격을 멈추라고 명령한 것입니다. 독일군은 40만 명의 연합군을 한꺼번에 잡을 좋은 기회를 눈앞에 두고 공격을 멈출 수밖에 없었습니다.

히틀러가 하필 이 시기에 그렇게 결정한 이유에 대해 여러 추측이 존재합니다. 군수물자 배급을 고려해 잠시 기갑부대의 진격을 멈췄다는 의견도 있고, 너무 빨리 진격한 독일군 선봉의 안전을 위해 후발 보병부대가 기갑부대를 따라 정렬할 때까지 전진을 막았다는 견해도 있습니다. 확실한 것은 독일군이 진격을 멈춘 3일간 연합군이 됭케르크에 방어선을 구축할 수 있었다는 사실입니다. 그리고 5월 26일 새벽, 처칠은 됭케르크로부터 연합군의 철수를 명령했습니다. 동시에 영국의 선박 징발령을 내려 배를 최대한 긁어모았습니다.

됭케르크에 묶여 있는 40만 명이나 되는 연합군을 구출하려면 그들을 수송할 많은 배가 필요했기 때문이었죠. 대규모 병력을 잃으면 사실상 패배로 전쟁이 끝나게 되는 위기 속에서 국왕 조지 6세는 이날을 국가기도일(a national day of prayer)로 선포하고 마음을 모아 달라고 호소하기도 했습니다. 소식을 전해 들은 영국 국민은 적극적인 지원에 나섰습니다. 징발 대상이 된 화물선이나 어선은 물론, 개인용 요트, 학교 실습선 같은 소형 선박들까지 해안으로 몰려와 영국 해군이 이들을 만류하느라 애를 먹었을 정도였다고 합니다.

연합군이 대규모 철수 작전을 진행하는 사이 뒤늦게 상황을 파악한 히틀러는 5월 26일 저녁이 돼서야 기갑부대의 정지 명령을 철회했습니다. 독일군의 반격이 시작된 것입니다. 다음 날부터 독일군이 다시 연합군의 숨통을 조여오면서 됭케르크 주변 각지에서 격전이 벌어졌습니다. 독일이 이번에는 공군까지 동원해 연합군을 공격하자, 영국은 바다 건너 됭케르크로 전투기를 보냈습니다. 영국 공군은 연료가 바닥날 때까지 싸우며 연합군이 철수할 시간을 벌어주었죠. 이런 가운데 수많은 병력이 도버 해협을 건넜고 영국군뿐 아니라 프랑스군, 벨기에군 등을 포함한 약 34만 명의 연합군이 안전하게 탈출했습니다. 다음은 무사히 귀환한 연합군을 환영하며 처칠이 남긴 연설의 일부입니다.

"우리는 넘치는 자신감과 힘을 가지고 하늘에서 싸울 것입니다. 우리는 어떤 대가를 치르더라도 영국을 지켜낼 것입니다. 우리는 해변에서 싸울 것입니다. 우리는 상륙지점에서 싸울 것입니다. 우리는 들판에서, 거리에서 싸울 것입니다. 우리는 언덕에서 싸울 것입니다. 우리는 절대로 항복하지 않을 것입니다!"

됭케르크 철수 작전으로 전쟁에 대한 의지를 더욱 다진 처칠이지만, 사실 타격도 만만치 않았습니다. 됭케르크에 남겨두고 온 장비와 물자 피해가 막심했고 공군의 막대한 손실도 감수해야 했죠. 하지만 30만 명이 넘는 병력이 살아남았다는 것은 영국이 독일과 계속 싸울 수 있는 마지막 발판을 확보한 것과 같았습니다. 무기는 다시 만들 수 있지만 30만 명의 병력을 다시 보강하는 것은 불가능에 가까웠기 때문입니다.

그뿐 아니라 됭케르크 작전 성공은 영국 국민에게 전쟁을 계속할 수 있다는 의지를 심어주었습니다. 기적에 가까운 작전이 성공하는 것을 지켜보면서 자신감을 얻은 것입니다. 영국인들은 지금까지도 심각한 위기 상황이 오면 '됭케르크 정신'이 필요하다고 말하곤 합니다. 그만큼 영국인에게 큰 영향력을 미친 사건이었죠. 처칠의 됭케르크 철수 작전 성공은 제2차 세계대전의 흐름을 바꿔 놓았습니다.

처칠 vs 히틀러,
영국 본토 항공전

사실 히틀러는 이때까지만 해도 영국이 기회를 봐서 전쟁에서 발을 뺄 것으로 보았습니다. 아직 영국과 평화협정을 맺을 가능성이 남아있다고 생각한 것입니다. 하지만 예상과 달리 처칠이 독일과 타협할 의지를 보이지 않자 히틀러는 더는 참지 않겠다고 선언했습니다. 1940년 8월 1일, 그는 독일 공군에 '가능한 최단 시간 내에 영국의 공군력을 제압하라'라는 총통 지령 17호를 내렸습니다. 그러면서 영국과 독일의 본격적인 공중전이 벌어졌습니다. 당시 독일 공군의 수장은 히틀러의 총애를 받던 헤르만 괴링Hermann Göring이었습니다. 그는 독일 공군의 화력이라면 3주 안에 영국을 무너트릴 수 있다고 장담했습니다. 실제로도 독일 공군은 세계에서 가장 강력하고 훈련을 잘 받았다고 평가받았고 폴란드, 네덜란드, 프랑스 침공에서도 큰 역할을 했죠.

영국 본토 항공전의 첫 단계는 8월 16일에 남부 해안에서 일어났습니다. 여기서는 괴링의 예상과 달리 영국 전투기가 독일 공군을 효과적으로 방어했습니다. 8월 16일부터 3일간 영국 남동부 해안에서 벌어진 공중전에서 영국군은 95대, 독일군은 236대의 항공기가 타격을 입었습니다. 공습에서 중요한 것은 폭탄을 떨어뜨리는 폭격기입니다. 전투기는 이를 엄호하는 일을 하죠. 그런데 초기 항공전에서 독일 전투기의 피해가 생각보다 커서 독일 폭격기는 엄호를 받지 못했고, 제대로 공격할 수 없게 되었습니다. 두 번째 단계는 8월 24일부터 9월 6일 사이에 벌어졌습니다. 이때 독일 공군은 런던 근처 공군기지와 비행장을 집중적으로 포격했습니다. 영국 공군은 전투기 290대를 잃었는데 당시 전투기가 많지 않았던 영국으로서는 큰 타격이었습니다. 이런 공격이 계속된다면 상황은 독일 공군에게 유리하게 돌아갈 수밖에 없었죠.

그런데 독일 공군이 갑자기 영국의 수도인 런던을 공격하면서 영국 본토 항공전은 세 번째 국면에 접어들었습니다. 영국 입장에서는 어쩌면 다행이라고 볼 수 있었죠. 이제껏 영국과 독일은 가능한 서로의 수도는 폭격을 제한해 왔습니다. 상대편을 지나치게 자극할 경우, 잘못하면 자국의 수도도 공격받을 수 있기 때문입니다. 그런데 1940년 8월 24일 토요일 밤, 길을 잃은 독일 폭격기 한 대가 실수로 런던에 폭탄을 떨어뜨리고 말았습니다. 소식을 전해 들은 처칠은 격분했지만, 어쩌면 이것이 전쟁의 양상을 바꿀 기회라고 생각해 바로 다음 날 베를린을 공격했습니다. 영국 공군의 야간 공습으로 베를린은 순식간에 불길에 휩싸였습니다. 히틀러 역시 펄쩍 뛰면서 괴링에게 당장 런던을 공격하라고 명령했죠. 독일 공군이 공습을 준비하는 동안 히틀러는 분노의 연설을 했습니다. 다음은 그 일부입니다.

"비겁한 영국 놈들은 감히 대낮에는 독일 상공에 기어들어 올 수 없다는 사실을 증명했을 뿐입니다. 영국 공군이 2천kg, 3천kg, 4천kg의 폭탄을 투하하면 우리는 하룻밤에 15만kg, 23만kg, 30만kg, 40만kg의 폭탄을 투하할 것입니다. 그들이 도시 공습을 늘리겠다고 선언하면 우리는 그들의 도시를 파괴할 것입니다!"

히틀러의 경고대로 독일 공군은 9월 7일부터 런던을 타깃 삼아 공격을 시작했습니다. 독일이 런던을 공습한 것은 단순히 베를린이 공격당했기 때문만은 아닙니다. 사실 히틀러는 영국 해협을 건너려면 공군력으로 지역을 지배하는 능력인 제공권을 확보해야 한다고 생각했습니다. 그래야 영국 해군이 해협을 봉쇄하러 와도 독일 공군이 폭격해 영국 해군을 쫓아낼 수 있기 때문입니다. 그렇지 않고 독일 육군만 상륙시키면 상륙부대가 고립될 위험이 크다고 판단했죠. 그런데 9월이 되면서 가을 강풍이 불 기미가 보이자 히틀러는 공중전이 힘든 겨울이 되기 전에 확실히 승기를 잡아야 한다고 생각하게 되었습니다. 결국 영국인의 전의를 빠르게 꺾기 위해서는 런던을 공격해야 한다고 판단한 것입니다.

처칠 vs 히틀러,
런던 대공습

9월부터 10월까지 한 달간 독일 공군은 밤낮을 가리지 않고 런던에 폭격을 퍼부었습니다. 9월 12일에는 1,800kg짜리 폭탄이 세인트 폴 성당에 떨어졌고, 그 다음 날에는 버킹엄 궁전에 폭탄이 떨어지기도 했죠. 다행히 두 곳 모두 폭탄이 제대로 터지지 않고 땅에 처박히거나 목표물을 비껴갔다고 합니다. 독일 공군이 자주 쓰는 '낙하산 기뢰'라는 폭탄도 있었는데, 이 폭탄은 바람을 타고 날아가서 마구잡이로 떨어졌습니다. 폭탄 안에는 700kg에 가까운 폭약이 채워져 있어서 반경 450m 내에 있는 것을 모조리 파괴할 정도였죠. 이 시기는 영국 본토 항공전 중 가장 치열했던 기간이었습니다. 하늘에 독일 전투기가 나타났을 때 런던 시민이 받은 충격도 엄청났다고 합니다.

이런 포화 속에서 영국 정부는 적의 야간 공습에 대비해 일정 구역에서 조명 사용을 제한하는 '등화관제'를 실시했습니

포화 속 런던 시민들

다. 집과 상점은 물론 자동차와 기차, 신호등까지 조명을 제한해 매우 불편했지만 런던 시민은 적극적으로 협조했습니다. 또한 시민들은 전쟁의 공포에 움츠러들지 않고 평상시 생활을 유지하기 위해서 노력했습니다. 일부 시민들은 지하철역 대피소에서 생활하며 출퇴근하는 일상을 반복했습니다. 당시 집계에 따르면 9월 27일 밤에만 약 17만 7,000명이 런던 지하철역 대피소에서 생활했습니다. 이는 런던에 남아있던 전체인구의 약 5%나 되는 수치입니다.

영국 왕실과 총리도 일상을 유지하도록 시민들을 격려했습니다. 경제 안정은 물론 국민의 심리적인 안정을 위해서였죠. 이 시기에 많이 보였던 포스터 중 하나가 'KEEP CALM AND CARRY ON(평정심을 유지하고 하던 일을 계속하라)'이라는 것입니다. 잿더미가 된 도시에서도 우유 배달부는 우유를 실어 날랐고, 폐허가 된 도시에서도 살아남은 식물들에 물을 주는 등 일상을 살기 위해 노력했습니다. 어쩌면 쓸데없는 일이라고 생각할 수도 있지만 전쟁 걱정에서 벗어나 일상생활을 유지함으로써 희망을 잃지 않고 끝까지 버티겠다는 시민들의 의지였죠. 포화 속에서도 런던 시민들이 평정심을 유지하며 굳건히 버틴 덕에 영국 본토 항공전은 1940년 10월 31일에 사실상 막을 내렸습니다.

런던 대공습 시기에 사용된 포스터

독일 공군의 쉴 틈 없는 공격을 영국이 막아낼 수 있었던 첫 번째 승리 요인은 영국 공군의 전투기였습니다. 당시 영국이 보유한 대표적인 전투기는 스핏파이어와 허리케인이었습니다. 처칠은 총리가 되자마자 전투기와 폭격기 생산을 독려했습니다. 영국을 전쟁의 패배에서 구할 유일한 수단이라고 판단했기 때문이었죠. 1936년에 개발을 시작한 스핏파이어는 성능은 월등했으나 가격이 비쌌고, 허리케인은 성능은 조금 떨어져도 더 저렴하고 튼튼하다는 특징이 있었습니다. 따라서 허리케인은 상대적으로 속도가 느린 독일의 폭격기를 요격했고, 호위 전투기 공격은 스핏파이어가 담당했습니다. 지금도 영국인이 사랑하는 이 전투기들 덕분에 영국은 독일과의 항공전에서 우위를 지킬 수 있었죠.

영국을 상대로 한 독일 공군의 주력 전투기는 메서슈미트 Bf109입니다. 독일의 비행기 설계사 빌리 메서슈미트Willy Messerschmitt가 제작한 전투기로 최고속도와 상승 속도가 뛰어났죠. 특히 저고도에서 스핏파이어보다 속도가 빨랐습니다. 다만 영국 전투기 스핏파이어는 공중에서 더 빠른 선회 속도와 좁은 회전반경을 가졌습니다. 상대 전투기의 뒤를 물고 늘어지며 기관총을 난사하는 도그파이트 같은 공중전에서는 스핏파이어가 우세했죠. 무엇보다 독일 전투기는 해협을 건너오느라 연료가 부족해 싸울 수 있는 시간이 제한적이었습니다. 홈그라운드의 이점까지 활용한 영국 공군은 공중전에서 독일 공군을 막아낼 수 있었습니다.

스핏파이어

허리케인

독일의 메서슈미트 Bf109

영국이 독일과 치른 공중전에서 승리할 수 있었던 두 번째 이유는 전투기 외에도 또 다른 비밀병기를 갖고 있었기 때문입니다. 바로 레이더입니다. 전쟁이 일어나기 전에 영국은 레이더를 이용해 독일 항공기의 접근을 사전에 경고해 주는 시스템을 개발했습니다. '체인 홈'이라 불리는 이것은 영국 해안선을 따라 세운 높이 110m의 레이더 송수신 탑 네트워크를 말합니다. 레이더 탑은 160km나 떨어진 항공기들을 탐지할 수 있었습니다. 적의 항공기를 포착해 상부에 보고하는 데까지는 몇 분밖에 걸리지 않았습니다.

사실 영국과 독일 모두 레이더를 개발한 상태였지만, 독일은 레이더의 기능을 과소평가하고 전투기와 폭격기에만 주력했습니다. 반면 영국은 일찍이 레이더의 잠재력을 발견하고 레이더 설비에 투자해 전쟁 전에 방공망을 구축했습니다. 전쟁 중 독일 전투기가 영국을 침공하면 거의 예외 없이 유리한 위치에 영국 전투기가 기다리고 있었던 것도 체인 홈 시스템 덕분이었습니다.

레이더 송수신 탑

영국이 본토 항공전에서 승리한 마지막 요인은 매일 공포와 맞서 싸우며 일상을 살아간 런던 시민입니다. 이들은 런던 공습 기간 내내 각자의 일상을 유지하기 위해 최선을 다했습니다. 국왕 조지 6세는 버킹엄 궁전을 지켰고 처칠은 라디오 연설로 시민들을 안심시켰습니다. 이렇게 영국의 전쟁 대비와 시민들의 노력으로 영국 본토에서 벌어진 항공전은 결국 승리로 마무리했습니다. 예상외로 끈질긴 영국의 저항 때문에 히틀러는 결국 영국 본토를 침략한다는 계획을 단념할 수밖에 없었죠.

본토에서 끝내 독일 공군을 몰아낸 영국의 노력은 제2차 세계대전에도 큰 영향을 미쳤습니다. 독일은 영국 때문에 서부전선에서 상당한 공군력과 병력을 상실한 상태에서 소련을 침공하게 되었고, 이는 결과적으로 동부전선의 패배로 이어졌습니다. 가장 중요한 사실은 영국이 독일과의 항공전에서 버텼기 때문에 제2차 세계대전이 연합국의 승리로 이어질 수 있었던 것입니다. 만일 영국이 본토 항공전에서 독일에 항복했거나 타협했다면 유럽 전체가 히틀러의 지배하에 놓이게 되고 미국의 참전도 기대하기 어려웠을 것입니다. 이런 점에서 많은 학자가 나치 독일 몰락의 시작을 영국 본토 항공전으로 보고 있습니다.

전쟁 승리의 마지막 열쇠,
미국을 설득하라!

독일과의 항공전에서는 승리한 영국이지만 처칠은 제2차 세계대전에서 히틀러를 이기기 위해서는 무엇보다 미국의 참전이 필요하다고 생각했습니다. 훗날 처칠의 아들은 전쟁이 시작되었을 때부터 처칠이 미국의 참전을 원했다고 밝혔습니다. 처칠이 총리가 된 지 8일이 지났을 때의 일입니다. 아들이 신문을 읽어주는 것을 듣던 처칠이 갑자기 "상황을 헤쳐 나갈 길이 보인다"라고 말했다고 합니다. 아들이 히틀러를 이길 방법을 묻자 처칠은 "미국을 끌어들여야지"라고 대답했다는 것입니다. 애초에 미국이 전쟁에 참가해야 승리할 수 있다고 확신한 처칠은 물불을 가리지 않고 미국을 끌어들이는 데 공을 들였습니다. 그는 공개 연설을 통해 "우리는 실패하거나 흔들리지 않을 것입니다. 우리는 약해지거나 지치지 않을 것입니다. 무기를 주시면 저희가 끝장내겠습니다"라며 미국에 무기 지원을 요청하기도 했죠.

하지만 미국의 루스벨트 대통령은 처칠의 구애에도 뜨뜻미지근한 반응을 보였습니다. 제1차 세계대전의 상처가 아직 아물지 않아 반전 여론이 너무도 높았기 때문입니다. 그리하여 미국 의회는 무기 수출법을 통과시켰습니다. 이는 미국 무기를 사고 싶으면 먼저 선금을 입금하고 구입자가 무기를 직접 운송한다는 내용이었죠. 루스벨트는 무기 수출법을 근거로 처칠의 요구를 거절했습니다.

그렇다고 포기할 처칠도 아니었습니다. 그는 미국을 설득하기 위해 루스벨트 대통령에게 1,100통이 넘는 편지와 전보를 보냈고, 백악관과 통화할 기회가 닿을 때마다 어떻게든 대화를 나눴습니다. 처칠은 "사랑에 빠진 어떤 사람도 내가 프랭클린 루스벨트에게 한 만큼 세심하게 애인의 변덕을 맞추려 하지 않았을 것이다"라고 말하기도 했습니다. 실제로 처칠은 때와 장소를 가리지 않고 루스벨트에게 매달렸습니다. 1941년 크리스마스 시즌에 미국 백악관을 방문한 처칠은 목욕 후 벌거벗은 채로 거실을 돌아다니고 있었습니다. 이때 루스벨트가 방문을 노크하고 들어왔다가 처칠의 상태를 보고 실례했다며 황급히 나가려고 했죠. 그러자 처칠은 "보십시오, 대통령 각하. 저는 당신에게 숨기는 것이 아무것도 없습니다"라는 말로 루스벨트를 웃겨버렸다고 합니다.

처칠의 끈질긴 구애에 결국 루스벨트 대통령은 미 의회를 설득해 무기 대여법을 통과시키고 1941년 3월 11일에 서명했습니다. 이는 미국 방위에 필요하다고 인정되는 국가에 미래 상환을 조건으로 무기와 전략물자를 공급할 수 있는 획기적 법안이었죠. 당시 루스벨트 대통령은 무기 대여법 통과를 위한 기자회견에서 다음과 같이 말했습니다.

"옆집이 불을 끌 호스를 빌려달라고 요청한다면 이런 위기에서 어떻게 할 것인가? 난 이웃에게 '내가 호스를 마련하는 데 15달러를 냈으니, 사용하려면 먼저 15달러를 내시오'라고 말하진 않을 것이다. 난 15달러를 원하지 않는다. 나는 불이 꺼지고 호스를 돌려받길 원한다."

이는 루스벨트 대통령이 더 이상 미국이 제2차 세계대전과 무관하지 않음을 인정한 것과 같습니다. 나치가 장악한 세계에서는 미국의 자유무역 역시 타격을 받고 더 나아가서는 미국의 영토까지 위협받을 것이기 때문입니다. 또한 많은 미국인이 영국을 심적으로 지지하는 상황도 작용한 것으로 보입니다. 여기에 처칠과 영국 정부의 외교력이 더해져 미국이 무기 대여법을 통과시킬 수 있었죠. 덕분에 영국은 310억 달러어치의 무기를 미국으로부터 공급받을 수 있었습니다.

이렇게 제2차 세계대전에서 목표를 향해 불도저처럼 밀어붙인 처칠에게는 불도그라는 별명이 생겼습니다. 그 시작은 1940년에 시드니 스트루브 Sidney Strube가 〈데일리 익스프레스〉에 실은 만평으로, 처칠을 영국을 지키는 불도그로 표현한 왼쪽 그림입니다. 이후 처칠에게는 불도그라는 별명이 붙었고, 그를 영국을 지키는 불도그로 묘사하는 게 일종의 유행이 되었습니다. 오른쪽 그림은 1942년 미국에서 만든 제2차 세계대전 포스터로 불도그 모습을 한 처칠이 '물러서지 않는다!(holding the line!)'라고 말하고 있죠. 영국인이 좋아하는 말 중에 '불도그 스피릿(bulldog spirit)'이라는 것이 있습니다. 고집, 끈기, 용기 있다는 표현으로 처칠의 성격과 잘 어울리는 말

처칠을 불도그로 묘사한 그림

입니다. 게다가 외모까지 불도그를 닮아 어느새 불도그는 처칠을 상징하는 이미지가 되었습니다. 그 역시 불도그란 이미지를 좋아했다고 합니다.

1941년 8월 14일, 포기를 모르는 처칠의 불도그 같은 모습 덕분에 영국의 처칠과 미국의 루스벨트가 다시 만났습니다. 두 사람은 대서양 해상의 영국 군함에서 양국의 공동목표와 전후 질서에 합의했습니다. 미국이 무기를 제공하는 것에서 더 나아가 영국과 함께 파시즘에 대항해 세계 평화와 질서를 위해 책임을 다하겠다는 '대서양 헌장'을 선언한 것입니다. 그리고 약 4개월 뒤인 12월 7일에 일본이 선전포고도 없이 미국 하와이의 진주만을 기습 공격하면서 미국은 중립을 깨고 제2차 세계대전에 참전했습니다. 이때도 두 정상은 긴밀하게 소통했습니다. 다음은 처칠과 루스벨트의 통화 내용입니다.

처칠: "대통령 각하, 일본이 어떻다는 말입니까?"
루스벨트: "사실입니다. 그들이 진주만에서 우리를 공격했습니다. 이제 우리는 한배를 탔군요."

루스벨트 대통령의 대답을 들은 처칠은 제2차 세계대전에서 연합국이 승리할 것을 확신했습니다. 이 무렵 처칠은 'V' 포즈로 전쟁에 대한 자신의 의지를 표현하기도 했습니다. 승리라는 뜻의 영어 단어 'victory'를 표현한 이 포즈는 전쟁 초기부터 처칠이 자주 하던 동작입니다. 미국의 지원으로 나치 독일에 대한 승리를 어느 때보다 굳게 믿은 그는 자신감을 동작으로 드러냈습니다. 우리가 사진을 찍을 때 자주 하는 V 포즈의 기원에 관한 설은 분분합니다. 하지만 이를 대중화한 사람이 처칠임은 분명합니다.

V 포즈를 취하는 처칠

처칠은 종종 손바닥이 아닌 손등을 보이는 V 포즈를 취하기도 했습니다. 이는 영국, 아일랜드, 호주 같은 국가에서는 욕이나 조롱의 의미로 쓰이죠. 처칠이 이 같은 동작을 한 것을 나치 독일과 히틀러를 향한 도발의 의미로 추측하기도 합니다. 재치있는 방법으로 적에게 메시지를 보낸 것입니다.

처칠과 루스벨트, 두 리더의 합작품 _노르망디 상륙작전

미국의 합류로 제2차 세계대전의 분위기는 확실히 바뀌었습니다. 1944년 6월 6일, 제2차 세계대전의 정점이라 할 수 있는 '노르망디 상륙작전'이 시작됐습니다. 서유럽을 탈환하기 위해 미국, 영국 등의 대규모 연합군이 독일이 점령하고 있던 프랑스 북부 노르망디 해안에 상륙한 것입니다. 처칠

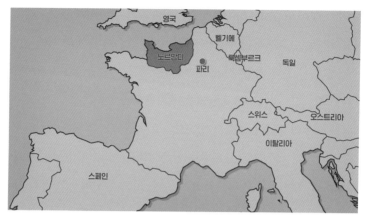

노르망디 위치

과 루스벨트의 합작품인 이 작전은 1년 전인 1943년 5월에 미국 워싱턴에서 양국 대표단이 모인 워싱턴 회담에서 결정되었습니다.

1944년 6월 6일에만 약 16만 명의 병력이 노르망디에 상륙했고, 1,200여 대의 항공기와 5,000여 척의 선박이 동원됐습니다. 그리고 8월 말까지 약 300만 명의 병력이 도버 해협을 건넜습니다. 역사상 최대 규모의 상륙작전은 두 정상의 긴밀한 협조와 신뢰가 있었기에 가능했죠. 8월 25일, 연합군은 파리를 탈환했고, 뒤이어 본격적으로 독일 본토를 공격하기 시작했습니다. 사실 처칠은 상륙작전을 구상한 것에 만족하지 않고 디데이인 6월 6일에 직접 노르망디 해안으로 가 역사적인 순간을 직접 보겠다고 고집을 피웠습니다. 선발대로 나서려는 처칠을 막은 것은 국왕 조지 6세였습니다. 그는 총리가 간다면 국왕도 가겠다고 했고 결국 처칠은 고집을 접었습니다. 하지만 끝내 참지 못한 처칠은 6일 후에 기어코 노르망디 해안으로 향했습니다. 그만큼 이 작전에 사활을 걸었다는 의미로 해석할 수 있습니다.

노르망디 상륙작전의 성공으로 전세가 역전됐고, 처칠이 그토록 열망하던 순간이 찾아왔습니다. 1945년 5월, 연합국이 히틀러의 나치 독일을 물리치고 험난했던 제2차 세계대전에서 승리한 것입니다. 1970년에 기밀 해제된 전쟁 당시 회의 기록에 따르면 처칠은 히틀러가 잡힌다면 처형하기를 원했다고 합니다. 심지어는 히틀러를 전기의자에 앉혀야 한다며 미국에서 전기의자를 무기 임대 형식으로 빌려오자고 제안하기도 했죠.

제2차 세계대전이 끝났을 무렵 처칠은 지지율이 80%가 넘는 정치인이자 지도자가 되었습니다. 하지만 전쟁 이후 치른 총선에서 뜻밖의 참패를 당했습니다. 많은 국민이 여전히 처칠을 지지했지만, 전후 새로운 복지국가를 건설하는 데는 야당인 노동당이 더 적합하다고 생각했던 것입니다. 이때 처칠은 이미 71세였기에 선거에 패배한 그가 정계에서 할 수 있는 일이 더는 없다고 보는 사람이 많았습니다. 하지만 처칠은 부활했습니다. 그는 77세에 총선에서 다시 승리해 총리 자리에 복귀했으며, 79세에는 노벨 문학상을 수상히는 놀라운 성과를 거뒀습니다. 노벨 위원회는 그가 인류의 가치를 옹호하는 뛰어난 역사적 서술을 남겼다고 평가했습니다. 처칠의 비서에 따르면 처칠은 노벨상 수상 소식을 듣고 기뻐했으나, 평화상이 아닌 문학상이라는 사실에 곧 무관심해졌다고 합니다. 게다가 수상식에 아내가 대신 참석하면서 그가 노벨 평화상을 받지 못해 실망했다는 소문까지 퍼졌습니다. 다만 이는 어디까지나 추측에 불과합니다.

이후 1955년에 건강상의 이유로 총리직을 사임한 처칠은 10년 뒤 91세의 나이에 뇌졸중으로 숨을 거뒀습니다. 쓰러지기 직전까지도 그가 일평생 사랑했던 위스키와 시가를 즐겼다고 합니다. 세인트 폴 성당에서 국장으로 치른 그의 장례식에는 국왕이 신하의 장례식에 참석하지 않았던 그동안의 불문율을 깨고 엘리자베스 2세Elizabeth II가 직접 참석하기도 했습니다. 그만큼 처칠은 영국 역사에서 큰 인물이 되어 있었습니다.

지금까지 처칠의 삶을 통해 그가 어떻게 영국의 전쟁 영웅이 됐는지, 히틀러로부터 어떻게 영국을 지켜냈는지를 살펴보았습니다. 사실 처칠은 남다른 혜안을 가진 인물이었습니다. 일찍이 히틀러라는 악인의 위험성을 간파했고, 제2차 세계대전이 끝났을 때는 '철의 장막' 연설로 다가올 냉전을 예견하기도 했죠. 이렇게 유럽 역사에서 큰 발자국을 남긴 처칠이지만, 그가 걸어온 발자국을 따라가다 보면 그가 많은 실수와 실패를 반복했던 사람이라는 사실을 알 수 있습니다. 하지만 처칠이 오늘날까지 기억되는 것은 그가 어떤 순간에도 포기하지 않았던 사람이었기 때문입니다. 갈리폴리 전투에서의 뼈아픈 실패로 우울증에 시달리던 순간에, 또 히틀러가 영국을 침공하는 순간에 처칠이 포기했다면 과연 역사는 어떻게 바뀌었을까요?

처칠은 자신의 선택이 옳다고 판단하면 그의 별명인 불도그처럼 주저함 없이 밀어붙였고, 리더로서 성실하게 모든 일에 임했습니다. 일평생 처칠을 따라다녔던 우울증도 그를 좌절시킬 수는 없었죠. 어쩌면 포기를 모르는 처칠의 의지가 그 스스로를, 그리고 영국을 구한 것은 아닐까요. 마지막으로 처칠이 모교인 해로우 스쿨을 방문했을 때 남긴 연설로 글을 마치려 합니다.

"절대로, 절대로, 절대로, 굴복하지 말라!(Never give in, Never give in, Never, never, never!)"

벌거벗은 스탈린

공포로 소련을 지배한 독재자

류한수

● 여기 20세기 세계사의 흐름을 바꾼 인물이 있습니다. 아래 그림들은 그가 일으킨 매우 충격적인 사건을 표현한 것입니다. 한 여인이 앙상한 아이를 안고 있는 왼쪽 그림은 우표입니다. 기아에 허덕이다 처참히 희생된 700만 명을 기리고자 만든 것이죠. 그리고 숱한 해골이 피라미드처럼 쌓여 있는 오른쪽 그림은 만평입니다. 어느 정치가가 독재 체제를 굳히려고 피의 대숙청을 벌인 결과를 표현한 것입니다. 해골은 숙청 과정에서 학살당한 시민입니다. 두 그림 모두 한 사람의 지도자가 벌인 끔찍한 사건과 연관이 있습니다.

이 비극의 중심에 있는 인물은 소련의 독재자 이오시프 스탈린Iosif Stalin입니다. 우리에게는 나치 독일을 주도하며 세계 최악의 학살자로 기록된 히틀러의 경쟁자로도 널리 알려져 있죠. 그런데 우리가 아는 '스탈린'은 그의 진짜 이름이 아닙니다. 스탈린의 본명은 이오시프 비사리오노비치 주가시빌리Iosif Vissarionovich Dzhugashvili입니다. 그가 '강철 인간'이라는 뜻의 스탈린이라는 이름을 사용한 때는 본격적으로 활동하기 시작한 1912년이었습니다.

끔찍한 기아와 피의 대숙청

역사상 가장 악명 높은 인물 가운데 한 명인 스탈린의 집권기에 목숨을 잃은 사람은 최소 수백만 명에서 최대 수천만 명까지로 추산합니다. 그는 왜 이렇게 많은 사람을 죽음으로 몰아넣었을까요? 이토록 많은 희생으로 그가 이루고자 한 것은 대체 무엇이었을까요? 오늘날 러시아에서는 블라디미르 푸틴Vladimir Putin 대통령이 스탈린 시대를 높이 사기도 합니다. 스탈린

스탈린

시대의 러시아는 어떤 모습이었길래 푸틴이 그러한 평가를 내리는 것일까요? 지금부터 피와 공포로 소련을 다스린 독재자 스탈린을 낱낱이 벌거벗겨 보겠습니다.

사회주의 혁명에 반한
조지아 청년

잔혹한 피바람을 불러일으킨 독재자 스탈린은 1878년에 러시아 제국의 변방 조지아에서 태어났습니다. 지도 속 붉은색으로 표시한 부분이 그의 고향 조지아입니다. 그때 러시아 제국은 황제 알렉산드르 3세Aleksandr III가 다스리고 귀족과 지주들이 있는 전제정 국가였습니다.

조지아에서 학창 시절을 보낸 스탈린은 이름난 학생이었습니다. 그는 모든 과목에서 우수한 성적을 받는 우등생이자 조지아 최고의 문학지에 자

작시를 여러 번 실을 정도로 촉망
받는 문학 소년이었죠. 그런 그의
인생은 어느 단체에 가입하면서 바
꾸기 시작했습니다. 스탈린이 들어
간 곳은 학교에서 몰래 금서를 읽
는 비밀 독서회였습니다. 여기서
자본주의 체제를 뒤엎고 그 대신에
사회주의 체제를 세울 수 있다고
주장하는 독일의 사회주의자 카를

러시아 제국과 조지아

마르크스Kar Marx의 책을 만났고 인생이 달라진 것입니다.

비밀 독서회에서 읽은 것은 마르크스의 책만이 아니었습니다. 당대 러시
아 최고의 사회주의 혁명가이자 이론가인 블라디미르 레닌Vladimir Lenin이
쓴 글을 읽고 감명받은 스탈린은 사회주의 실현을 위해 싸우기로 결심했
습니다. 스탈린이 반한 글의 요지는 '민중을 일깨워 러시아의 전제정을 뒤

엎고 사회주의 평등 사회를 건설한
다'라는 것이었죠. 여기서 '전제정'
은 군주 한 사람이 거머쥔 국가 권
력을 법률이나 여론의 제약을 받지
않고 행사하는 정치 체제를 뜻합니
다. 금서를 읽는 비밀 독서회에 가
입했다는 이유로 퇴학당한 스탈린
은 본격적으로 사회주의 활동에
나섰습니다.

블라디미르 레닌

사회주의는 경제에서는 공장, 기업, 은행, 경작지 등 생산 수단을 자본가 개인 재산이 아닌 사회 공동 재산으로 삼고, 정치에서는 인구 대부분인 노동계급이 권력을 행사하는 체제입니다. 스탈린은 시대에 뒤떨어진 러시아 제국의 전제정을 무너뜨려 억눌리는 노동자와 농민을 해방하고자 노력했습니다. 그래서 1901년에는 러시아 사회민주노동당에 가입했습니다. 러시아에서 계급 투쟁과 노동 운동을 이끄는 마르크스주의 정당이었고, 지도자는 스탈린이 우러러보는 레닌이었죠. 여기서 전제정의 탄압을 피하려 급진 성향의 동지들과 지하조직을 꾸리고 과격한 행동도 서슴지 않았습니다. 어느새 러시아 제국 정부에 맞서 싸우는 투사가 된 스탈린은 경찰과 헌병의 끊임없는 감시 아래 놓였습니다.

결국 노동자 시위를 주도했다는 이유로 1902년에 처음 체포된 스탈린은 그 뒤에도 여러 차례 붙잡혔고 시베리아 유배형을 받기도 했습니다. 그렇지만 그의 의지는 꺾이지 않았습니다. 감옥에서 풀려나면 다시 투쟁 활동을 하고, 또다시 체포되기를 거듭했죠. 그러는 사이 러시아 사회민주노동당은 혁명 이론과 노선 차이로 1903년에 두 개의 파로 나뉘었습니다. 온건파 '멘셰비키당'과 급진파 '볼셰비키당'으로 갈라진 가운데 스탈린은 그가 존경하는 레닌이 이끄는 볼셰비키당을 선택했습니다. 볼셰비키당은 노동계급이 권력을 잡을 수 있으며 잡아야 한다는 강령을 내세운 급진적인 당내 분파였습니다.

스탈린은 혁명 활동에서 가장 중요한 일인 자금 조달에 나섰습니다. 활동을 하려면 돈이 있어야 하는데, 볼셰비키는 늘 돈이 모자랐습니다. 그는 자금을 마련하고자 은행으로 현금을 나르던 수송 차량을 습격하는 일까지 벌였습니다. 이때 10개가 넘는 폭탄이 터졌는데, 사지가 토막 난 말과 사람의 주검이 여기저기 널려 있을 만큼 끔찍했다고 합니다. 다친 사람이 무려 50명을 웃돌 만큼 큰 사건이었죠. 이때 지금 가치로 약 40억 원을 훔쳤다고 합니다. 혁명 활동을 위해 강도 노릇까지 마다하지 않은 스탈린은 볼셰비키당의 지하 조직을 관리하는 가장 적극적인 활동가 중 한 사람으로 성장했습니다.

현금 수송 차량을 습격한 이듬해에 스탈린이 붙잡혔습니다. 하지만 체포도 그의 의지를 꺾지 못했습니다. 그는 체포와 형벌에도 탈출을 되풀이하며 혁명 활동을 이어갔습니다. 당시 적잖은 러시아 혁명가가 비교적 안전한 다른 나라에서 활동했습니다. 그런데 스탈린은 러시아를 떠나지 않고 혹독한 탄압을 받으며 나라 안에서 투쟁을 계속해 나간 것입니다. 이는 나중에 그의 크나큰 정치 자산이 되었습니다.

강도 사건으로 붙잡힌 스탈린

스탈린의 운명을 바꾼
러시아 혁명

 1917년에 러시아는 물론이고 세계를 완전히 뒤바꿀 엄청난 사건이 일어났습니다. 당시 러시아 제국은 제1차 세계대전에서 독일에 잇달아 패배하며 위기에 빠진 상황이었습니다. 전쟁이 길어지면서 민중은 나날이 심해지는 경제 위기와 인명 피해로 고통을 겪었죠. 힘들어도 묵묵히 견뎌내던 시민들은 끝내 더는 참지 못하고 2월에 대규모 시위를 벌이기 시작했습니다. 군대의 병사들까지 시위에 가세하자 결국 러시아 제국 황제 니콜라이 2세 Nikolai II가 물러나고 임시정부가 들어섰습니다. 하지만 자유주의 지식인과 자본가 출신 인사들로 이루어진 임시정부도 문제를 제대로 해결하지는 못했습니다. 당시 러시아 민중의 가장 큰 바람은 전쟁을 끝내는 것이었습니다. 그런데 임시정부가 전쟁을 끝내기는커녕 오히려 전쟁을 지속할 낌새를 보이자 참다못한 민심이 다시 터지기 시작했습니다.

 이 같은 격변 속에서 레닌이 이끄는 볼셰비키당은 그저 폭군을 몰아내는 수준의 변혁이 아닌 '모든 인간이 계급 차별 없이 평등하게 살아가는 사회주의 국가를 세운다'라는 목표를 내세웠습니다. 그리고 '농민에게는 토지를, 병사에게는 평화를, 노동자에게는 빵을!'이라는 구호 아래 사회주의 혁명인 '10월 혁명'이 일어났습니다. 볼셰비키당을 지지하는 세력은 무장봉기로 수도의 주요 거점을 점령했고, 임시정부는 제대로 대응하지 못한 채 무너졌습니다. 민중은 볼셰비키당이 세운 혁명 정부에 환호했죠. 이렇게 세계 최초의 사회주의 국가가 수립되었습니다.

 10월 혁명 이후 러시아는 완전히 달라졌습니다. 먼저 기존의 신분과 그에 따른 호칭이 사라지고 모든 시민이 서로를 동무, 동지라는 뜻인 '따바리시товáрищ'로 불렸습니다. 그리고 이전까지 차별받았던 여성들은 가정과 사회에서 남성과 동등한 권리를 갖게 되었습니다. 지주 귀족이 소유했던 기름진 토지는 무상으로 농민에게 분배했고, 노동자가 기업가와 함께 공장 경영에 발언권을 행사하는 제도도 생겼습니다.

집권 세력이 된 볼셰비키당은 의회를 대신할 권력의 토대로 소비에트를 내세웠습니다. 노동자, 병사, 농민 집단을 대표하는 대의원들이 모여 문제를 논의하고 결정하는 민중 권력 기관이었죠. 그래서 10월 혁명으로 들어선 혁명 정부를 소비에트 권력이라고도 부릅니다. 새로운 권력의 중심에 선 인물은 볼셰비키당 최고 지도자 레닌이었습니다. 레닌을 향한 충성심을 보였던 스탈린은 민족 문제를 전담하는 부서의 최고 책임자가 되었습니다. 이렇듯 스탈린은 혁명 러시아의 중심 권력이 된 볼셰비키당 안에서 차츰차츰 세력을 키워나갔습니다.

하지만 모두가 볼셰비키 정권을 순순히 받아들이지는 않았습니다. 특권을 빼앗긴 귀족과 군부 세력은 혁명을 무너뜨리려 안간힘을 썼고, 공장을 빼앗긴 자본가나 권력에서 밀려난 온건 사회주의 세력도 볼셰비키 정권에 맞서 싸우기 시작했습니다. 영국, 프랑스, 미국, 일본 등 자본주의 국가의 정부도 볼셰비키를 위험하다고 여겨 러시아에 군대를 보내 볼셰비키 정권에 반대하는 세력을 도왔습니다.

결국 10월 혁명이 일어난 지 8개월 만에 혁명 정부와 이에 반대하는 반혁명 세력 사이에 피비린내 나는 내전이 벌어졌습니다. 러시아 남부의 전략 요충지인 차리친이라는 도시가 반혁명 군대에 점령될 위기에 빠지자, 스탈린은 기필코 차리친을 지켜내라는 당 지도부의 명령을 받고 싸움터로 나갔습니다. 그동안 스탈린은 볼셰비키당에서 누구보다 열심히 활동해 왔습니다. 그런 그가 이번에는 혁명의 운명을 좌우할 차리친을 지켜내고 반혁명군을 물리치는 역할을 맡은 것입니다. 그는 치열한 전투 끝에 승리를 얻어냈습니다.

그림에서 손을 들어 작전을 지휘하는 인물이 차리친 전투에서 활약한 스탈린입니다. 레닌은 러시아 내전에서 혼란을 막고 반혁명 세력을 물리치는 데 크게 이바지한 스탈린을 인정했습니다. 차리친 방어전을 이끈 스탈린의 명성은 대중에게도 전해졌고, 그는 당원 사이에서도 인기를 얻기 시작했습니다. 레닌은 동분서주하는 스탈린을 보며 그에게 더 중요한 일을 맡겨도 되겠다고 판단했습니다. 그리하여 스탈린은 레닌의 추천으로 러시아 공산당 조직국 총간사로 올라섰습니다. 이 시기 조직국은 볼셰비키당의 핵심 부서 중 하나로 훗날 스탈린이 권력 투쟁에서 최종 승리하는 데 가장 든든한 발판이 되었습니다.

스탈린은 정치국이 결정한 지침에 따라 당의 일상 행정업무를 감독하는

차리친 방어전을 지휘하는 스탈린

일을 묵묵히, 그리고 빈틈없이 해냈습니다. 지금 우리나라의 정당과 비교한다면, 스탈린의 역할은 당 사무총장과 비슷하다고 할 수 있습니다. 당에 관한 모든 서류를 살펴보면서 무슨 일을 어떻게 진행하는지 확인할 수 있고 중요한 결과를 최고 지도자 레닌에게 보고하는 자리였죠. 이렇게 당의 모든 업무 흐름을 파악할 수 있었던 스탈린은 인사이동이 필요한 자리를 미리 파악해 이곳저곳에 입김을 넣으며, 자신을 따르는 이들을 볼셰비키 당의 주요 직위에 배치하기 시작했습니다.

검은 야망을 드러내기 시작하는 스탈린

권력을 쌓으며 승승장구하는 스탈린을 보는 레닌의 심정은 어땠을까요? 레닌은 스탈린을 가까이 두고 그에게 요직을 맡겼지만 동시에 경계하기도 했습니다. 그럴 만한 사건이 있었기 때문입니다. 1922년 5월에 뇌출혈로 쓰러진 레닌은 오른쪽 몸이 마비돼 한동안 제대로 일을 할 수 없었습니다. 하는 수 없이 별장에서 요양하며 측근을 통해서만 업무를 지시했죠. 그런데 이 무렵부터 슬슬 레닌의 후계자 이야기가 볼셰비키당 안에서 나오기 시작했습니다. 레닌이 쓰러져 권력의 공백이 생긴 틈을 타 스탈린이 서서히 야망을 드러낸 것입니다. 당 총간사였던 스탈린은 전국에서 관리 1만여 명을 직접 선발했고, 핵심 직위에 오른 이들은 스탈린을 적극 지지했습니다. 게다가 스탈린은 당의 다른 고위 지도자들까지 제 편으로 끌어들였습니다.

스탈린이 더 큰 권력을 얻는 모습을 본 레닌은 못마땅해했습니다. 건강이 나아진 레닌은 1922년 9월에 다시 업무에 복귀했지만 같은 해 12월 16일에 또다시 뇌출혈을 일으키며 쓰러지고 말았습니다. 자신의 생명이 얼마 남지 않았음을 직감한 레닌은 유언장을 남겼습니다. 여기서 스탈린이 권력을 독점하는 상황을 확실하게 경계했습니다. 다음은 유언장의 일부입니다.

'스탈린 동지가 무제한의 권력을 거머쥐었는데, 나는 그가 그 권력을 신중하게 쓰는 방법을 알고 있는지 확신할 수 없습니다. 스탈린은 너무 거칠며, 이런 흠은 용납될 수 없습니다. 따라서 나는 동지들에게 스탈린을 권력의 자리에서 물러나게 할 방도를 찾아보라고 제안합니다.'

한편 볼셰비키당은 피비린내 나는 내전에서 반혁명 세력을 물리치고 1921년에 최종 승리를 거두었습니다. 다음 해 12월 30일에는 러시아를 중

소비에트 연방

심으로 다른 여러 소비에트 사회주의 공화국이 하나로 모여 연방을 만들었죠. 그게 바로 소비에트 연방, 더 줄여서 소련이라고 부르는 소비에트 사회주의 공화국 연방입니다.

사회주의 국가의 기틀이 제대로 잡히면서 레닌의 뒤를 이을 후계 구도에도 이목이 쏠렸습니다. 이때 스탈린과 함께 레닌의 후계자로 주목받는 또다른 인물이 있었습니다. 혁명을 뒷받침하는 붉은 군대의 창설자이자 레닌에 버금가는 볼셰비키당 핵심 인물이었던 레프 트로츠키Lev Trotsky입니다. 레닌과 함께 10월 혁명을 주도했던 트로츠키는 볼셰비키당의 성공에 혁혁한 공을 세웠습니다. 때문에 대중 사이에서 그의 인기는 매우 높았죠. 게다가 연설의 귀재라 불릴 만큼 뛰어난 대중 연설로 사람의 마음을 사로잡는 재주도 뛰어났습니다. 물론 큰 지지 세력을 등에 업은 스탈린을 레닌의 후계자로 생각하는 사람이 적지 않았지만, 트로츠키야말로 레닌의 뒤를 이을 인물이라고 보는 사람도 많았습니다.

그런데 트로츠키는 주위 사람들의 마음을 얻는 능력은 신통치 않았다고 합니다. 한번은 트로츠키가 장점이 별로 없는 평범한 관료였던 외무장관을 대놓고 조롱하자 외무장관이 "트로츠키 동무, 모두가 동무처럼 천재가 될 수는 없소"라며 화를 냈다는 말도 있습니다. 한마디로 능력은 뛰어났으나 혼자만 잘났다고 생각하는 독불장군이자, 조직보다 자기 위주로 일하는 스타일의 정치가였죠. 그래서 늘 주변에 적이 많았습니

레프 트로츠키

다. 반면 스탈린은 트로츠키에 비해 능력은 조금 떨어졌으나 주위에 사람
이 많았다고 합니다. 스탈린이 끝내 최고 권력자에 오른 것도 다름 아닌 트
로츠키의 모난 성격 때문이라고 보는 사람이 있습니다.

레닌의 후계자 구도를 이끈 스탈린과 트로츠키는 최고의 경쟁자였습니
다. 서로를 향한 흑색선전도 서슴지 않던 두 사람의 권력 투쟁은 레닌이 병
석에 누워 있는 사이에 더욱 치열해졌습니다. 그리고 이 경쟁에서 승기를 잡
은 사람은 트로츠키가 아닌 스탈린이었습니다. 대체 무슨 일이 있었을까요?

1924년에 레닌이 세 번째 뇌출혈로 숨졌습니다. 그의 장례식에는 레닌
을 추도하는 엄청난 인파가 모였습니다. 당연히 스탈린도 참석했죠. 그런데
트로츠키는 나타나지 않았습니다. 때마침 건강이 좋지 않아 잠시 요양을
떠났던 트로츠키는 레닌의 장례식 소식을 제대로 듣지 못했던 것입니다.
훗날 트로츠키는 스탈린이 장례식 날짜를 잘못 알려줘 가지 못했다고 주

트로츠키 없이 스탈린이 주도한 레닌의 장례식

장했지만, 민심은 떠나고 말았습니다. 이렇듯 두 사람의 권력 투쟁은 레닌의 가장 충실한 제자라는 평판을 끝까지 유지한 스탈린의 승리로 끝났습니다.

최고 권력을 차지한 스탈린은 트로츠키를 몰아세웠습니다. 레닌의 장례식에 나타나지 않은 것은 그를 존경하지 않는다는 뜻이라며 트로츠키에 등 돌리는 당원도 많았습니다. 결국 트로츠키는 1925년 1월에 권력의 자리에서 밀려났고, 그가 맡았던 붉은 군대의 지휘권까지 빼앗겼습니다. 1929년에는 소련에서 추방당하기까지 했죠. 한때 혁명의 영웅이었던 그의 추락은 끝이 없었습니다.

하지만 스탈린은 여기서 멈추지 않았습니다. 트로츠키 지지자를 제거하거나 감옥에 가두는 등 그의 주변인까지 모두 탄압했습니다. 트로츠키의 가족도 가만 놔두지 않았습니다. 1938년에 그의 첫 번째 아내가 처형당했고, 이어서 여동생의 아들인 둘째 조카도 처형되었습니다. 다음 해에는 첫째 조카가 처형대에 올랐습니다. 공교롭게도 여동생과 트로츠키의 큰딸, 맏아들, 둘째 아들도 숨졌는데, 이들 모두 스탈린의 음모로 죽었다는 소문이 돌았습니다. 이런 식으로 가족이 모조리 사라져 버렸습니다.

소련에서 쫓겨난 트로츠키는 튀르키예, 프랑스, 노르웨이를 거쳐 멕시코에서 망명 생활을 하던 중 1940년에 죽음을 맞이했습니다. 스탈린이 보낸 암살자가 휘두른 등산용 얼음도끼에 머리를 찍혀 목숨을 잃은 것입니다. 트로츠키를 죽인 비밀요원은 훗날 소련의 훈장까지 받았다고 합니다. 이렇게 스탈린은 자신의 권좌를 위협할 인물이나 세력을 모조리 없애버렸습니다.

피습된 트로츠키

암살에 사용한 도끼

스탈린의 공포 정치와
홀로도모르

　1929년에 최고 권력의 자리에 올라선 스탈린은 고립된 소련을 선진국으로 탈바꿈하는 정책을 밀어붙였습니다. 당시 소련은 노동인구의 태반을 차지하는 농민이 가족 중심으로 농사를 지으며 살아가는 소농의 나라였습니다. 스탈린은 소농 체제로는 산업화를 이룰 수 없으며 미국처럼 대규모의 기업식 농장을 만들어야 한다고 생각했습니다. 그래서 농민들의 토지를 강제로 통합해 대규모 집단농장을 만들고 기계로 농사를 짓는 농업집단화 정책을 강행했습니다. 자기 땅을 일구며 농사를 짓던 사람들은 대형 농장의 직원으로 일하게 했죠. 이러한 대형 집단농장을 가리켜 '콜호스'라고 합니다.

　농민을 쥐어짜서 얻은 자금을 공업에 집중적으로 투자한 결과 소련 곳곳에 초대형 공업단지가 들어섰습니다. 이 같은 변화의 밑그림이 소련의 '5개년 계획'입니다. 소련 정부는 국민이 5개년 계획을 따르도록 다양한 포스터와 '계획은 법, 할당량 달성은 의무, 할당량 초과는 영광!'이라는 표어를 만들어 선전했습니다. 그림은 '5개년 계획의 승리는 자본주의에 날리는 타격이다'라는 문구의 포스터입니다.

'5개년 계획' 선전 포스터

5개년 계획과 함께 소련도 큰 변화를 겪었습니다. 산업이 초고속으로 성장하고 문맹률은 크게 떨어졌습니다. 정부는 농민 자녀를 위한 무상교육을 약속했습니다. 농촌의 교육기관 보급률이 높아졌으며 '의무 초등교육'에 관한 법령이 채택되기도 했습니다. 소련 정부 수립 때부터 스탈린 집권 말기까지 무상 의무교육의 혜택을 받은 인력은 성장의 밑거름이 되었습니다. 그리고 공업화 정책을 시행한 지 10년이 채 되지 않아 나라 곳곳에 콤비나트kombinat라는 초거대 공업단지와 초대형 수력발전소가 들어섰습니다. 그 결과 소련은 미국과 독일에 이은 세계 3위의 산업 대국으로 성장했습니다.

이 시기 자본주의 국가들은 세계 대공황의 여파로 금방이라도 무너질 듯 휘청거렸습니다. 미국, 영국, 프랑스, 독일, 일본에는 실업자가 넘쳐났죠. 하지만 소련은 대공황의 영향을 받지 않고 해마다 10% 안팎의 높은 경제성장률을 기록했습니다. 시골에서 어렵게 살다가 도시로 올라와 공장에서 일자리를 얻고 잘살 수 있다는 희망을 품게 된 젊은이도 많아졌습니다. 이 청년들은 공산당원이 되어 스탈린의 든든한 지지기반 역할을 했습니다. 모두 스탈린이 산업화 정책을 강력하게 밀어붙여 만든 결과였죠.

하지만 초고속 성장의 이면에는 농민의 피해와 희생이라는 비극이 있었습니다. 농업집단화는 농민에게 재앙과 같았습니다. 토지뿐 아니라 집에서 키우는 소, 양, 말 등의 가축까지 모두 국가가 몰수했기 때문입니다. 농민은 억울해했고, 국가에 가축을 빼앗길 바에는 차라리 다 죽여서 먹어 버리는 게 낫겠다고 생각했습니다. 그 탓에 농업집단화 정책 시행 초기에는 가축 수가 급감했습니다. 엎친 데 덮친 격으로 자연재해마저 겹치면서 기근 사태까지 일어났습니다.

상황이 이렇게 흐르자 굶주린 농민의 반발을 막고자 이들을 감시하는 경비대가 등장했습니다. 집단농장에 들어가기를 거부한 사람은 체포되거나 강제 노동형에 처했고, 심한 경우에는 처형까지 당했습니다. 부농으로 찍힌 농민은 화물열차에 실려 얼음 땅인 북쪽의 극지대나 삼림지대, 초원지대, 사막 등으로 추방되기도 했죠. 그 과정에서 숱한 사람이 견디지 못해 죽었고, 죽은 갓난아이들은 철로 변에 묻히기도 했습니다.

소련 당국의 강경한 조치에도 농민들의 반발은 끝나지 않았습니다. 그들은 더욱 거세게 저항했고 두 달 동안 무려 1,500건의 폭동이 일어났습니다. 당시 소련에서 가장 심한 저항이 일어난 곳은 오늘날 독립국이 된 우크라이나 지역입니다. 농토가 넓고 기름져 농민의 수가 압도적으로 많은 지역이었죠. 이때 집단 저항으로 농민이 제때 씨를 뿌리지 못하면서 농사까지 망치는 어려운 상황이 벌어졌습니다.

그 결과 우크라이나에서 수백만 명이 굶어 죽는 끔찍한 참사가 일어났습니다. 이 대기근을 가리켜 '홀로도모르holodomor'라고 하는데 '굶주림으로 인한 떼죽음'을 뜻하는 우크라이나어입니다. 홀로도모르로 사망한 인구는 최소 390만 명에서 최대 700만 명으로 추산됩니다. 사진 속 아이들이 배만 불룩 튀어나온 것은 '콰시오커'라는 병에 걸렸기 때문입니다. 주로 성장기 아이들이 제대로 음식을 먹지 못했을 때 겪는 심각한 형태의 영양실조입니다. 이 병에 걸리면 키가 자라지 않고 머리와 배만 커집니다. 그러다 팔다리 근육이 빠져서 앉지도 걷지도 못하고 몸이 부어오르다가 끝내 죽음에 이르죠. 오른쪽 사진은 심한 굶주림으로 갑자기 쓰러지거나 죽는 일이 너무도 흔해 거리에 널린 주검을 보고도 태연히 지나가는 사람을 찍은 것입니다.

극심한 기근이 지속되자 사람들은 굶어 죽지 않으려고 나무뿌리와 껍질, 쥐나 벌레까지 닥치는 대로 먹었습니다. 나중에는 이마저도 없자 사람고기를 먹는 식인 행위까지 일어났고, 심지어는 인육을 파는 시장까지 열렸다고 합니다. 아내가 죽자 굶주림에 미쳐서 딸을 먹고 그다음에는 아들마저 먹은 남자가 체포되는 일까지 벌어졌습니다.

상황이 이토록 심각해진 데는 스탈린의 오판이 크게 작용했습니다. 기

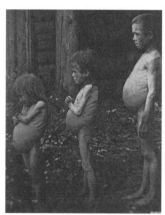 

우크라이나의 대기근

근이 심해지면서 농민들은 먹을 것을 찾아 우크라이나를 떠났습니다. 그러자 스탈린은 곧바로 우크라이나 국경을 봉쇄했습니다. 굶주림을 이기지 못한 아이들은 열차에 매달려 탈출하다가 체포되거나 고아원에 보내졌고, 영양실조로 죽기도 했죠.

굶어 죽는 사람이 계속 늘어나는 상황에도 스탈린은 오히려 공공 재산을 지키겠다면서 더 엄격한 법률을 만들었습니다. 먹을 게 없다고 집단농장에서 생산한 농산물을 가져가면 처벌 대상이 되었고, 밭에 남은 이삭줍기도 금지했습니다. 적발되면 절도죄로 체포돼 엄한 처벌을 받았죠. 심지어는 총살형에 처하기도 했습니다. 그 결과 1933년 초에 5만 4,000여 명이 재판 후 선고를 받았습니다. 이들 가운데 가장 극단적인 판결을 받은 2,000여 명은 처형되거나 10년 강제 노동형에 처했습니다.

우크라이나는 1932년에만 곡물 427만 톤을 수확했습니다. 이는 적어도 한 해 동안 1,200만 명을 먹일 수 있는 양입니다. 하지만 굶주린 사람들의 몫이 아니었죠. 기록에 따르면 소련은 1933년 1월 기준으로 1,000만 명이 먹기에 넉넉한 곡물을 보유하고 있었습니다. 대기근으로 수많은 사람이 죽어가는 절박한 상황에도 소련은 이들을 구하지 않았습니다. 하루라도 빨리 소련을 공업 강국으로 만들고 싶었던 스탈린이 가능한 곡물을 많이 수출해 공업화에 쏟아부을 자금을 확보하려 했기 때문입니다.

게다가 우크라이나 대기근은 국제 사회에 제대로 알려지지도 않았습니다. 우크라이나를 방문해 참상을 목격한 영국의 가레스 존스Gareth Jones 기자는 홀로도모르의 실상을 밝히는 익명 기사를 최초로 썼습니다. 이후 베를린에서는 이름을 밝히고 보도자료를 발표하기도 했죠. 그러자 소련 당국은 이에 대응하며 실상을 감추려 들었습니다. 〈뉴욕타임스〉 러시아 지국장 월터 듀런티Walter Duranty가 대기근은 과장된 소문이며 식량은 모자라지만 소련 시민은 굶어 죽지는 않는다는 내용의 기사를 쓴 것입니다. 스탈린을 감싸는 기사를 쓴 듀런티가 퓰리처상까지 받으며 국제적 명성을 얻자 대기근의 진실은 가려지고 말았습니다.

사실 스탈린은 집권 초기부터 언론을 통제해 왔습니다. 물가 상승, 기근, 자연재해, 범죄 및 실업 통계 등 불리한 기사는 물론이고 외국 제품 광고까지 틀어막았죠. 정부 관료와 그 배우자의 이름도 언급할 수 없었습니다. 심지어는 볼쇼이 극장을 수리한 사실까지 보도를 금지했습니다. 소비에트 시대는 모두가 행복하고 안정을 누리는 유토피아라는 이미지를 만들어 내는 데 열중했습니다. 따라서 무엇이든 좋지 않은 소식이 알려지면 유토피아의 환상이 깨질 수 있으므로 언론을 엄격히 통제한 것입니다. 물론 이 시기에는 소련뿐 아니라 서방의 다른 국가도 언론을 심하게 통제했습니다. 독일의 히틀러는 여러 개의 뉴스를 하나로 통폐합하고 정기적으로 나치 체제를 선전하는 방송을 했습니다. 또한 히틀러가 독일의 영웅이라는 선전 방송을 더 많은 사람이 듣도록 값싼 라디오 수신기를 보급하기도 했죠. 스탈린 역시 언론의 세세한 부분까지 철저히 관리하며 소련의 거짓 이미지를 만들어갔습니다.

대기근으로 많은 사람이 목숨을 잃는 상황에도 스탈린은 경제 성장에 집착했습니다. 징역형 선고를 받은 이들과 교도소에 갇힌 죄수들까지 갖가지 노동에 동원해서 경제 개발에 박차를 가했죠. 이들은 금광, 니켈, 다이아몬드, 주석 등 천연자원 개발에 투입되거나 러시아 북부 지방의 나무를 벌채하는 일에 동원됐습니다. 경제를 개발할 자금을 충분히 마련해야 국가와 인민의 생존을 보장할 수 있다고 생각한 스탈린은 그 과정에서 적잖은 사람이 희생되는 사실에는 그리 신경 쓰지 않았습니다.

스탈린이 우크라이나인을 말살하려고 일부러 대기근을 일으켰다는 주장이 있습니다. 하지만 우크라이나 대기근이 스탈린의 정책 때문만은 아니라는 연구도 있죠. 희생자를 생각하지 않은 소련 정부의 정책도 문제였지만, 우크라이나의 대기근은 사람이 어쩔 수 없는 자연재해였다는 것입니다. 또한 대기근이 우크라이나뿐 아니라 러시아와 중앙아시아 지역에서도 일어났다는 사실을 들어 스탈린이 의도한 고의적 비극으로만 보아서는 안 된다는 의견도 있습니다.

독재자 스탈린의 '피의 대숙청'

대기근이 일어나던 시기에 스탈린은 국제 안보에서도 위기를 느꼈습니다. 1933년에 독일에서 권력을 잡은 히틀러가 자신과 다른 이념을 내세우는 소련을 힘으로 제압해 정복하겠다고 공공연하게 말했기 때문입니다. 전쟁이 일어날 수도 있다는 극도의 공포에 빠진 스탈린은 전쟁에 대비해 내부의 적부터 철저히 단속하려 했습니다. 조금이라도 의심이 가는 사람들을 마구 잡아들이는 '피의 대숙청'을 시작한 것입니다. 숙청 작업은 주로 내무부이자 최고 정보기관이었던 '엔카베데'의 비밀경찰 조직이 담당했습니다. 이들은 숙청 대상이 된 사람들을 지하실로 끌고 가 벽을 보게 한 뒤 목덜미에 권총을 쐈습니다. 총살을 면한 사람은 노동 수용소에 가거나 다른 방식으로 처형됐습니다. 이들 가운데는 자기 죄목을 알지 못하는 사람도 적지 않았습니다.

 숙청 대상에는 제한이 따로 없었습니다. 일반 공산당원부터 권력의 핵심인 당중앙위원회 위원까지 지위의 높낮이를 가리지 않았죠. 소비에트 체제를 만든 옛 볼셰비키 당원은 물론이고 스탈린에게 충성을 바치는 현직 고위 당원과 군대 장교들도 숙청을 피하지 못했습니다. 그 결과 300만 명의 공산당원 가운데 3분의 1이 탄압받았고, 적지 않은 수가 숙청 대상이 되었습니다. 그래서 스탈린이 경쟁자를 모두 숙청했다고 보는 견해도 있습니다.

숙청의 공포로 뒤숭숭한 소련의 거리 모습

피바람은 일반 시민에게도 불었습니다. 누군가가 고발하면 바로 체포 대상이 된 것입니다. 문제는 남을 고발하면 승진이나 물질적 보상을 얻을 수 있어서 근거 없는 고발이 빗발쳤다는 사실입니다. 이 밖에도 고발은 이웃이나 직장 동료와의 말다툼에서 생긴 개인적인 원한을 푸는 수단으로도 사용됐습니다. 그러다 보니 사람들은 한밤중에 비밀경찰이 찾아와 대문을 두드리지 않을까 겁을 내곤 했습니다. 죄가 없어도 문을 열어주면 쥐도 새도 모르게 잡혀가 모진 처벌을 받는 일이 드물지 않았기 때문입니다. 이렇듯 스탈린 집권기에는 혁명으로 자유로운 사회를 실현한다는 이상은 어느덧 사라지고 서로를 믿지 못해 감시하고 고발하는 철저한 통제 사회가 나타났습니다.

그뿐 아니라 스탈린 체제는 1930년대 후반에 소련의 여러 소수민족을 원래 살던 곳에서 멀리 떨어진 곳으로 보내는 강제 이주 정책을 실행했습니다. 전쟁의 먹구름이 더욱 짙어지는 가운데 소수민족이 소련에 충성할 것이라는 믿음이 가지 않았기 때문입니다. 이 시기에는 목숨을 잃은 사람이 너무 많아서 유골을 다 수습하지도 못했다고 합니다. 2010년에는 극동 지역의 도로 공사 중 스탈린 치하에서 살해된 것으로 보이는 해골들이 발굴되기도 했죠.

두 독재자의
깜짝 놀랄 만한 거래

스탈린이 소련 안에서 철권을 휘두르고 있을 때, 소련 밖에서는 전쟁의 불길이 타오를 조짐을 보였습니다. 국제정세가 혼란으로 치닫던 이때 세계가 깜짝 놀라는 대사건이 일어났습니다. 1939년 8월에 소련과 독일이 서로를 침공하지 않겠다는 '독소불가침 조약'을 맺은 것입니다. 독일과 치를 전쟁에 대비한다며 피의 대숙청까지 벌였던 스탈린은 왜 갑자기 독일과 전쟁 방지 조약을 맺었을까요?

독소불가침 조약 주요 내용

1. 독일과 소련, 두 나라는 10년 기한의 불가침조약을 맺는다.
2. 독일과 소련, 두 나라 가운데 한쪽이 제3국의 공격을 받으면 다른 쪽은 중립을 유지하며 한쪽을 공격한 제3국을 일절 원조하지 않는다.
3. 독일과 소련, 두 나라는 상대방을 적대하는 진영에 가입하지 않는다.
4. 독일과 소련, 두 나라 사이에 분쟁이 생기면 평화적 방법으로 해결한다.
5. 독일과 소련, 두 나라는 경제 협력을 통한 상호 이익 증진을 도모한다.

독일과 소련은 한 하늘을 이고 살 수 없는 원수 사이였습니다. 독소불가침 조약을 맺기 몇 개월 전만 해도 소련은 모든 인간은 평등하다는 사회주의를 주창하는 나라였습니다. 독일은 인종에 따라 인류를 지배할 민족과 지배당할 민족으로 나뉜다는 인종주의에 입각한 나치즘을 내세우는 나라였죠. 심지어 히틀러는 유대인만큼 열등한 민족인 슬라브인이 사는 소련 영토를 정복해 독일인이 정착할 드넓은 땅을 차지하겠다는 계획을 밝히기도 했습니다. 이렇듯 상극에 가까운 두 나라가 어떻게 사이좋게 불가침조약을 맺었을까요?

독소불가침 조약

제1차 세계대전의 패전국인 독일은 승전국인 프랑스에 엄청난 배상을 해야 했고, 전쟁이 끝난 뒤 맺은 베르사유 조약에 얽매여 전차나 전투기 등의 무기를 보유하거나 개발할 수 없었습니다. 독일의 독재자가 된 히틀러는 대독일 제국의 패권을 꿈꾸며 1939년에 영국과 프랑스에 도전할 계획을 세웠습니다. 독일이 서유럽에서 마음 놓고 전쟁을 하려면 무엇보다 동쪽의 소련을 묶어둘 필요가 있었습니다. 독일로서는 양면 전선을 피해야 했기 때문이죠. 그래서 독일이 먼저 소련에 불가침조약을 제안한 것입니다. 사진 속 뒷줄에서 환하게 웃고 있는 사람이 스탈린입니다. 스탈린은 이 조약으로 독일의 소련 침공을 여러 해 동안 늦추었고, 그 사이에 국방력을 키우면 앞으로 있을지 모를 독일과의 전쟁에 철저히 대비할 수 있다고 판단했습니다.

독일이 소련과 불가침조약을 맺자마자 폴란드를 침공하면서 제2차 세계대전이 일어났습니다. 독일군은 폴란드 침공을 시작으로 덴마크, 노르웨이를 짓밟았고 여세를 몰아 네덜란드와 프랑스를 차례로 점령해 영국을 제외

한 유럽 대륙을 대부분 차지했습니다. 기세를 올려 바다 건너에 있는 영국
도 공격했지만, 영국은 위기에 몰리면서도 끝끝내 무너지지 않았습니다. 이
때 소련은 조약에 따라 독일에 군수물자와 갖가지 자원을 아낌없이 지원하
고 있었습니다.

그림은 당시 히틀러와 스탈린의 만남을 표현한 만평입니다. 미국 신문에
실린 이 만평은 두 사람을 신랑과 신부로 표현했습니다. 아래에는 '두 사람
의 허니문이 얼마나 지속될지 궁금하다'라는 설명글이 있습니다. 앙숙인
두 사람이 서로의 이익을 위해 손을 잡기는 했지만 허니문 같은 우호 관계
가 얼마나 오래가겠느냐며 비꼬는 것이죠.

히틀러와 스탈린의 관계를 비꼬는 만평

히틀러의 배신으로 시작된
절멸 전쟁

    만평이 의심한 대로 두 독재자의 우호 관계는 오래가지 못했습니다. 불가침조약을 맺은 지 2년도 지나지 않아 독일이 소련을 공격한 것입니다. 1941년 6월 22일 새벽 4시, 독일은 180만 명의 대병력을 투입해 전쟁에 미처 대비하지 못한 소련으로 쳐들어갔습니다. 기습 공격으로 소련의 항공기 1,200대가 파괴되었죠. 독일군은 세 방향으로 나눠 진격했습니다. 첫 번째 목표는 러시아 혁명의 요람인 레닌그라드, 두 번째 목표는 소련의 수도 모스크바, 세 번째 목표는 식량과 자원이 풍부한 우크라이나의 키예프입니다.

    기습 공격 전날 밤에 한 독일군 탈영병이 국경을 넘어 소련군 부대로 찾아왔습니다. 다음 날 새벽에 독일의 침공이 개시된다는 소식을 전하기 위해서였죠. 하지만 스탈린은 이 정보를 무시했습니다. 그는 이미 소련이 독일을 먼저 치도록 만들려고 독일이 일부러 역정보를 흘리고 있다는 말을 들은 상태였습니다. 만약 소련군이 탈영병의 말을 믿고 독일의 공격에 대비해 병력을 이동하면 히틀러가 이를 빌미 삼아 불가침조약을 위반했다며 소련을 공격할 수도 있었죠. 스탈린은 특히 영국의 의도를 의심했습니다. 독일과 홀로 싸우고 있던 영국이 소련을 전쟁에 끌

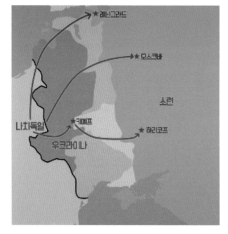

독일군의 진격 방향

어들이고자 가짜 정보를 슬쩍 흘렸을 수 있다고 생각했습니다. 그래서 독일군 탈영병의 말을 귀담아듣지 않았던 것입니다. 하지만 독일군 탈영병의 말대로 24시간이 지나지 않아 독일군이 소련을 기습했다는 보고가 올라왔습니다. 스탈린은 당황해하면서도 곧 라디오 방송을 통해 소련 시민에게 독일과의 전쟁이 시작되었음을 알렸습니다.

히틀러가 소련을 공격한 까닭은 크게 세 가지로 나눌 수 있습니다. 첫째는 독일이 전쟁에서 최종 승리하는 데 필요한 자원의 확보였습니다. 소련은 풍부한 천연자원과 식량을 가진 나라였죠. 둘째는 소련을 제압해야 영국이 항복할 거라는 생각이었습니다. 당시 유럽에서 독일의 지배를 받지 않는 나라는 영국과 소련뿐이었습니다. 히틀러는 영국이 공격을 받으면서도 항복하지 않고 버티는 이유를 독일 동쪽에 소련이 남아 있다는 희망을 버리지 않기 때문이라고 판단했습니다. 따라서 소련을 확실히 제압하면 영국이 희망을 버리고 항복할 것이며 나치 독일의 유럽 지배가 완성된다는 결론을 내렸습니다. 셋째는 소련은 열등한 슬라브인과 유대인이 다스리는 나라이므로 동맹국이 아니며 언젠가는 반드시 정복해야 할 대상이라는 히틀러의 철학이었습니다. 아리아인(독일인)이 소련을 지배해야 한다는 이념에서 출발한 독소전쟁은 인종 전쟁에 가까웠죠.

독일은 파죽지세로 소련을 공격했습니다. 1941년 6월 22일에 기습 공격에 나선 독일군은 5일 뒤에 벨라루스의 민스크시에 이르렀습니다. 그리고 한 달 뒤인 7월 27일에는 모스크바로 가는 길목인 스몰렌스크를 포위했죠. 거침없이 진격하던 독일군은 소련의 군인뿐 아니라 민간인까지 유린했습니다. 독일군이 가장 잔인한 방식으로 수많은 민간인을 떼죽음으로 몰아넣은 곳은 오늘날의 상트페테르부르크인 레닌그라드입니다. 히틀러가 이곳을 노린 이유는 간단합니다. 10월 혁명의 발생지이자 공산주의의 최고 지도자였던 '레닌'의 이름을 딴 도시였기 때문입니다. 소련의 정신적 지주를 상징하는 곳이라 생각해 반드시 무너트려야 한다는 것이 히틀러의 생각이었습니다.

독일은 레닌그라드 전투에서 소련군을 경악하게 만들 전술을 펼쳤습니다. 레닌그라드의 소련군이 방어할 때 제대로 총을 쏘지 못하도록 소련의 민간인, 특히 노인과 여자, 어린이들을 앞세워 독일군의 인간 방패로 삼은 것입니다. 인간 방패막이가 된 어린이와 여자들은 마주 선 소련 군인들에게 "쏘지 마세요, 우리는 러시아 사람이에요"라고 외쳤습니다. 자국민을 죽일 수 없던 소련군은 그들 뒤에 있는 독일군을 향해 총을 쏠 수 없었죠. 그런데 독일군의 잔혹한 전술을 보고받은 스탈린은 "감상주의에 빠지지 말고 우리 민간인이라 할지라도 쏴야 한다"라는 냉혹한 명령을 내렸습니다. 그렇게 수많은 민간인이 희생되었습니다.

스탈린은 레닌그라드를 점령하려는 독일군에 맞서 시가전을 벌이기로 했습니다. 벌판이 아니라 건물이 빽빽이 들어선 도시 안에서 벌어지는 시가전은 군인으로서는 가장 힘겹고도 위험한 전투입니다. 항복하지 않겠다는 의지를 불태우는 소련군과 레닌그라드 시민이 극렬히 저항하면 독일군도 큰 피해를 입을 수밖에 없었죠. 결국 히틀러는 독일군의 피해를 줄이면서 레닌그라드를 무릎 꿇게 만들 전략을 내놓았습니다. 레닌그라드를 점령하는 대신에 에워싸고 봉쇄해 시민들을 굶어 죽게 만들어 항복을 받아낸다는 것이었습니다. 독일군의 레닌그라드 봉쇄는 900일 가까이 이어졌습니다. 이때 독일군은 맹렬한 포격을 퍼부었습니다. 가장 큰 참상은 추위와 배고픔으로 도심 곳곳에서 쓰러져 죽어가는 레닌그라드 시민들이었습니다.

봉쇄 기간 동안 굶어 죽는 사람이 속출해도 주검을 제대로 매장하지 못했습니다. 주검을 묻으려고 꽁꽁 얼어붙은 땅을 파다가는 그나마 살아남은 사람마저 지쳐서 목숨을 잃을 판이라 시신을 한쪽에 쌓아두었습니다. 특히 겨울에는 물과 전기, 식량 공급이 자주 끊겼습니다. 추위가 혹독했던 1941년~1942년 겨울에는 땔감이 없어서 가구나 책을 태워서 온기를 유지해야 했습니다. 배를 채우기 위해 거리의 쥐나 비둘기, 그리고 집안의 개나 고양이까지 먹어야 살아남을 수 있었죠. 그래도 굶주림을 견딜 수 없던 시민은 벽지 뒤에 붙은 풀을 긁어모아 수프를 끓여 먹기도 했습니다. 가죽으로 만든 구두와 허리띠도 삶아 먹었습니다. 그러다 끝내는 인육을 먹으려는 사람까지 나타났습니다. 당시 레닌그라드 경찰의 주요 임무는 이런 범죄를 막는 것이었다고 합니다. 이 같은 날들이 계속되면서 하루에 1,000명씩 숨지는 일이 비일비재했고, 나중에는 1일 최대 사망자 수가 5,000명에 이르렀습니다.

모든 것을 건
스탈린그라드 전투

모스크바를 제때 점령하지 못하고 레닌그라드도 좀처럼 함락하지 못한 독일군은 1942년에 스탈린그라드시를 노렸습니다. 제2차 세계대전의 분수령이 되는 전투가 벌어지는 스탈린그라드는 스탈린이 볼셰비키당의 혁명 지도자로서 반혁명군의 공격을 물리치고 사수했던 차리친의 새 이름입니다. 스탈린의 공훈을 기리고자 차리친이라는 이름을 '스탈린의 도시'라

는 뜻인 스탈린그라드로 바꾼 것이죠. 모스크바에서 남쪽으로 900km 정
도 아래 있는 스탈린그라드는 석유의 주요 운송로이자 전략적 요충지였습
니다.

독일은 전쟁을 치르는 데 가장 필요한 물자인 석유를 확보하려면 소련의
최대 유전 지대였던 바쿠를 차지해야 했습니다. 그러려면 러시아 남부로 진
격해야 했죠. 스탈린그라드는 바쿠로 가는 길목에 있는 도시였기에 제2차
세계대전을 통틀어 가장 치열했던 전투가 이곳에서 벌어지게 되었습니다.
히틀러는 스탈린그라드를 점령하면 레닌그라드와 모스크바를 점령하지 못
한 실패를 만회할 수 있다는 생각도 했습니다. 당시 모스크바 방어에 집중
하고 있던 스탈린의 허를 찌른 셈이죠.

1942년 8월 23일에 독일군은 비행기 600대를 동원해 1,000톤을 웃도는
폭탄을 스탈린그라드에 쏟아부었습니다. 하늘이 폭탄으로 까맣게 뒤덮일
정도였죠. 당시 스탈린그라드에는 주민 60만 명이 있었는데, 공습경보가
울렸을 때는 이미 4만 명이 목숨을 잃은 상황이었습니다.

하지만 진짜 격전은 그 뒤에
시작되었습니다. 대규모 폭격으
로 도시 전체가 잿더미가 된 상황
에서 소련군과 독일군이 허물어
진 건물 안에서 싸웠던 것입니다.
때때로 양측 군인들은 벽 하나
를 사이에 두고 서로의 숨소리까
지 들릴 만큼 가까이에서 대치했
습니다. 처절한 전투는 3개월 동

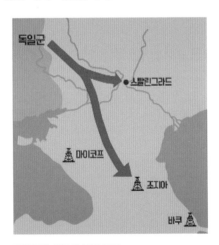

독일군의 새로운 진격 목표

안 이어졌습니다. 우세한 독일군은 거센 공세로 스탈린그라드시의 80% 이상을 점령하며 승리 직전에 다가섰습니다. 소련군의 패색이 짙었지만 스탈린은 포기하지 않았습니다. 그는 "단 한 걸음도 물러서지 마라"라는 명령으로 스탈린그라드 전선에 있는 붉은 군대에 경각심을 주면서도 용기를 북돋웠습니다. 상상을 뛰어넘는 치열한 전투가 지속되면서 스탈린그라드는 독일군과 소련군의 거대한 무덤이 되고 있었습니다.

그렇게 스탈린그라드에서 격렬한 전투를 벌이고 있을 때 스탈린은 스탈린그라드 전선에 있는 독일군을 역포위하는 '천왕성 작전'을 개시했습니다. 독일군이 스탈린그라드 시가지를 점령하는 데만 정신이 팔려있는 사이 소련군은 병력 100만 명을 몰래 투입해 도시 주변을 에워쌌습니다. 그러고는 도시에 있던 30만 명의 독일군을 독 안에 든 쥐처럼 몰아서 조여 들어갔죠. 이 작전으로 시에서 빠져나오지 못한 독일군 20만 명이 전투와 추위, 그리고 굶주림으로 목숨을 잃었습니다. 1943년 2월 2일, 마침내 독일군이 백기를 들었습니다. 스탈린과 최고 전략가들이 준비한 천왕성 작전의 성공 덕분에 스탈린그라드 전투는 소련의 대승리로 끝났습니다.

그렇다면 여전히 봉쇄 중이던 레닌그라드는 어떤 상황이었을까요? 히틀러의 바람과 달리 레닌그라드 시민은 무릎을 꿇지 않고 버티고 있었습니다. 시간이 흘러 1944년 1월 27일에 소련군이 레닌그라드를 에워싸고 있던 독일군을 맹렬히 공격했습니다. 견디다 못한 독일군이 무려 100km 가까이 물러나면서 900일간의 봉쇄가 마침내 풀렸습니다. 만일 레닌그라드 시민이 버티지 못하고 독일에 항복했다면, 이곳을 봉쇄하는 데 동원된 독일군 수십만 명이 모스크바 전선으로 몰려가서 소련의 수도마저 점령했을 가능성이 매우 큽니다. 시민의 처절한 희생 끝에 레닌그라드 전투는 소련의 승리로 끝났습니다. 이는 오늘날 러시아의 위대한 유산으로 남아 있습니다.

이렇게 전세를 역전한 스탈린은 제2차 세계대전이 막바지로 치닫는 1945년에 여세를 몰아 독일의 심장부이자 히틀러의 아성인 베를린으로 밀고 들어갔습니다. 소련군은 베를린을 동쪽과 남쪽에서 동시에 공격했습니다. 궁지에 몰린 히틀러는 "절대로 항복하지 말고 계속 싸워라"라며 베를린 사수를 명령했습니다. 이때 소련은 베를린 점령에 무려 병력 250만 명을 동원해 총공세를 펼쳤습니다. 전력이 바닥난 독일은 10대 소년까지 동원해야 했죠.

4월 30일, 나치 독일의 심장이라고 할 수 있는 제국회의 의사당에서 8시간에 걸친 전투 끝에 소련군이 의사당 꼭대기에 붉은 기를 꽂았습니다. 인류사상 최악의 전쟁인 독소전쟁이 소련의 승리와 독일의 패배로 마무리되는 순간이었습니다. 독일 수도가 소련군의 손에 함락되던 그때 지하 벙커에 숨어 지내던 히틀러는 연인 에바 브라운Eva Braun과 결혼식을 올린 뒤 동반 자살했습니다.

전쟁은 끝났지만 두 나라의 비극은 끝나지 않았습니다. 독소전쟁은 세계사에서 손꼽힐 만큼 많은 사람의 목숨을 앗아갔습니다. 기록에 따르면 독일군 325만여 명, 소련군 900만여 명이 전사했습니다. 소련의 민간인 사망자는 2,000만 명을 헤아립니다. 두 나라의 사망자가 제2차 세계대전 사망자의 60%를 차지할 정도죠. 특히 소련은 군대에 입대한 1923년생 남성의 80%가 전사했습니다. 전쟁에서 남성이 워낙 많이 죽은 탓에 전쟁 직후 10대 후반부터 30대 중반까지 소련의 남녀 성비는 43 대 100이었습니다. 또한 독일군이 소련에서 저지른 학살에 복수하겠다며 독일로 쳐들어간 소련군이 독일 여성을 마구 강간하는 비극이 일어나기도 했습니다.

이처럼 천문학적 수준의 희생자를 남긴 독소전쟁이 끝나고 국제 사회에서 소련과 스탈린의 입지는 완전히 달라졌습니다. 유럽에서 제2차 세계대전이 끝나가던 1945년 2월에 세계를 좌지우지하는 지도자 세 명이 흑해의 얄타에서 한데 모였습니다. 미국의 루스벨트, 영국의 처칠, 소련의 스탈린이었죠. 나치 독일이 패망하는 데 가장 큰 몫을 한 소련은 얄타 회담에서 만주와 외몽골 및 사할린 등지에서 소련의 이권을 인정받았습니다. 제국 시절에 러시아가 잃었던 영토를 모두 되찾은 것입니다. 스탈린은 여기에 동쪽과 서쪽에서 새로 얻은 영토를 합쳐 대제국을 건설했습니다.

이 시기에 소련 시민들은 전쟁을 승리로 이끌고 세계 패권의 중심에 우뚝 선 스탈린을 독재자가 아닌 구원자로 우러러보았습니다. 하지만 제2차 세계대전 이후에 미국과 소련은 갈등을 빚고 40년 동안 냉전을 벌였습니다. 소련의 최고 권력자였던 스탈린은 1953년 3월 1일에 숨을 거두었습니다. 레닌과 같은 뇌출혈이었죠.

스탈린은 러시아 혁명에서 조직가로 활약했고 스승 레닌이 죽은 뒤에는 살벌한 권력 투쟁에서 승리해 사회주의의 최고 지도자가 되었습니다. 소련을 공업 강국으로 끌어올리기도 했으며, 제2차 세계대전에서 나치 독일을 물리치기도 했죠. 그러나 그의 통치는 독재, 대기근, 대숙청, 테러 등 헤아리기 힘든 인명 피해를 낳았습니다. 어느새 스탈린이라는 이름은 숭배의 대상인 동시에 끔찍한 공포 그 자체가 된 것입니다. 스탈린은 세계 현대사에서 중요한 인물이지만 위대한 인간은 결코 아닙니다. 그를 모르면 20세기 세계사를 이해할 수 없으나, 그의 삶이 남긴 교훈은 '민주주의 없는 혁명은 더 위험할 수 있다'라는 경고입니다.

벌거벗은 엘리자베스 2세

그녀는 어떻게 흔들리는 영국 왕실을 지켰나?

윤영휘

● 2022년 9월 8일, 영국의 엘리자베스 2세Elizabeth II 여왕이 96세로 생을 마감했습니다. 그 시각 프랑스 파리의 에펠탑은 그녀를 추모하는 의미로 모든 불빛을 껐습니다. 같은 시각, 지구 반대편 시드니의 오페라하우스 외벽에는 그녀의 얼굴이 새겨졌습니다. 9월 19일 런던 웨스트민스터 사원에서 열린 그녀의 장례식은 윈스턴 처칠 이후 57년 만에 영국의 국장으로 치러졌습니다. 세계 각국에서 500명 이상의 정상급 인사들이 참석했고, 여왕의 마지막 여정을 함께하기 위해 100만여 명의 추모객이 모여 8km에 달하는 추모 행렬을 이루기도 했습니다.

영국 현대사에서 빼놓을 수 없는 인물인 엘리자베스 2세는 70년간 왕위를 지키며 영국에서 최장기간 집권한 군주로 영국인의 존경을 한 몸에 받았습니다. 영국을 대표하는 인물이자, 영국 왕실이 존재하는 이유였던 여왕의 죽음은 영국만의 슬픔이 아니었습니다. 과거 영국의 식민지였던 국가들이 모인 영연방의 수장인 여왕은 56개국, 약 24억 명의 대표이기도 했습니다. 이 중 영국을 포함한 15개 국가에서는 영국 국왕이 곧 국가원수이며 캐나다, 오스트레일리아의 지폐에는 여왕의 얼굴이 새겨져 있습니다.

엘리자베스 2세는 2014년 영국인이 뽑은 도덕적인 지도자 1위에 선정되기도 했습니다. 평생 중립적이고 말과 행동을 함부로 하지 않으며 한결같이 군주다운 품격을 보여주었기 때문입니다. 어느 평론가가 "과연 엘리자베스 2세 여왕만큼 다시 사랑받을 군주가 있을까?"라고 말했을 만큼 여왕은 영국인의 자부심이었습니다. 그녀를 높이 평가하는 데는 여러 이유가 있지만 가장 큰 이유는 영국과 영연방의 결속을 지켜낸 것입니다. 제2차 세계대전부터 최근의 코로나 팬데믹에 이르기까지, 격변의 시대에 옛 영제국의 위상을 꿋꿋이 지켜온 여왕의 모습에 영국인은 긍지와 자신감을 느꼈습니다.

하지만 이런 여왕도 지키기 힘들었던
것이 있습니다. 바로 영국 왕실입니다. 아
들이자 왕세자였던 찰스Charles의 불륜과
이혼, 왕세자비였던 다이애나Diana의 사
망. 그리고 왕실에서 독립한 해리Harry 왕
자와 왕자비 메건 마클Meghan Markle의 인
종차별 폭로 등으로 영국 왕실은 위기를
겪었습니다. 최근에는 국왕 자리에 오른

엘리자베스 2세 여왕

찰스 3세Charles III가 감정을 절제하지 못하는 모습이 대중에 공개되면서 왕
실이 또다시 구설에 오르기도 했죠.

이런 숱한 논란 속에서도 2022년에 서거한 엘리자베스 2세의 장례는 전
세계인의 관심과 이목을 집중시켰습니다. 다시 한번 여왕이 영국의 정신적
지주이자 영국 최고의 브랜드임을 증명한 것입니다. 지금부터 엘리자베스
2세가 어떻게 여왕의 왕관을 짊어지게 됐는지, 사건 사고로 흔들리는 영국
왕실을 어떻게 지켜냈는지, 그녀의 일대기를 살펴보려 합니다. 더불어 흥미
로운 영국 왕실의 이야기도 제대로 벌거벗겨 보겠습니다.

그녀의 운명을 바꾼
에드워드 8세의 스캔들

엘리자베스는 1926년 4월 21일, 런던에서 탄생했습니다. 이때까지만 해도 여왕이 될 운명이 아니었던 그녀는 왕족으로서는 드물게 왕궁이 아닌 대저택에서 태어났습니다. 이름은 엘리자베스 알렉산드라 메리Elizabeth Alexandra Mary였죠. 할아버지였던 국왕 조지 5세George V의 첫 손주였던 그녀는 왕실의 사랑을 듬뿍 받았다고 합니다.

현재 영국의 왕실은 '윈저 왕조House of Windsor'로 조지 5세 때부터 이 이름을 쓰기 시작했습니다. 그다음으로 윈저 왕조의 왕위를 이은 사람은 엘리자베스의 큰아버지인 에드워드 8세Edward VIII였습니다. 국왕에 올랐을 당시 그는 미혼이었지만 언젠가 결혼해서 후사를 보면 그 자녀가 왕위를 이을 예정이었죠. 그런데 1936년 12월, 에드워드 8세가 왕위에 오른 지 8개월 만에 갑작스레 퇴임 의사를 밝혔습니다. 사랑 때문에 왕위를 내려놓겠다고 한 것입니다.

당시 에드워드 8세와 사랑에 빠진 상대는 두 번의 이혼 경력이 있었습니다. 영국 국왕은 자동으로 성공회라고도 부르는 국교회의 수장이 되는데, 문제는 이 시기 국교회가 이혼을 금했을 뿐 아니라 이혼녀를 왕실에 들이지 못하도록 한 것입니다. 에드워드 8세는 결혼과 왕위 중 하나를 택해야만 했고, 결국 "내가 사랑하는 여인의 사랑과 지지 없이는 국왕의 막중한 책임을 다할 수 없다"라며 왕위를 포기했습니다.

사랑을 선택한 형 때문에 동생 조지 6세George VI가 새로운 국왕이 되었고, 그의 장녀였던 엘리자베스도 왕위 계승 1순위가 되었습니다. 그녀의 나이는 겨우 열 살이었죠. 왕족으로서는 비교적 자유로운 삶을 살았던 엘리자베스는 이때부터 버킹엄궁으로 거처를 옮겨 차기 왕위 계승자의 삶을 살기 시작했습니다.

원래 왕이었던 에드워드 8세는 잘생긴 외모와 남자다운 성격으로 유럽

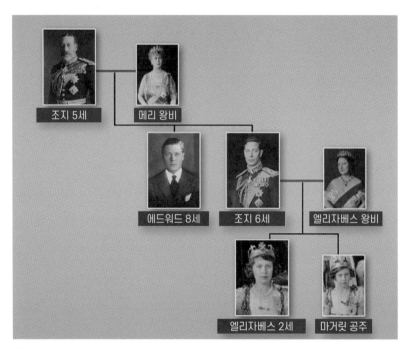

원저 왕조 가계도

에서 주목받는 인물이었습니다. 반면 엘리자베스 2세의 아버지인 조지 6세는 소심하고 말까지 더듬어서 사람들 앞에 잘 나서지 않았습니다. 이 때문에 조지 6세가 새로운 왕이 되는 것을 탐탁지 않게 여기는 사람도 있었다고 합니다. 이 같은 조지 6세의 이야기를 다룬 영화가 〈킹스 스피치〉입니다. 부담스러운 것은 갑작스럽게 왕위 계승자가 된 엘리자베스도 마찬가지였습니다. 어린 나이였지만 군주란 막중한 책임을 지는 자리라는 것을 알고 있었죠. 동생인 마거릿Margaret 공주는 "언니가 아버지를 뒤이어 국왕이 되는 거야? 불쌍하네"라고 했다고 합니다.

국민의 신뢰를 얻은
왕가의 품격

조지 6세는 국왕이라는 막중한 임무를 받아들이고 좋은 왕이 되고자 애썼습니다. 이를 위해 말을 더듬는 습관을 고치려 노력했고, 제2차 세계 대전이 일어난 뒤에는 전쟁 중에도 흔들림 없는 모습을 보였습니다. 특히 1940년 9월 4일에 히틀러가 "하룻밤에 15만kg, 23만kg, 30만kg, 40만kg의 폭탄을 투하할 것"이라는 분노에 찬 연설을 한 후 런던 대공습을 시작한 뒤에도 그는 런던에 남아 국민의 곁을 지켰습니다. 독일 공군기가 밤낮을 가리지 않고 런던과 그 일대를 폭격하자 신하들은 캐나다로 정부를 옮길 것을 제안했습니다. 하지만 조지 6세는 폭격으로 폐허가 된 런던에 남았습니다. 엘리자베스 2세와 마거릿 공주만이라도 캐나다로 보내자는 의견이 있었지만 "아이들은 나 없이 안 갈 것이고, 나는 남편 없이 가지 않겠다. 그러니 국왕은 나라를 떠나지 않을 것이다"라는 왕비의 거절로 모든 왕실 가족이 국민과 함께했습니다.

목숨이 촌각에 달린 전시 상황에서 왕실 가족이 영국 국민에게 보여준 신뢰는 큰 울림을 자아냈습니다. 실제로 며칠 뒤인 9월 13일에는 국왕 내외가 머물고 있던 버킹엄궁 안뜰까지 독일군의 공습으로 폭격을 당했습니다. 직원 한 명이 죽고 세 명이 부상을 입었죠. 이런 상황에서도 위험을 감수하고 런던을 지키는 국왕을 보며 왕실을 향한 대중의 믿음과 존경심도 높아졌습니다.

이때 엘리자베스 2세 역시 전쟁으로 고통받는 국민을 외면하지 않았습니다. 14세의 어린 나이었지만 유모와 함께 일주일에 한 번씩 버스를 타고 시내를 둘러보며 전쟁의 참상을 직접 확인했습니다. 그리고 자신과 같은 어린이들에게 BBC 라디오를 통해 독려 메시지를 보내면서 그들의 사기를 돋으려고 노력했죠. 여기에 그치지 않고 시름에 잠긴 국민을 위로하기 위해 군 복무를 결심했습니다. 아버지인 조지 6세는 군 입대를 반대했으나 이마저도 굳은 의지로 이겨내 끝내 국왕의 승인을 받아냈습니다. 종전 4개월 전인 1945년, 18세의 엘리자베스는 운송업무를 담당하는 장교로 육군보조부대(ATS)에 입대했습니다. 그녀는 장교로서 운전과 자동차 정비 등 운송에 필요한 업무를 직접 해냈습니다. 학교에 다니지 않고 왕실 교육을 받아온 엘리자베스에게 얼굴에 기름을 묻힌 채 또래와 어울렸던 이때의 경험은 특별했다고 합니다.

당시 엘리자베스가 현역 입대한 최초의 왕실 여성이었을 정도로 공주의 군 입대는 파격적인 일이었습니다. 제2차 세계대전에 직접 참여한 국가원수도 엘리자베스가 유일했죠. 게다가 그녀가 입대한 육군보조부대는 전쟁 중 300여 명의 전사자가 나온 곳이기도 했습니다. 그럼에도 엘리자베스는 위험을 무릅쓰고 끝까지 버텼습니다. 이렇듯 아버지의 반대를 꺾고 자원입대한 공주를 향한 국민의 반응은 폭발적이었습니다. 얼마 후 연합군의 승리로 전쟁이 끝나면서 영국에 평화가 찾아오자 많은 영국인이 엘리자베스를 차기 군주로 여기게 되었죠. 엘리자베스도 이를 알고 헌신을 다짐했습니다. 1947년 4월, 영국 왕실 가족은 해외 순방을 떠났습니다. 남아프리카공화국 케이프타운에서 21세 생일을 맞이한 엘리자베스는 다음과 같은 기념 연설을 남겼습니다.

"나의 앞으로의 생애가 길건 짧건 간에 나는 우리 모두가 속하는 위대한 제국의 가족들을 위해 헌신할 것을 서약합니다."

엘리자베스의 다짐은 영국 국민에게
울림 깊은 감동을 주었습니다. 이후 그녀
는 개인의 삶보다 국왕으로서의 삶이 우
선인 모습을 보였습니다.

이처럼 차기 국왕으로 자리매김하며
온 국민의 사랑을 받던 엘리자베스는 이
시기 첫사랑에 푹 빠져있었습니다. 상대
는 13세 때 영국 해군사관학교를 방문하
며 만났던 해군 사관생도 필립Philip이었

20세의 필립 공

죠. 당시 필립은 '끔찍하도록 잘생겼다'라는 평가를 받을 정도로 수려한 외
모를 자랑했다고 합니다. 필립을 보고 첫눈에 반한 엘리자베스는 끊임없이
편지를 보냈지만, 18세였던 필립은 13세의 소녀에게 그다지 큰 관심이 없었
습니다. 그럼에도 엘리자베스는 전쟁 중에 지중해와 태평양에서 근무하는
필립에게 꾸준히 편지를 보내며 호감을 표시했습니다. 엘리자베스가 17세
가 된 1943년에 비로소 두 사람 사이에 사랑이 싹텄습니다.

차기 군주로서 매사 조심스러웠던 엘리자베스와 달리 필립은 활동적이
고 호방한 성격이었습니다. 엘리자베스는 자신과 다른 그의 매력에 푹 빠
져들었습니다. 전쟁이 끝나고 나라가 안정을 되찾은 1946년, 드디어 필립이
엘리자베스에게 청혼했습니다. 그녀는 부모님과 상의도 하지 않은 채 그 자
리에서 바로 승낙했다고 합니다.

사실 필립은 영국 왕실의 성에 차는 신랑감은 아니었습니다. 그리스의
몰락한 왕실 후손으로, 물려받은 재산이나 영지도 없었죠. 더 큰 문제는
누나들이 나치 전력이 있는 독일인들과 결혼했다는 것입니다. 당연히 영국

친척 결혼식에 참석한 두 사람(1946)

왕실의 반대가 심했습니다. 결국 필립은 영국인으로 귀화한 뒤 마운트배튼 Mountbatten이라는 영국의 성씨로 바꾼 후 결혼 승낙을 받을 수 있었습니다. 모든 어려움을 사랑으로 극복한 두 사람은 1947년 11월에 드디어 결혼식을 올렸습니다. 당시 엘리자베스의 나이는 21세였습니다.

결혼식을 올릴 당시는 전쟁 직후로 나라 사정이 좋지 않았기에 왕실은 이전보다 검소하고 조용하게 식을 치르기로 했습니다. 하지만 결혼식을 올리는 웨스트민스터 사원 앞에 그녀의 결혼을 축하하려는 수많은 인파가 몰려들면서 영국인의 축제와 같은 결혼식이 되었습니다. 당시 엘리자베스가 입은 드레스는 457cm의 트레인(드레스에서 길게 끌리는 옷자락)과 1만 개의 진주 장식으로 화제가 됐습니다. 하지만 왕실 기준으로는 트레인의 길이가 짧은 편이었다고 합니다. 또한 전쟁이 끝난 지 얼마 지나지 않았기에 화려한 장식 대신 봄을 상징하는 화초와 꽃을 모티브로 했습니다. 아픔을 이겨

엘리자베스 2세의 결혼식

내고 새롭게 시작한다는 메시지를 전달하려 한 것이죠.

온 국민의 축하를 받은 두 사람의 결혼생활은 어땠을까요? 자유분방한 성격의 필립 공은 보수적인 왕실 문화에 적응하느라 힘들었다고 합니다. 그런데도 엘리자베스를 위해 답답한 왕실 문화를 모두 받아들였죠. 영국 왕실의 대표 잉꼬부부였던 두 사람은 결혼 이듬해인 1948년 11월에 찰스 왕자를, 1950년에는 둘째 앤Anne 공주를 출산하면서 그들의 사랑을 과시했습니다.

25세 여왕이 짊어진
왕관의 무게

1952년, 엘리자베스의 행복한 삶에 예상치 못한 슬픔이 찾아왔습니다. 아버지 조지 6세가 폐암으로 사망한 것입니다. 당시 아버지를 대신해 아프리카로 해외 순방을 가 있던 엘리자베스는 25세의 나이에 갑작스럽게 여왕 자리에 올랐습니다. 그녀는 아버지의 죽음을 슬퍼할 겨를도 없이 1년 후인 1953년 6월에 대관식을 치르고 영국의 국왕이 되었습니다.

그런데 왜 엘리자베스가 즉위한 지 1년이 지나서야 대관식을 치른 것일까요? 각국의 정상과 유럽의 왕실 일원을 초대하고 그에 알맞은 격식을 차릴 준비가 필요했기 때문입니다. 그리고 한 가지 이유가 더 있었는데 영국 최초로 대관식을 TV로 생중계하기 위해서였습니다. 당시 총리였던 윈스턴 처칠은 국왕의 권위가 실추된다고 생각해 TV 중계를 반대했다고 합니다. 이때까지만 해도 국왕은 왕실의 권위를 위해 국민과 어느 정도 거리를 두고 신비감을 조성해야 한다는 생각이 일반적이었습니다. 게다가 대관식은 신성한 의식이므로 모든 과정이 불특정 다수에게 공개되면 안 된다는 생각도 있었죠. 그러나 지금으로 말하자면 MZ세대였던 여왕이 생중계를 적극 수용하면서 모든 국민이 자신의 국왕이 즉위하는 모습을 실시간으로 볼 수 있게 되었습니다. 이는 훗날 여왕의 파격 행보를 예견하는 상징적인 사건이기도 합니다.

이때는 흑백 TV가 보급되기 시작하던 시기로 많은 영국인이 대관식을 보기 위해 TV를 샀습니다. 이들은 넥타이와 드레스 등을 격식 있게 차려입은 상태로 방송을 봤다고 합니다. 영국뿐만 아니라 미국에서도 대관식에 관심을 보였습니다. 미국 방송국 CBS와 NBC는 비행기로 대관식 촬영 필름을 실어 날랐고 〈뉴욕타임스〉는 대관식 다음날 신문 한 면을 여왕의 사진으로 채웠습니다.

엘리자베스 2세뿐 아니라 얼마 전에는 그의 아들인 찰스 3세의 대관식이 화제가 되기도 했습니다. 영국의 대관식이 화제가 되는 이유는 영국이 유럽을 대표하는 왕실이기 때문일 것입니다. 2022년 현재, 왕실이 있는 유럽의 국가는 11개국(영국, 안도라, 벨기에, 덴마크, 네덜란드, 리히텐슈타인, 룩셈부르크, 모나코, 노르웨이, 스페인, 스웨덴)입니다. 이 중에서 가장 오랜 역사를 지녔으며, 그 전통을 가장 잘 지키고 있는 국가는 영국일 것입니다. 그리고 그 전통의 대표적인 예가 바로 대관식입니다. 이제는 유럽 여러 국가의 왕들이 상당히 간략한 대관식을 치르는 데 반해 영국은 여전히 전통 방식을 지키며 대관식을 치르고 있습니다. 엘리자베스 여왕 역시 1953년에 전통 그대로 캔터베리 대주교가 기름을 부어 하느님의 대리인임을 인정하는 의식을 치른 다음 1661년에 만든 '성 에드워드 왕관'과 함께 왕권의 신성함을 상징하는 구슬인 '보주', 그리

엘리자베스 2세 즉위 후

고 왕의 통치권을 상징하는 지팡이인 '왕홀'을 수여받았습니다.

엘리자베스 여왕의 장례식은 대관식의 절차를 거꾸로 돌리는 과정이기도 했습니다. 장례 마지막 절차에서 대관식 때 받은 통치의 상징인

왕관과 왕홀, 그리고 보주를 관에서 내려 신의 제단에 반납한 뒤 왕홀을 부러뜨려서 관에 올렸습니다. 여왕의 책무가 끝났음을 알리는 과정이었죠.

영국 왕실에는 대관식 외에 또 하나의 전통 행사가 있습니다. 국왕의 즉위를 기념하는 주빌리Jubilee가 그것입니다. 주빌리는 일정 기간마다 죄를 사하거나 부채를 탕감해 주는 기독교적 전통에서 유래한 것으로 우리나라의 환갑이나 칠순 같은 기념 주기를 의미합니다. '기쁜 해'라는 뜻을 가졌죠. 보통 군주의 즉위 25주년은 실버 주빌리, 50주년은 골든 주빌리, 60주년은 다이아몬드 주빌리, 70주년은 플래티넘 주빌리라고 합니다. 지금까지 최고 기록은 1897년 빅토리아 여왕의 즉위 60주년을 기념하는 다이아몬드 주빌리였습니다. 그런데 2012년에 다이아몬드 주빌리를 맞이한 엘리자베스 여왕이 2022년에 즉위 70주년을 맞이하며 영국 역사상 처음으로 플래티넘 주빌리 행사를 치렀습니다. 이로써 엘리자베스는 최장수 재임 국왕의 영예를 안았습니다.

이 외에도 영국 왕실에 남아 있는 전통은 주로 왕실에서 지켜야 할 관습이나 예절과 연관이 깊습니다. 특히 품위를 지키기 위해 금지하는 것들이 많습니다. 영국 왕족은 위조나 불필요한 오해를 막기 위해서 셀카나 사인이 금지되어 있습니다. 대중과 악수를 자주 하므로 손톱은 항상 정갈하게 관리하되, 여성의 경우 매니큐어는 투명에 가까운 연분홍색을 발라야 하죠. 또 여성은 노출을 막기 위해 다리 꼬기도 금지합니다. 무릎이 아닌 발목으로 다리를 꼬거나 아예 다리를 펴서 앉아야 합니다. 안전을 위해 지켜야 할 규칙도 있는데 특히 식사에 관한 부분을 까다롭게 관리합니다. 날음식이나 갑각류는 최대한 피해서 식중독을 막고, 해외 순방을 다닐 때는 마실 물도 따로 챙기죠.

영국 왕실의 다리 꼬는 방법

뿐만 아니라 일반인이 왕족을 대할 때 지켜야 할 규칙도 전통으로 내려오고 있습니다. 먼저 국왕인 여왕을 우선시하는 규칙이 있는데, 예를 들어 여왕이 깨어있으면 버킹엄궁의 사람들은 잠자리에 들 수 없습니다. 또한 여왕의 식사가 끝나면 모두 식사를 멈춰야 하고, 여왕이 입장하거나 퇴장할 때 예외 없이 기립해야 합니다. 여왕이 먼저 돌아설 때까지 등을 보이는 것은 실례되는 행동입니다. 여왕의 몸을 함부로 만질 수 없기에 여왕이 손을 뻗을 때만 악수를 할 수 있죠. 그리고 수많은 사람과 접촉하기 때문에 여왕은 반드시 장갑을 낀 채로 악수합니다. 악수를 제외하고 여왕에게 인사를 할 때 남자는 고개를 숙이고 여자는 무릎을 굽히는 것이 원칙입니다. 다만 법으로 정해진 것은 아니기 때문에 이런 전통을 어기는 모습이 종종 목격되기도 합니다. 미국의 퍼스트레이디였던 미셸 오바마Michelle Obama

가 여왕의 허리를 감싸안아서 외교 실례를 범했을 때, 여왕도 그녀의 허리를 감싸면서 외교 실례를 조용히 넘어가 주기도 했죠.

그런데 영국 왕실에는 이렇게 딱딱한 규칙만 있는 것은 아닙니다. 크리스마스에 왕실 가족이 모여서 단란한 시간을 보낼 때 즐기는 놀이와 같은 전통도 있습니다. 크리스마스 만찬 전과 후에 왕실 가족과 손님들의 몸무게를 측정하는 것입니다. 체중 증가량을 통해 얼마나 잘 먹었는지를 알 수 있기 때문인데, 최소 3파운드(약 1.4kg)가 늘어나길 권장한다고 합니다. 이런 전통은 1900년대 초 에드워드 7세Edward VII가 장난처럼 시작했는데 어느덧 왕족의 모든 구성원이 지키는 전통이 되었습니다.

영국 왕실에는 아직까지 시종이 남아 있습니다. 여왕의 시중을 드는 사람을 'lady-in-waiting'이라고 부르는데, 여왕의 치장을 돕거나 일상의 여러 일을 돕는 사람들을 가리킵니다. 주로 귀족 출신에게 주어지는 역할이죠. 런던탑에 반드시 까마귀가 살아야 하는 것도 재미있는 전통 중 하나입니다. 서양에서 까마귀는 길조입니다. 영국 왕조에는 까마귀가 런던탑을 떠나면 왕실이 무너진다는 전설이 내려와 왕실이 까마귀를 보호합니다. 심지어는 까마귀가 떠날 수 없도록 날개 하나를 꺾는다고도 합니다. 까마귀뿐만 아니라 템스강에 사는 백조나 영국 바다에 사는 돌고래도 여왕 소유이므로 함부로 잡으면 처벌을 받을 수도 있습니다.

왕실 하면 궁금한 것이 재산입니다. 엘리자베스 여왕은 한때 영국에서 가장 돈이 많은 인물로 꼽히기도 했습니다. CNN에 따르면 2022년 기준 총자산은 약 252억 파운드로 한화 약 39조 원으로 추정됩니다. 이 가운데 152억 파운드(약 24조 원)는 영국 왕실 재산 운영재단인 '크라운 에스테이트'가 관리하고 있어서 함부로 사용할 수 없으며, 사용해야 할 경우 반드시 의회의 승인이 필요합니다. 크라운 에스테이트에서 발생하는 수익의 15~25%는 매년 의회의 승인을 거쳐서 여왕에게 생활비 명목으로 전달되고 나머지는 국고로 귀속됩니다. 한마디로 여왕도 연봉을 받고 생활하는 것이죠. 재미있는 사실은 여왕도 물가 상승이나 기타 이유로 의회에 연봉 협상을 요청하기도 한다는 것입니다. 2021년~2022년 왕실에 지급한 돈은 약 8,600만 파운드(약 1,380억 원)였습니다.

엘리자베스 여왕이 소유한 개인 자산은 약 4억 5,000만 파운드(약 7,000억 원)로 자유롭게 사용할 수 있습니다. 미술품에 관심이 많은 여왕은 약 7,000점의 그림과 50만 점의 판화, 3만 점 이상의 미술 작품을 소장하고 있습니다. 우리가 잘 아는 미켈란젤로Michelange와 레오나르도 다빈치Leonardo da Vinci, 그리고 앤디 워홀Andy Warhol이나 애니시 커푸어Anish Kapoor 등 현대 작가의 작품도 여왕의 소장품에 이름을 올렸죠.

여왕의 재산 중 많은 관심을 받는 것은 보석입니다. 진귀한 보석은 영국이 다 가지고 있다는 말이 있을 정도로 여왕이 소유한 보석은 그 종류와 가치가 엄청납니다. 250쪽의 사진은 엘리자베스 여왕의 티아라입니다. 다이아몬드, 진주, 사파이어, 루비, 아쿠아마린 등 보석 종류도 다양하고 저마다 역사적 배경을 가지고 있죠. 그중 여왕이 가장 자주 사용하고 아꼈던 것이 첫 번째 티아라입니다. 할머니인 메리 왕비Queen Mary가 1893년에 조지 5세George V와 결혼하며 선물 받은 것으로, 엘리자베스 여왕이 결혼할 때 선물로 주었다고 합니다. 이는 영국 화폐에 새긴 여왕의 초상화에서 쓰고 있는 티아라이기도 해서 '영국인의 자부심'으로도 불립니다. 캐나다 동전에도 새겨져 있죠.

종종 왕실 여성들이 여왕의 티아라를 쓰고 있는 모습을 볼 수 있는데 이

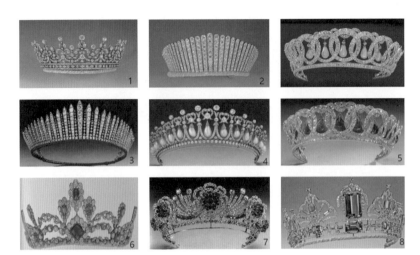
엘리자베스 여왕의 티아라

는 여왕이 빌려준 것입니다. 누구에게 어떤 티아라를 빌려줬느냐에 따라 여왕의 호감도를 확인할 수 있다는 이야기도 있습니다. 여왕의 보석은 선조에게 물려받은 것과 여왕의 기념일에 주문 제작한 것, 선물 받은 것으로 나뉘며 유물로서뿐 아니라 재화로서도 엄청난 가치를 지니고 있습니다.

'군림하되 통치하지 않는'
여왕의 역할

영국 여왕은 타국에 대한 전쟁 선포권, 의회 소집과 해산권, 그리고 법 제정을 최종적으로 허가할 수 있는 동의권 등 형식적으로는 많은 권한을 가지고 있습니다. 하지만 '군림하되 통치하지 않는다'라는 입헌군주제 원칙에 따라 정치적 중립을 지키면서 자신의 권력을 최소한으로만 사용합니다.

비록 실권은 없지만 여왕의 존재가 매우 중요한 자리가 있습니다. 전 세계 5분의 1의 영토와 전 세계 인구 3분의 1에 해당하는 24억 명을 대표하는 영연방 수장의 역할입니다. 영연방은 영국을 중심으로 한 옛 영국 식민지 출신 국가들이 자유롭게 참여하는 일종의 국제기구입니다. 현재 총 56개국이 가입되어 있습니다. 이들 중에는 모잠비크처럼 식민지가 아니었던 나라도 있죠. 영국을 포함해 캐나다, 오스트레일리아, 뉴질랜드 등 15개 국가는 엘리자베스 여왕이 국가원수를 맡고 있기도 합니다.

영연방은 어떻게 생긴 것일까요? 제1차 세계대전의 위기 속에서 영국은 식민지 국가로부터 군사적, 재정적 도움을 받았습니다. 전쟁이 끝나고 영국을 도왔던 식민지들이 이전보다 많은 권한을 요구하자 영국은 일부 식민지에 외교권과 군사권을 주면서 사실상 독립국이 되는 것을 허용했습니다. 프랑스, 일본 등 다른 제국주의 국가처럼 무리하게 독립을 막는 것보다 높은 수준의 자치권을 주고 대신 영국과 긴밀한 관계를 유지하고자 한 것입

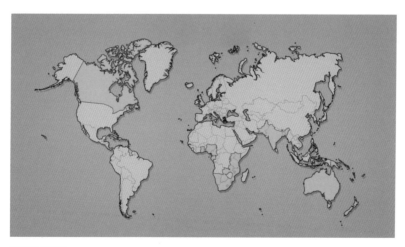

영연방 가입국

니다. 1949년에는 영국과 전 식민지가 동등한 자격으로 이뤄진 영연방임을 선포하는 런던 선언을 통해 지금의 모습을 갖추게 되었습니다.

이때 여왕의 가장 중요한 역할 중 하나가 영연방의 결속을 다지는 일이었습니다. 그리하여 1953년에 대관식을 치르자마자 아직 5세, 3세밖에 안 된 어린아이들을 영국에 남겨 두고 남편과 함께 7개월 동안 영연방 순방을 떠났습니다. 이 기간에 13개 국가를 방문했죠. 이는 흩어져 가던 영연방 국가들의 민심을 다시 영국 왕실로 향하게 했습니다. 여왕은 이후로도 100회 이상 영연방 국가들을 방문하며 '영연방의 상징'으로서의 역할을 톡톡히 해냈습니다.

하지만 엘리자베스 여왕이 국왕이 된 후, 영국의 국제적 위상은 예전 같지 않았습니다. 위태로운 국제 정세 속에서 영국의 입지가 흔들리는 사건이 발생했습니다. 과거에 유럽에서 아시아나 아프리카로 가려면 아프리카 대륙을 빙 두르는 1만km 이상의 항해에 나서야 했습니다. 지중해와 홍해가 가로막혀 있었기 때문입니다. 그래서 이집트는 지중해와 홍해를 잇는 운하를 건설하기로 했습니다. 200km의 땅을 파서 하나의 물길을 만든 것입니다. 그게 바로 지도에서 붉은 선으로 표시한 수에즈 운하입니다. 당시 이집트는 건설 자금과 기술력이 부족했기에 프랑스의 페르디낭 드 레셉스 Ferdinand de Lesseps라는 사업가가 1896년에 운하를 건설했습니다. 훗날 재정난에 시달린 이집트가 정부 지분을 내놓자 영국이 이를 사들이면서 사실상 수에즈 운하를 관리하게 되었습니다.

제2차 세계대전이 끝나고 신흥 강대국인 미국과 소련의 등장으로 영국이 세계 주도권을 잃어가던 중, 영국에 의존하던 이집트에서도 군사 쿠데타가 일어나면서 이집트 공화국이 탄생했습니다. 이때 이집트는 영국과 프랑

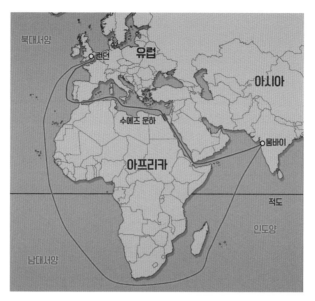

수에즈 운하

스가 수에즈 운하를 공동 운영해 매해 3,500만 파운드를 벌어들이는데, 이집트에는 100만 파운드밖에 나눠주지 않는다며 불공정하다고 주장했습니다. 1956년에는 이집트 대통령 가말 압델 나세르Gamal Abdel Nasser가 이집트인의 민족주의를 자극해 수에즈 운하를 국유화해 버렸죠.

수에즈 운하의 수입이 끊겨 큰 손해를 입은 영국은 프랑스와 한가지 계략을 생각해 냈습니다. 당시 이집트와 여러 문제로 갈등을 겪던 이스라엘을 끌어들여 전쟁을 벌이기로 한 것입니다. 이때 발생한 제2차 중동전쟁은 초반까지만 해도 영국-프랑스 연합국에 유리하게 흘러갔습니다. 하지만 소련이 이집트를 지원하려 하자 더 큰 분쟁으로 번지는 것을 막기 위해 미국이 개입하면서 영국의 철수를 요구했습니다. 결국 영국-프랑스 연합은 굴복하고 말았습니다. 이제 영국은 국제사회의 주도권이 미국과 소련으로 넘어가고 있음을 피부로 느꼈습니다. 엘리자베스 여왕이 즉위한 지 4년 만의 일이었죠.

진정한 국왕이 되기 위한 고된 여정

영국의 위상이 위기에 빠진 이때 설상가상으로 불의의 재난까지 발생했습니다. 1966년 10월, 영국 웨일스의 탄광촌인 애버밴에서 갱도가 붕괴한 것입니다. 산사태는 마을의 초등학교와 주택가를 덮쳤고 144명이 사망했습니다. 그중 116명이 어린아이들이었죠. 처음에는 수년 전부터 주민들이 산사태의 위험성을 경고했음에도 그것을 무시한 국가 석탄위원회와 늦장 구조작업을 벌인 공무원이 비판받았습니다. 하지만 사망자 수가 늘어나면서 분노는 걷잡을 수 없이 커졌고 그것은 끝내 엘리자베스 여왕을 향했습니다. 영국 총리였던 해럴드 윌슨Harold Wilson이 여왕에게 사고 현장을 방문해 유가족을 위로해 줄 것을 요청했지만 여왕이 이를 거부하면서 민심은 날로 흉흉해졌습니다. 결국 여왕을 대신해 남편인 필립 공이 사고 현장을 찾았지만 소용없었습니다.

여왕은 한시가 위급한 구조 현장에 자신이 나타나면 오히려 방해만 될 것이라 생각했습니다. 하지만 이런 마음은 국민에게 제대로 전달되지 않았습니다. 정치적 퍼포먼스에 서툴렀던 여왕의 실수였죠. 여왕은 인명 구조가 어느 정도 마무리된 사고 8일 차에 현장을 방문했습니다. 특히 사고 피해자인 아이들의 나이가 그녀의 셋째, 넷째 아들과 비슷했기에 진심을 담

애버밴을 방문한 여왕

아 애도했고, 많은 사람이 위로받았습니다. 평소 자신의 감정을 잘 드러내
지 않던 여왕이 처음으로 슬픔에 잠긴 모습을 보인 이때를 여왕의 재위 기
간 중 가장 감정적인 순간으로 꼽기도 합니다.

여왕은 좀 더 빨리 현장에 오지 않은 것을 평생 후회했다고 합니다. 그
녀는 산사태로 무너진 학교가 다시 문을 열 때 방문하겠다고 약속했고 3년
뒤에 이 약속을 지켰습니다. 2012년까지 이 작은 마을을 네 번이나 방문한
것을 보면 이 사건이 여왕에게 큰 의미를 가졌던 것 같습니다. 이때 여왕은

긴급한 상황에서 리더는 자신의 존재를 빨리 보여줘야 한다는 큰 교훈을 얻었습니다.

겨우 한고비를 넘겼을 즈음 여왕과 영국 왕실에는 진짜 위기가 찾아오고 있었습니다. 이번에는 특정 사건이 아닌 시대 변화가 영국을 위협한 것입니다. 1960년대는 영국에 큰 지각 변동이 일어나던 시기였습니다. 히피문화가 퍼지면서 성, 문화, 정치에서 자유주의 바람이 불었고 이는 곧바로 패션과 음악으로 퍼져나갔죠. 영국에서는 비틀스와 롤링스톤스가 등장해 자유와 해방을 외치는 노래를 불렀고, 거리에서는 장발 차림에 맨발로 돌아다니는 젊은 세대와 전통적인 양복 차림으로 모자를 쓴 구세대의 패션이 극명하게 갈렸습니다. 여성과 남성을 구분 짓지 않는 유니섹스 옷차림이 등장했고, 반대로 미니스커트가 유행하기도 했죠. 전통문화와 권위에 대한 반항이 퍼지고 있음을 보여주는 것입니다.

급변하는 시기에는 전통이 공격받기 마련입니다. 영국에서 가장 오래된 전통은 왕실이었죠. 1960년대에 접어들면서 여왕과 국민의 거리가 멀어지고 있다는 인식이 자리 잡기 시작했습니다. 국민은 여왕과 왕실을 따분한 존재로 느꼈고, 여왕이 구체적으로 무슨 일을 하는지 모르겠다고 불평했습니다. 더구나 당시 영국은 계속된 경기 침체로 힘든 상황이었습니다. 암울한 분위기 속에서 왕실을 향한 시민의 분노는 치솟았고, 여왕과 그의 가족을 위해 사용하는 정부 예산이 과연 그만한 값어치가 있느냐는 의문으로 이어졌습니다.

급기야 1966년에는 BBC가 왕가를 향한 국민의 인식을 조사하기에 이르렀습니다. 그 결과 "여왕과 에든버러 공작, 다른 왕족들이 나랏돈을 축낸다"라며 군주제를 비판하는 사람도 있었지만, 아직 국민의 90%는 왕실 유지를 원했습니다. 하지만 그중 대다수인 64%가 시대에 따른 왕실의 변화를 요구했죠.

이런 상황에서 여왕은 왕실을 오랫동안 유지하려면 변화가 필요하다고 생각했습니다. 그리고 권위주의적인 왕실의 이미지를 바꾸기 위해 국민에게 자신의 사생활을 공개한다는 파격적인 결정을 내렸습니다. 국민에게 여왕의 업무가 얼마나 과중한 것인가를 알리고, 가족의 사생활뿐 아니라 한 사람의 아내이자 어머니로서의 모습을 보여주기로 한 것입니다.

1969년 1월 21일, BBC와 ITV가 합작으로 제작한 〈로열패밀리〉가 공개됐습니다. 이 110분짜리 다큐멘터리는 영국에서만 5회 재방영되었고, 전 세계 130개국에서 4억 명이 시청했다고 합니다. 영상에서 필립 공은 아이들을 위해 바비큐를 굽고, 여왕은 넷째 에드워드Edward 왕자에게 아이스크림을 사주고 잔돈을 거슬러 받았으며, 찰스 왕자가 동생에게 첼로를 가르쳐 주기도 했죠. 당시 몇몇 전문가들은 이런 노력이 왕실에 대한 신비감을 사라지게 하고 권위를 떨어뜨린다며 부정적으로 평가하기도 했습니다. 그러나 많은 시청자가 여왕과 그 가족의 소탈함에 매료되었고 그녀의 일상 대화를 보며 친근감을 느꼈습니다. 무엇보다 왕실이 시대적 변화를 수용하고 그것을 따르려 노력한 점이 긍정적인 평가를 받았죠.

왕실의 변화는 같은 해 7월 1일에 치른 찰스 왕자의 왕세자 책봉식까지 이어졌습니다. 영국은 14세기부터 차기 국왕이 될 왕자를 '프린스 오브 웨일즈Prince of Wales'라고 불렀습니다. 성인이 된 찰스 왕자가 이 작위를 받는 왕세자 책봉식도 전 세계에 TV로 생중계한 것입니다. 미래를 이어갈 차세대 예비 군주를 대대적으로 공개하며 왕가의 건재함을 알리기 위해서였죠. 당시 찰스 왕세자는 케임브리지 대학교를 졸업한 엘리트에 잘생긴 외모까지 갖춘 만인의 왕자 같은 이미지였습니다. 찰스의 왕세자 책봉식은 우리 나라에서도 방영되었다고 합니다. 엘리자베스 여왕의 적극적인 노력 덕분에 영국 왕실은 초기의 우려를 이겨냈습니다. 이후 여왕의 즉위 25주년을 기념하는 1977년 실버 주빌리 행사에 영연방 35개국 지도자들이 참석해 축하하며 여왕과 왕실이 건재함을 보여주었죠.

언론의 먹잇감이 된 영국 왕실

그러나 왕실의 존재를 위협하는 새로운 문제가 발생했습니다. 과도한 언론의 취재로 왕실 구성원이 희생양이 되어버린 것입니다. 금기시되었던 영국 왕실의 사생활이 대중에게 알려지면서 로열패밀리의 일거수일투족은 매번 화제에 올랐습니다. 그중 대중의 관심을 한 몸에 받은 것은 여왕의 후계자이자 결혼 적령기를 맞은 찰스 왕세자였죠.

1976년 말, 28세의 찰스 왕세자가 5년간의 해군 복무를 마치고 돌아오자 언론은 그의 연애를 집요하게 취재했습니다. 때마침 그는 운명처럼 한 여자를 만났습니다. 유서 깊은 귀족 가문의 딸이었던 다이애나 스펜서Diana Spencer였습니다. 그녀는 등장부터 파격적이었습니다. 유치원 보모로 일하던 다이애나가 무표정으로 두 아이를 안은 채 속이 훤히 비치는 치마를 입고 서 있는 모습을 찍은 사진이 신문 1면에 실린 것입니다. 사진 옆에는 대문짝만하게 '찰스의 여자'라는 제목이 붙었죠. 그 밑에는 '왕세자에 대한 내 감정에 대해선 아무 할 말이 없어요'라는 다이애나의 입장도 함께였습니다.

1977년 한 파티에서 처음 만난 두 사람은 1980년 여름에 다시 몇 번의 데이트를 했지만 서로를 진지한 연애 상대로 생각하지 않았습니다. 찰스에 대한 감정을 키워가기도 전에 다이애나는 이미 언론이 만들어낸 로맨스의 여주인공이 된 것입니다. 언론은 자극적인 내용을 앞세워 유치원 보모로 일하던 다이애나가 찰스를 만나게 된 과정을 자세히 보도했습니다. '시골 아가씨 다이애나가 어떻게 왕자를 꼬셨는가?'라는 도발적인 기사도 등장했죠. 그 과정에서 부모님의 이혼, 친구 관계, 성적, 유치원에서 일하는 모습

찰스 왕세자의 열애설 보도

등 다이애나의 사생활이 낱낱이 드러났습니다.

　기사를 본 찰스 왕세자는 묵묵부답으로 일관했습니다. 영국 왕실에서는 명망 있는 스펜서 가문 출신에, 국교인 성공회를 믿고, 연애 경험이 없는 다이애나를 반겼습니다. 하지만 찰스는 미적지근한 반응을 보였죠. 찰스 왕세자가 고민하는 동안에도 언론은 다이애나에 관한 당혹스러운 기사들을 쏟아냈습니다. 필립 공은 아들에게 다이애나와 결혼하거나 아니면 관계를 조용히 청산하는 게 좋겠다는 편지를 썼습니다. 결국 찰스는 아버지의 조언에 따라 1981년 2월에 다이애나에게 청혼했습니다. 같은 해 7월, 세기의 결혼이라 불리는 두 사람의 성대한 결혼식이 열렸습니다.

찰스 왕세자와 다이애나의 결혼식

전 세계인의 이목은 결혼식이 열린 세인트 폴 대성당으로 몰렸습니다. 사람들은 '20세기의 신데렐라'라고 불린 눈부시게 아름다운 다이애나 왕세자비의 모습에 환호했죠. 엘리자베스 여왕도 새로운 왕실 가족이 된 다이애나를 따뜻하게 맞이했습니다. 다이애나가 자신에게 쏟아지는 과도한 관심에 힘들어하자, 버킹엄궁으로 21명의 잡지 편집인을 불러서 보도를 자제할 것을 요청하는 등 다이애나를 보

찰스 왕세자의 가족사진

호하려 한 것입니다. 찰스와 다이애나는 결혼 1년 만인 1982년 6월에 여왕에게 첫 손주인 윌리엄 왕자를 안겨주었습니다. 2년 뒤에는 해리 왕자까지 태어나면서 엘리자베스 여왕이 이끄는 영국 왕실의 미래는 탄탄해 보였습니다.

안타깝게도 행복은 오래가지 못했습니다. 1992년은 여왕이 즉위한 지 40주년으로 루비 주빌리가 열린 뜻깊은 해였습니다. 하지만 여왕 스스로 '최악의 해'로 꼽을 만큼 왕실에는 사건 사고가 끊이지 않았습니다. 동시에 그 어느 때보다 많은 비판을 받았던 해이기도 했죠. 모든 것은 한 사건에서 시작했습니다.

1992년 11월 20일, 엘리자베스 여왕의 공식 거주지 중 하나인 윈저성이 엄청난 불길에 휩싸이며 타올랐습니다. 900년이 넘는 영국 왕실 역사의 일부가 폐허로 변해버린 것입니다. 논란이 된 것은 파괴된 윈저성의 복구 비

용이었습니다. 당시 언론을 통해 복구 작업에 천문학적인 비용이 드는 것과 이를 영국 정부로부터 지원받는다는 사실이 알려진 것입니다. 그러나 소방 작업을 할 때 윈저성에서 끊임없이 나오던 수많은 미술품과 귀중품을 지켜본 국민은 세금도 내지 않는 왕실의 손해를 국민의 세금으로 배상한다는 사실을 이해할 수 없었습니다. 다시 한번 영국 왕실이 국민의 지탄을 받게 된 것입니다.

사실 오래전부터 몇몇 사람들은 엄청난 개인 재산을 소유한 여왕이 매년 정부로부터 연봉을 받아 생활하는 것에 불만을 표했습니다. 그러던 중 윈저성 화재가 발생하면서 복구 비용이 문제가 되자 이들의 목소리가 커진 것입니다. 정확히 말하면 세금이 아니라 왕실 재산 운영재단에서 발생하는 수익의 일부(15~25%)를 여왕에게 생활비 명목으로 지급하는 것입니다. 하지만 국민은 여왕이 세금을 내지 않고도 거액의 연봉을 받는 것처럼 여겼습니다.

왕실 재산을 둘러싼 불만이 거세자 여왕은 국민의 의견을 받아들여 이제부터 왕실도 세금을 내겠다고 선언했습니다. 동시에 버킹엄 궁전을 개방해 그 수입으로 윈저성 복구 비용을 내겠다는 파격적인 결정을 내렸죠. 이로써 엘리자베스 여왕은 영국 왕실 최초로 로열패밀리가 사는 궁전을 대중에 공개했습니다. 물론 모두가 찬성한 것은 아닙니다. 신성한 왕실의 권위가 바닥에 떨어질 것이라며 비판하는 사람도 있었습니다. 하지만 여왕은 뜻을 굽히지 않았습니다. 왕실의 전통을 유지하기 위해서는 역설적이지만 전통이 변화해야 한다는 사실을 깨달았기 때문입니다.

로열패밀리의
각종 구설수

　여왕의 기지로 세금과 윈저성 복구 비용 문제는 해결했으나 여론은 여전히 냉랭했습니다. 특히 1992년 봄부터 끊임없이 터져 나온 로열패밀리의 각종 구설수를 접한 국민의 실망이 컸죠. 여왕과 필립 공 사이에는 찰스와 앤드루Andrew, 에드워드까지 세 명의 왕자와 앤 공주가 있었습니다. 당시만 해도 넷째 에드워드 왕자를 제외한 세 명의 자녀가 결혼한 상태였습니다. 그런데 1992년 3월에 셋째 앤드루 왕자가 공식적으로 별거를 선언했고, 4월에는 앤 공주마저 배우자의 불륜으로 결혼생활에 마침표를 찍었습니다. 8월에는 앤드루 왕자와 별거 중이었던 세라 퍼거슨Sarah Ferguson이 휴

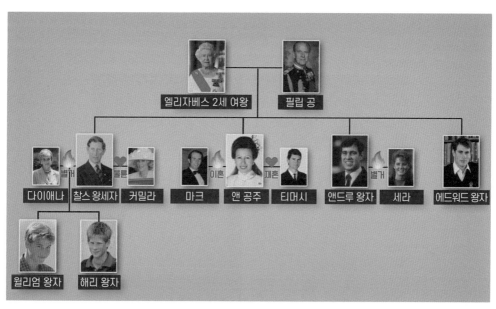

엘리자베스 2세 가계도

가 중 상의를 입지 않고 남자친구와 데이트하는 모습이 파파라치에게 찍혀 대중에게 낱낱이 공개된 것입니다.

게다가 세기의 결혼식을 올리며 행복한 결혼생활을 하는 줄 알았던 찰스 왕세자와 다이애나비마저 공식적으로 별거에 들어갔습니다. 별거의 원인이 찰스 왕세자의 불륜이라는 사실이 공개되면서 영국 국민뿐 아니라 두 사람을 축복했던 전 세계 대중이 큰 충격을 받았습니다. 불륜의 주인공은 현재 영국의 왕비인 커밀라 파커 볼스Camilla Parker Bowles입니다. 대중은 다이애나를 두고 불륜을 저지른 찰스 왕세자와 이를 방치한 영국 왕실에 비난의 목소리를 높였습니다.

별거 후 다이애나를 향한 대중의 관심은 더욱 커졌습니다. 자유분방했던 다이애나는 신혼 초부터 로열패밀리는 자신의 성격을 드러내지 않는다는 불문율을 깨고 자신의 스타일을 가감 없이 보여주었습니다. 그랬던 그녀였기에 별거에 들어간 뒤에는 로열패밀리에게 금지되어 있던 짧은 반바

다이애나의 자유분방한 패션

지와 운동화, 그리고 격식에 얽매이지 않은 자유로운 패션으로 화제를 몰고 다녔죠. 다이애나가 입은 옷은 바로 품절되는 등 그녀는 왕세자비를 넘어 스타이자 패션의 아이콘이 되었습니다.

다이애나가 대중의 인기를 얻은 것은 기존의 왕실 사람들과 다르게 자신의 감정을 숨기지 않고 드러내며 옆집에 사는 친근한 사람처럼 느껴졌기 때문입니다. 또한 사회의 약자들을 후원하고 스스럼없이 다가가는 모습으로 인기가 급상승했습니다. 그녀는 당시 사회적 편견의 대상이었던 에이즈 환자와 한센병 환자들을 후원했습니다. 특히 1987년에 런던의 에이즈 클리닉을 방문한 다이애나가 에이즈 환자와 악수하는 사진은 큰 파장을 몰고 왔습니다. 에이즈가 단순 신체 접촉으로는 감염되지 않는 사실을 널리 알리며 전 세계 사람들의 편견을 깨뜨린 것입니다. 1993년에는 인도네시아, 인도, 네팔, 짐바브웨 등의 한센병 환자들을 지원하며 그들을 위로하기도 했죠. 뿐만 아니라 왕자들을 데리고 노숙자 숙소를 방문하기도 했습니다.

사실 왕실의 후원이 특별한 일은 아닙니다. 엘리자베스 여왕만 해도 빈

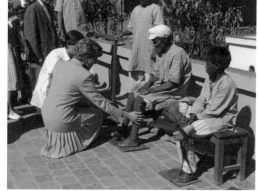

에이즈 환자, 한센병 환자의 만남

민, 어린이, 동물과 관련한 수십 개의 단체를 후원하는 것으로 유명합니다. 그러나 사회적 편견과 정면으로 맞서는 다이애나의 모습은 파격적이었고, 대중에게 신선한 충격을 가져다주었습니다.

1994년 6월, 만찬에 초대받은 다이애나가 자동차에서 내리는 순간 카메라 플래시가 엄청나게 터졌습니다. 그녀는 가슴골과 어깨가 훤히 드러나는 검은 드레스를 입고 빨간색 매니큐어를 바른 모습이었죠. 왕세자비라는 지위에 적합하지 않은 도발적인 모습에 많은 사람이 놀랐습니다. 원래 왕실의 일원은 장례식 때만 검은색 옷을 입을 수 있습니다. 그런데 다이애나가 그 규칙을 깨버리는 드레스를 입고 등장한 것입니다. 사실 이날은 찰스 왕세자가 다큐멘터리에 출연해 자신의 불륜을 공식적으로 시인한 날이었습니다. 그래서 로열패밀리의 규칙을 대담히 깨버린 이날의 패션은 '복수의 드레스'라 불리며 화젯거리가 되었습니다. 그리고 대중은 왕세자비의 과감한 모습에 또다시 열광했죠.

아들과 별거 중인 며느리가 왕실에서 가장 큰 인기와 지지를 받는 모습을 지켜보는 여왕의 마음은 어땠을까요? 최대한 사람들의 입에 오르내리지 않도록 전통, 예절, 규칙을 지키며 정제된 삶을 살았던 엘리자베스 여왕과 통통 튀는 신세대였던 다이애나의 가치관은 다를 수밖에 없었습니다. 순종

다이애나와 복수의 드레스

이 최고 덕목이었던 영국 왕실에서 반항적이었던 다이애나의 행동이 마냥 예쁘게 보일 리 없었죠. 그럼에도 엘리자베스 여왕은 찰스 왕세자 부부의 관계가 회복되길 기다렸습니다.

이런 여왕의 인내심이 바닥난 것은 다이애나가 별거 3년 후인 1995년 11월에 BBC 기자와 가진 인터뷰에서 충격적인 이야기를 폭로하면서부터였습니다. 먼저 다이애나는 커밀라가 파경의 원인이냐고 묻는 기자의 질문에 "우리 사이에는 세 사람이 있어서 복잡했다"라는 폭탄 발언을 했습니다. 남편의 불륜녀인 커밀라를 직접 저격하며 세간을 떠들썩하게 만든 것입니다. 여기에 더해서 스트레스를 해소하기 위해 팔과 다리에 상처를 내는 자해와 폭식, 거식을 해왔으며 심지어는 자살까지 시도했다는 사실도 털어놓았습니다. 그녀는 인터뷰 마지막에 찰스 왕세자에 관한 질문을 받고 "그는 엄청난 한계를 느낄 거예요. 과연 그가 잘할 수 있을지 모르겠어요"라고 대답했습니다. 찰스 왕세자의 왕위 계승 자격을 의심하는 듯한 발언은 왕실에도 큰 충격을 주었습니다.

268쪽의 그림은 인터뷰 이후 신문에 실린 만평입니다. 탱크에 올라타 미사일을 든 다이애나와 책상에 앉아 있는 찰스의 모습이 보입니다. 아래에는 '왜 대화를 시작하기 전에 다이애나의 무기를 해체할 수 없었는가?'라는 글이 있습니다. 다이애나가 핵폭탄급 문제를 터트리기 전에 왜 왕실에서 미리 해결하지 않았느냐는 비판을 담은 것입니다. 다이애나의 인터뷰는 대화로 갈등을 해결하지 않고 침묵과 외면만을 강요했던 왕실에 치명타를 날렸습니다. 이로써 찰스 왕세자의 이혼에 부정적이었던 여왕도 돌아올 수 없는 강을 건넜음을 깨달았습니다. 그녀는 한 달 뒤 두 사람의 이혼을 권유하는 편지를 보냈습니다. 1996년 7월, 찰스와 다이애나는 공식적으로 이혼

다이애나의 폭로를 묘사한 만평

서류에 서명했습니다.

두 사람의 관계가 이혼으로 마무리된 이듬해인 1997년, 다이애나가 프랑스 파리에서 교통사고로 사망했습니다. 남자친구와의 데이트 중 집요하게 따라오는 파파라치의 추격을 피하다가 터널에서 차량 충돌이 일어나 36세에 세상을 떠난 것입니다. 다이애나의 갑작스러운 사망은 왕실에 또 다른 위기를 불러왔습니다. 여왕이 다이애나의 사망에 대해 깊은 조의를 표하지 않았다는 이유로 대중이 왕실을 비난한 것입니다.

이때 여왕은 매년 여름이면 그러하듯이 손자 윌리엄, 해리와 함께 스코틀랜드 밸모럴성으로 여름휴가를 떠난 상황이었습니다. 그녀는 다이애나의 사고 소식을 듣고 언론으로부터 손자들을 보호하는 데 애썼다고 합니다. 하지만 사람들의 눈에는 왕실이 계속 침묵을 고수하는 것처럼 보였고 여왕을 향한 비판은 점점 거세졌습니다. 심지어는 왕실을 없애자는 목소리도 점점 커졌죠. 아마도 이때가 엘리자베스 여왕의 재위 기간 중 가장 큰 위기였던 것 같습니다.

다이애나의 장례 방식을 두고도 대중과 왕실의 입장이 달랐습니다. 여전히 그녀를 왕실 일원으로 기억하는 사람들이 왕실장으로 장례를 치러야 한다고 목소리를 높인 것입니다. 결국 여왕은 손자들을 데리고 런던으로 돌아왔습니다. 그리고 다이애나의 장례식을 왕실장으로 치르도록 하고, 장례식 전날에는 그녀의 죽음을 추모했습니다.

대중의 싸늘한 시선이 쏟아진 다이애나 사망 사건은 여왕에게 큰 상처로 남았습니다. 그러나 그녀는 '군주는 고개 숙이지 않는다'라는 규칙을 어기면서까지 다이애나의 관을 향해 묵념하며 진심으로 애도하는 모습을 보였습니다. 덕분에 대중의 반감도 상당 부분 가라앉았습니다. 국민과 여왕의 화해는 몇 개월 뒤 열린 여왕과 필립 공의 결혼 50주년 행사에서 확인할 수 있었습니다. 많은 사람이 여전히 화목한 부부인 두 사람을 향해 지지를 보낸 것입니다. 여왕은 다시 사랑받는 군주의 자리에서 맡은 임무를 수행해 나갔습니다.

맨발을 공개한 엘리자베스 여왕

2년 뒤인 1999년, 엘리자베스 여왕은 김대중 전 대통령의 초대로 한국을 방문했습니다. 이때도 여왕이 왕실의 규칙을 깨는 사건이 일어났습니다. 그동안 여왕은 맨발을 보인 적이 없었습니다. 그런데 안동의 고택을 찾은 여왕이 한국 문화를 존중하는 의미로 구두를 벗고 맨발로 문지방을 넘은 것입니다. 평생 처음으로 대중에게 맨발을 공개하는 여왕을 사진에 담으려는 기자들의 플래시

세례가 엄청났다고 합니다. 왕실의 규칙보다 타국의 문화를 존중하는 모습은 많은 이들에게 감동을 주었습니다.

권위를 내려놓고
영원한 스타로 남은 여왕

이렇게 전통을 깨는 것을 두려워하지 않았던 엘리자베스 여왕은 왕실이 지닌 고리타분한 이미지를 벗기 위해 또다시 새로운 시도를 했습니다. 왕실을 영국 최고의 브랜드로 만들기 위해 자신과 왕실을 마케팅 상품으로 활용한 것입니다. 과거에는 군주의 권위를 신성시했기에 국왕의 초상화도 귀하게 여겼습니다. 하지만 지금은 허가를 받는다면 어떤 물건이든 왕실의 문장과 국왕의 얼굴을 새길 수 있고, 누구나 자유롭게 구매할 수도 있죠. 변화를 위한 여왕의 노력은 이뿐만이 아니었습니다. 젊은 세대와도 어우러질 수 있는 왕실임을 보여주기 위해 2012년 런던 올림픽 개막식에서 직접 본드걸로 변신해 깜짝 출연하기도 했습니다. 대역이었지만 비행기에서 뛰어내린 여왕이 올림픽 개막을 선언하러 나타나는 장면은 전 세계 사람들에게 신선한 충격을 주었습니다.

이렇게 세대를 아우르려는 노력과 따뜻한 유머 감각을 가진 여왕은 영국인의 사랑을 받았고, 영국 왕실은 다른 나라의 왕실과 달리 고리타분한 이미지를 벗고 경제 가치가 높은 브랜드로 우뚝 섰습니다. 2021년 영국의 한 경제지는 영국 최고의 브랜드는 왕실이며, 전 세계적으로도 5위 안에 드는 가치를 가졌다고 발표하기도 했습니다.

스타로 자리매김한 엘리자베스 여왕은 이후 패션과 문화에서도 독보적인 아이콘으로 깊은 인상을 남겼습니다. 70년이라는 재위 기간 중 엘리자베스 여왕만큼 사진이 많이 찍힌 군주는 없을 것입니다. 여왕은 평소 격식 있는 의상을 고수했습니다. 하지만 수많은 인파가 몰리는 행사에서는 대중이 자신을 잘 알아볼 수 있도록 눈에 띄는 색상의 의상을 입고 색을 맞춘 커다란 모자를 썼다고 합니다.

여왕의 패션에서 빼놓을 수 없는 소품은 고풍스러운 핸드백입니다. 1950년대부터 하나의 브랜드만 고집했던 엘리자베스 여왕은 200여 개의 가방을 갖고 있었다고 합니다. 여왕이 구매한 브랜드는 영국 왕실로부터 '퀸 로

엘리자베스 여왕의 패션

열 워런트(Queen Royal Warrant)'라는 보증서를 받는데, 이는 최고 수준의 품질임을 인정한다는 뜻이기도 합니다.

평소 여왕은 핸드백을 몸에서 한시도 떼지 않는 것으로 유명했습니다. 여기에는 특별한 이유가 있다고 합니다. 핸드백으로 비밀스럽게 의사를 전달했기 때문이죠. 가령 핸드백에서 립스틱을 꺼내 거울 없이 바르는 것은 '이 자리를 뜨고 싶다'라는 의미입니다. 핸드백을 왼팔에서 오른팔로 옮기는 것은 '대화를 중단하고 싶다'라는 뜻이고, 식사할 때 핸드백을 식탁에 올리는 것은 '빨리 식사를 마치고 싶다'라는 메시지라고 합니다. 핸드백을 바닥에 내려놓으면 '이 대화가 재미없다'라는 뜻이라고 하죠. 정해진 규칙이 아니고 여왕이 직접 밝힌 적도 없지만, 그녀를 오랜 시간 동안 보필한 사람들의 주장이니 아주 틀린 이야기는 아닌 것 같습니다. 실제로 여왕이 핸드백을 움직이면 비서가 다가가 다른 일이 생겼으니 이동해야 한다고 말하는

거울 없이 립스틱을 바르는 여왕

모습이 자주 보였습니다.

엄청난 애견인인 여왕은 60년간 30마리가 넘는 웰시코기를 기른 것으로도 유명합니다. 웰시코기는 여왕이 가는 곳이라면 궁전뿐 아니라 헬리콥터와 기차에도 동반했으며, 평소 버킹엄 궁전의 수많은 방을 두고도 여왕의 개인 공간에서 잠을 잤다고 합니다. 웰시코기는 여왕의 반려견이라는 사실이 알려지면서 희귀품종에서 전 세계 반려인 사이에서 큰 인기를 얻은 품종이 되었습니다.

전통과 새로운 변화 사이의 갈등에서 유연하게 적응하며 수많은 위기에도 결단력 있는 행동을 보여준 엘리자베스 여왕. 21세기에는 왕실이 필요 없다고 주장하는 군주제 폐지론자들마저 그녀가 영국에 엄청난 영향력을 끼쳤음을 인정합니다. 역대 영국 국왕 중 가장 오랜 시간인 70년 동안 영국을 통치한 엘리자베스 여왕은 나라 안팎으로 많은 어려움을 넘겼습니다. 2002년에는 런던 지하철 테러를 경험하며 테러와의 전쟁을 치렀고, 2014년에는 스코틀랜드가 독립을 시도하며 연합왕국이 해체될 위기를 맞이했습니다. 2016년에는 영국 국민이 투표로 유럽 연합 탈퇴를 결정하는 브렉시트를 통과시켜 몇 년간 혼란의 시기를 겪기도 했죠.

이런 변화의 과정에서 여왕은 항상 변함없이 자리를 지켰고, 국론이 분열될 때마다 최대한 중립을 유지하며 적정선에서 무게 있는 발언을 남겼습니다. 변화하는 세상에서 영국인이 기댈 수 있는 정신적 지주가 되어준 것입니다. 여왕의 역할은 아흔이 넘어 생의 마지막이 다가올 때까지도 멈추지 않았습니다. 2020년 코로나 팬데믹이 전 세계를 덮쳤고, 사망자가 속출한 영국도 런던을 봉쇄했습니다. 이때 여왕은 TV 연설을 통해 위로와 격려의 메시지를 보냈습니다.

"우리가 좀 더 참고 견딘다면 더 좋은 날이 올 것입니다. 우리는 친구들을 다시 만나고, 가족과 다시 함께할 것이며, 우리는 다시 만나게 될 것입니다."

한 달 뒤에는 제2차 세계대전 승전 75주년 기념일을 맞아 윈스턴 처칠의 말을 인용해 "절대 포기하지 마십시오. 절대 실망하지 마십시오"라는 연설로 팬데믹에 지쳐있던 사람들에게 용기를 주었죠. 국민이 코로나 백신 접종을 꺼리던 2021년 1월에는 먼저 나서서 백신을 맞기도 했습니다. 역대 영국 국왕 중 가장 나이가 많았고, 가장 재위 기간이 길었던 엘리자베스 여왕은 생을 마치기 불과 몇 개월 전까지도 활발히 대외 활동을 했습니다. 96세의 국왕이 열심히 일상을 살고 공무를 보는 모습은 영국 국민에게 안정감과 희망을 주었습니다.

영국 왕실에 다시 나올지 모를 최고의 군주로 평가받는 엘리자베스 여왕은 2022년 9월, 96세를 일기로 스코틀랜드에서 영면에 들었습니다. 70년이라는 긴 재위 기간 동안 평생 헌신하겠다는 약속을 지킨 여왕이었습니다. 지금 그녀가 없는 영국 왕실의 상황은 그다지 밝지 않습니다. 새로운 국왕인 찰스 3세와 불륜녀라는 꼬리표가 달린 커밀라 왕비에 대한 비판적인 시선이 여전히 존재하기 때문입니다. 여기에 미성년 성폭행 혐의로 불명예스럽게 왕실에서 퇴출당한 셋째 앤드루 왕자와 인종차별을 당했다고 폭로한 해리 왕자와 메건 왕자비까지. 여왕의 자녀와 손자들의 사생활을 둘러싼 잡음은 끊임없이 이어지고 있습니다.

엘리자베스가 왕위에 있던 70년간 영국 왕실은 영연방을 묶어주는 상징적인 역할을 하며 나라가 어려울 때마다 중심을 잡아 주었습니다. 또 기존의 특권을 포기하고 시대에 뒤처지지 않기 위해 변화를 꾀하면서 국민에게 다가가려고 노력했습니다. 21세기 이후에도 영국 군주정이 계속된다면 아마도 엘리자베스 여왕의 역할이 가장 중요하게 기록될 것입니다. 여왕이 떠난 영국은 총리가 45일 만에 사임하고, 33년 만에 기준 금리를 최대치인 3%까지 인상했으며, 이후 영국 최초 비백인 총리가 탄생하는 등 혼란과 변화의 시기를 겪고 있습니다. 이제부터 우리는 영국 국왕이 된 찰스 3세가 여왕의 뒤를 이어 '국민의 사랑을 받는 왕실'이라는 유산을 잘 계승할 수 있을지, 역사의 새로운 장을 함께 지켜봐야겠습니다.

벌거벗은 도널드 트럼프

미국 대통령에서 범죄 혐의 기소자까지

김봉중

● "얼굴에 주먹을 날리고 싶다!"_선거 유세 현장 시위자에게

"지능이 낮다, 미친 사이코다."_자신을 비판한 TV 프로그램 진행자에게

"국경 둘레에 해자를 만들어 뱀이나 악어로 채워라."_멕시코 이민자에 관한 회의 중

"중국 시진핑은 종신 대통령이다. 정말 좋아 보인다. 우리도 언젠가 도전해 보자!"_모금 행사 연설 중

 이 거침없는 말들은 모두 한 사람의 입에서 나온 것입니다. 한마디로 미국 사회를 발칵 뒤집어 놓은 엄청난 영향력을 가진 이 인물은 미국의 제45대 대통령 도널드 트럼프Donald Trump입니다. 한 나라의 대통령, 그것도 세계의 리더를 자처하는 미국의 대통령이 한 발언이라고 하기에는 매우 부적절해 보입니다.

삿대질하는 트럼프

사실 트럼프는 대통령이 되기 전부터 기업의 CEO이자 부동산 재벌로 유명했던 인물입니다. 그는 정치권에 본격적으로 등장하면서 망언을 내뱉었고 '막말꾼', '트러블 메이커', '미국 정치계의 빌런' 등으로 불리며 세계적 이슈의 중심에 섰습니다. 동시에 미국 정치권에서 '트럼프 신드롬'이라는 용어가 나올 만큼 큰 인기를 얻었고, 끝내 대통령까지 당선되었죠.

트럼프는 미국 역사에서 볼 수 없었던 유형의 대통령이었습니다. 미국의 전 국무장관인 헨리 키신저Henry Kissinger는 트럼프를 가리켜 "역사상 한 시대가 종언을 고할 때 등장해 해묵은 가식을 벗겨내는 인물"이라며 긍정적으로 평가했습니다. 반대로 트럼프를 극렬히 싫어하는 사람도 많았습니다. 트럼프가 대통령에 당선되자 이런 사람이 대통령인 나라에서 살 수 없다며 캐나다 이민 신청 사이트의 서버가 다운됐을 정도였죠. 가수 레이디 가가 Lady Gaga는 트럼프 당선에 불만을 품고 뉴욕의 트럼프 타워에서 '트럼프가 싫어하는 것을 사랑한다'라는 피켓을 들고 1인 시위를 했습니다. 우리에겐 '캡틴 아메리카'로 알려진 배우 크리스 에반스Chris Evans도 SNS에 '우리는 불량배가 우리의 미래를 정하도록 놔두었다'라는 글을 올렸습니다.

그런데 트럼프는 대통령 임기를 마친 뒤에도 연일 미국 사회를 뜨겁게 달궜습니다. '범죄 혐의로 기소된 역대 최초의 대통령'이라는 충격적인 사건의 장본인이 된 것입니다. 그는 성 추문 입막음을 비롯한 34건의 범죄 혐의로 기소되었습니다. 놀라운 것은 이런 상황에서도 트럼프가 2024년 미국의 대통령 선거를 앞두고 유력한 후보로 떠오르고 있다는 사실입니다.

이미 한 차례 재선에 실패한 트럼프가 다시 한번 미국을 이끌 인물로 떠오른 이유는 무엇일까요? 대체 트럼프의 어떤 면이 미국인의 마음을 흔들어놓는 것일까요? 지금부터 트럼프의 탄생부터 기소까지 그의 일생을 살펴보려 합니다. 뉴욕의 부동산 재벌이 미국의 대통령이 되기까지의 과정에서 그를 향한 상반된 시선을 제대로 벌거벗겨 보겠습니다.

미국 역사상
가장 부유한 대통령

트럼프는 2016년 미국 대통령 선거에 출마할 당시 재산을 92억 4,000만 달러라고 신고했습니다. 부동산, 현금, 채권, 채무 등을 포함한 그의 재산을 우리 돈으로 환산하면 12조 3,600억 원이 넘습니다. 이는 역대 미국 대통령 중 가장 많은 금액입니다. 미국 역사상 가장 부유한 대통령이었던 트럼프가 엄청난 재산을 모을 수 있었던 이유를 알기 위해서는 그의 가문부터 살펴봐야 합니다. 트럼프 가문의 신화는 1885년에 트럼프의 할아버지인 프레더릭 트럼프Frederick Trump가 독일에서 미국 뉴욕으로 이주하며 시작됐습니다.

이민 초창기에 이발사를 하며 돈을 모으기 시작한 트럼프의 할아버지는 1891년에 시애틀로 이주해 식당을 열었습니다. 그런데 이곳은 평범한 음식점이 아니었습니다. 홍등가 중심에 위치한 식당 1층에는 음식과 술을 마시는 공간이, 2층에는 '레이디 룸'이라는 곳이 있었습니다. 한마디로 성매매 업소이자 음식점이었죠. 트럼프의 할아버지는 이 식당을 운영하며 꽤 많은 돈을 벌었습니다. 하지만 1918년에 알코올 중독과 스페인 독감 합병증으로 49세에 사망했습니다. 그러면서 트럼프의 아버지인 프레드 트럼프Fred Trump가 가장이 되었습니다. 그의 나이는 겨우 12세였죠. 하지만 그는 가업을 이어받지 않았습니다.

트럼프의 아버지는 고등학교 때부터 목수 일을 배웠고, 이후 뉴욕에 독립 주택을 지어 팔면서 집안을 일으키기 시작했습니다. 부동산 재벌인 트럼프 가문의 초석을 마련한 것입니다. 프레드는 시간이 흘러 뉴욕에 고층 빌딩까지 건설할 만큼 자수성가했습니다. 그는 특히 정부의 주택 보조금을 이용해 많은 돈을 벌었습니다. 대공황 시기였던 1934년, 루스벨트 정부는 주택 위기를 해결하기 위해 연방주택관리국(FHA)을 설립했습니다. 이를 통해 주택 건설에 대대적으로 재정을 지원했죠. 트럼프의 아버지는 저소득층을 위한 주택을 짓는다는 명목으로 매우 저렴한 이자로 대출을 받았고, 적은 비용으로 집을 지어 많은 이익을 남겼습니다. 1930년대 후반에 트럼프의 아버지가 뉴욕에 소유한 주택은 2,500여 채나 됐습니다. 부동산 재개발로 백만장자가 된 것입니다. 덕분에 트럼프는 금수저를 넘은 다이아몬드 수저로 자랐습니다.

트럼프는 1946년 6월 14일 뉴욕 퀸스에서 3남 2녀 중 넷째로 태어났습니다. 그가 살던 집은 방이 23개, 화장실이 9개나 되는 대저택이었죠. 하지만 부동산 재벌인 그의 아버지는 돈을 벌기 위해서는 무엇보다 돈을 아껴야 한다고 믿는 사람이었습니다. 성공한 뒤에도 브루클린의 작고 허름한 사무실에서 밤낮없이 일했던 트럼프의 아버지는 주말이면 아이들을 공사장으로 데려갔습니다. 그곳에서 고철이나 못, 빈 병 등 돈이 되는 것을 줍게 해 재활용하거나 내다 팔게 한 것입니다. 이렇다 보니 트럼프 형제들은 스스로를 가난한 백인이라고 생각하며 자랐다고 합니다. 훗날 트럼프는 이 시절의 경제 교육이 사업가로 성장하는 데 많은 도움이 되었다고 밝혔습니다.

트럼프의 어린 시절

재벌집 망나니,
트럼프

트럼프의 아버지가 경제 교육에는 성공했을지 몰라도 트럼프는 어린 시절부터 악명 높은 트러블 메이커였습니다. 유별난 성질머리로 동네 사람들에게는 공포의 대상이었죠. 하루는 옆집에서 공놀이 중 트럼프의 집으로 공이 넘어갔습니다. 이때 트럼프는 공을 돌려주지 않고 경찰을 부르겠다며 난리를 쳤다고 합니다. 동생과 블록으로 집짓기 놀이를 하다가 블록이 모자라자 동생에게 빌려다 집을 지었는데, 만들고 보니 너무 맘에 들어 블록들을 접착제로 붙여 버린 일도 있었죠. 학교에서는 여학생들에게 음료수를 뿌리거나 괴롭히기 일쑤였고, 선생님 얼굴에 주먹을 날려 멍이 들게 한 적도 있었습니다. 이때를 또렷하게 기억하고 있던 트럼프는 회고록에 다음과 같은 글을 남겼습니다.

'초등학교 2학년 때 선생님 얼굴에 멍이 들게 한 일이 있다. 어리석
게도 음악 선생님이 음악에 대해 아무것도 모른다고 생각해 주먹
을 휘두른 것이다. (중략) 그 사건을 자랑하고 싶지는 않지만, 어릴
때부터 자립하려는 생각이 있었으며 폭력적 방법을 통해서라도
내 생각을 알리고자 했던 것만은 분명하다. 지금은 주먹 대신 머
리를 쓰려는 점이 바뀌었을 뿐이다.'

이 사건으로 학교가 발칵 뒤집어졌습니다. 당시 학교 이사회에서 활동하
던 트럼프의 아버지가 간신히 수습해 학교에서 쫓겨나지 않았다고 합니다.

아들의 망나니짓을 더는 두고 볼 수 없었던 아버지는 특단의 조치를 내
렸습니다. 트럼프가 중학교에 진학할 시기가 되자 일반 학교 대신 군사학교
에 보내기로 한 것입니다. 엄격한 규율과 통제가 존재하는 군사학교에서 트
럼프를 길들일 생각이었죠.

1959년, 13세의 트럼프는 뉴욕 군사학교에 입학했습니다. 이곳은 국가에
서 세운 사관학교가 아닌 군대식 교육을 도입한 기숙형 학교입니다. 학생
들은 군복을 입고 생활했으며, 매일 아침 6시에 일어나 밤 10시까지 정해
진 일정표를 따랐습니다. 여기에는 공부는 물론 체력 단련과 리더십 과정
등이 포함되어 있었죠. 이곳을 나온다고 해서 모두 군인이 되는 것은 아닙
니다. 쉽게 말해 트럼프가 입학한 군사학교는 문제아가 사회에 나가 제대로
생활할 수 있도록 교육하는 곳이었습니다. 학비도 현재 기준 1년에 3만~4
만 달러로 매우 비싼 학교입니다.

트럼프는 군사학교에서 자신을 통제하는 훈련과 리더십, 그리고 경쟁심을 높이는 자세를 배웠습니다. 이는 트럼프가 사업가로 성공하는 데 소중한 토대가 되었다고 합니다. 당시 그와 함께 교육을 받았던 친구들도 트럼프를 '경쟁심 넘치는 리더'로 기억한다고 증언했습니다. 운동 실력이 좋았던 트럼프는 야구, 농구, 볼링, 미식축구 종목에서 학교 대표로 활동하기도 했습니다. 특히 야구 실력이 뛰어나 메이저리그인 보스턴 레드삭스와 필라델피아 필리스의 스카우트 명단에도 올랐다고 합니다. 덕분에 또래 여학생 사이에서도 꽤 인기가 높았죠. 전교생이 남학생인 뉴욕 군사학교는 일요일에만 여학생의 출입을 허용했는데, 동기생의 목격담에 따르면 트럼프는 주말마다 다른 여학생과 팔짱을 끼고 교정을 걸어 다녔다고 합니다. 실제로 뉴욕 군사학교 졸업 앨범에는 트

뉴욕 군사학교 시절 트럼프

Ladies' Man: TRUMP

'레이디스 맨'으로 선정된 트럼프

럼프의 사진과 함께 '레이디스 맨(Ladies' Man)'이라는 설명이 실렸습니다. 그가 일종의 인기투표에서 1등을 차지한 것입니다.

뉴욕의 부동산 왕을
꿈꾸다

군사학교를 졸업한 트럼프는 아버지를 따라 부동산 사업을 하겠다고 결심했습니다. 10대 시절부터 방학이나 주말이면 아버지를 따라다니며 하청업자를 다루는 법, 건물을 살피는 법, 건축용 토지를 매매하며 흥정하는 법 등을 배운 트럼프는 부동산업에 꽤 흥미를 느꼈습니다. 그는 목표를 이루기 위해 뉴욕 포덤 대학교 경영학과에 진학했습니다. 대학에서 본격적으로 경영 공부를 시작한 트럼프는 2년 후 경영대학의 명문인 펜실베이니아 대학교의 와튼 스쿨에 편입했습니다. 부동산 개발학과 첫 수업 시간에 교수로부터 왜 이 과목을 수강했냐는 질문을 받은 트럼프는 망설임 없이 "저는 뉴욕 부동산업계의 왕이 되고 싶습니다"라고 대답했다고 합니다. 그리고 그 꿈을 이루기 위해 본격적으로 활동을 시작했습니다. 다음은 트럼프가 남긴 글의 일부입니다.

'대학 시절에 친구들이 신문의 만화나 스포츠 기사를 읽고 있을 때, 나는 연방주택관리국의 저당권 상실 명단을 살펴보곤 했다. 정부에서 융자를 받았다가 저당권을 잃은 건물의 목록을 살피는 취미는 이상하게 보일지도 모르지만, 내가 노린 점은 바로 그것이었다.'

저당권 상실 명단은 건물을 담보로 정부에서 돈을 빌렸다가 갚지 못해 경매에 넘어간 건물을 의미합니다. 명단을 들여다보던 트럼프는 정부가 이 건물들을 빨리 처리하고 싶어 한다는 사실을 알게 됐습니다. 이는 명단 속 건물을 매우 싼 가격에 사들일 수 있다는 뜻이기도 했죠. 이때 오하이오주 신시내티에 있는 1,200가구의 아파트 단지가 트럼프의 눈에 들어왔습니다. 800가구나 비어 있고 건축업자가 도산해 정부가 저당권을 압류해 버린 곳이었죠. 하지만 트럼프는 건물의 조건이 나쁘지 않은 데다 무척 싼 값에 아파트 단지를 손에 넣을 절호의 기회라고 생각했습니다.

트럼프는 이 아파트 단지를 아버지와 함께 약 600만 달러에 인수했습니다. 현재 가치로 약 4,700만 달러(약 620억 원)입니다. 그는 아파트를 좀 더 매력적인 거주지로 만들기 위해 당시로서는 꽤 큰 돈인 80만 달러를 들여 리모델링을 했습니다. 그다음에는 신문광고로 아파트를 홍보했습니다. 월세를 내면 두 개의 수영장과 그 옆에 딸린 라운지 클럽, 전기, 가스, 난방, 온수까지 무료로 이용할 수 있다는 내용이었죠. 당시 부동산 광고가 거의 없던 신시내티에서 이 같은 적극적인 홍보는 사람들의 관심과 함께 입소문

신문에 실린 아파트 임대 광고

을 만들어냈습니다. 트럼프가 리모델링을 명목으로 기존보다 임대료를 올렸음에도 1년도 되지 않아 단지 전체를 임대하는 데 성공한 것입니다. 이후 트럼프는 이 아파트 단지를 사들인 돈의 두 배인 1,200만 달러에 매각했습니다.

시간이 지난 뒤 트럼프는 신시내티 아파트 단지를 자신이 벌인 최초의 큰 사업이라며 자랑스러워했습니다. 하지만 어린 나이에 부동산 사업에 진출한 트럼프의 첫 성공으로 보기 어렵다는 의견도 있습니다. 순전히 혼자 힘으로 이룬 것이 아니라 아버지의 재력이라는 아빠 찬스를 쓴 성공이기 때문입니다.

트럼프가 부동산 사업에서 남다른 재능이 있음을 확인한 아버지는 둘째 아들인 트럼프에게 자신의 사업을 물려주기로 했습니다. 처음에는 첫째 아들인 프레드 트럼프 주니어Fred Trump, Jr.도 집안의 부동산 사업에 참여했습니다. 하지만 본래부터 사업에는 흥미가 없는 데다 사사건건 아버지와 부딪히기 일쑤였죠. 결국 그는 부동산 일을 관두고 자신이 원했던 파일럿이 되었습니다.

25세에 아버지의 사업을 물려받은 트럼프는 회사명을 '트럼프 기업Trump Organization'이라 지었습니다. 자신의 성을 딴 회사를 순조롭게 경영한 덕분에 2년 뒤에는 아버지로부터 뉴욕 아파트 1만 4,000여 채까지 상속받았습니다. 당시 트럼프가 소유한 뉴욕 아파트의 평균 월세가 250달러 정도였으니, 한 달에 월세로만 350만 달러를 버는 셈이었죠. 이는 트럼프가 더 큰 성공을 거두는 종잣돈이 됐습니다.

이렇게 승승장구하던 트럼프에게 뜻밖의 위기가 닥쳤습니다. 1973년에 트럼프 기업이 '공정 주택법'을 위반했다며 고소당한 것입니다. 공정 주택법은 주택을 구매, 판매, 또는 임대할 때 인종, 피부색, 종교, 성별, 출신국 등을 근거로 부당한 대우를 받지 않도록 1968년에 제정한 법입니다. 그런데 트럼프 기업이 흑인에게 아파트를 임대하지 않은 것입니다. 당시 〈뉴욕타임스〉는 '도시 내 흑인 편견으로 기소된 주요 건물주'라는 타이틀로 이 사건에 관한 기사를 실었습니다. 트럼프 기업이 인종과 피부색을 이유로 흑인에게 아파트 임대 또는 임대 협상을 거부했으며, 법무부가 소송을 제기했다는 내용입니다.

고소당한 트럼프는 오히려 정부를 상대로 1억 달러의 손해배상을 청구하는 소송을 제기했습니다. 백인, 흑인에 상관없이 집세를 낼 수 있다고 판단되는 사람에게만 집을 임대하는 것은 집주인의 고유 권리라고 주장한 것입니다. 하지만 소송은 기각되었고, 사건은 트럼프가 흑인 신문에 임대 광고를 싣고 빈 아파트의 일정 매물을 저소득에 먼저 임대 해준다는 조건으로 마무리되었습니다.

사실 트럼프 가문에는 인종차별주의자라는 의심을 받은 사람이 또 있습니다. 트럼프의 아버지가 1920년대에 백인 우월주의 비밀 결사 단체인 KKK 단원이었다는 의혹을 받은 것입니다. 1927년에 약 1,000명의 KKK 단원이 뉴욕 퀸스에 모여 파시스트들을 옹호하는 시위를 벌인 적이 있습니다. 이 사건의 체포자 명단에 트럼프의 아버지인 프레드 트럼프라는 이름이 있었던 것입니다. 하지만 그는 얼마 후 훈방으로 풀려났다고 합니다.

체포 명단 속 프레드 트럼프의 서명

뉴욕의 황금 청년으로
거듭나다

　1975년, 트럼프는 뉴욕 중의 뉴욕으로 불리며 월스트리트와 UN 본부가
자리한 맨해튼에서 대형 사업을 벌였습니다. 한때는 유서 깊은 건물이었지
만 이제는 낡을 대로 낡아버린 코모도 호텔을 새로운 호텔로 바꾸겠다는
것입니다. 당시 코모도 호텔은 적자가 심해 수년간 재산세를 내지 못했고,
세금 미납액만 600만 달러였습니다. 트럼프가 망해버린 호텔에 투자하는
것을 두고 그의 아버지는 "코모도를 사겠다는 발상이 침몰하는 타이태닉
호 갑판에서 자리를 차지하겠다고 싸우는 것과 뭐가 다르냐"라면서 반대했
죠. 하지만 트럼프의 생각은 달랐습니다. 코모도 호텔은 뉴욕 중심가인 42
번가와 파크 애비뉴에 위치하고, 유동인구가 많은 그랜드 센트럴 터미널이
가까워 투자 가치가 있다고 결론 내린 것입니다.

　트럼프는 자신의 생각을 곧바로 실행에 옮겼습니다. 1,000만 달러에 호
텔을 매입하고 7,000만 달러 이상을 투자해 대대적인 보수 공사에 들어갔
습니다. 특히 호텔의 외관을 완전히 바꾸는 데 심혈을 기울였습니다. 건물
을 벽돌 대신 반사력이 좋은 유리로 둘러쌌는데 당시로서는 쉽게 찾아볼
수 없는 파격적인 방식이었죠. 호텔 로비에는 대리석 바닥을 깔았고, 42번
가를 한눈에 굽어볼 수 있는 레스토랑도 만들어 이목을 끌었습니다.

　이렇게 오래된 호텔을 대대적으로 바꾼 다음에는 이곳을 경영할 적임자
를 찾았습니다. 이때 트럼프의 눈에 들어온 것이 거대 호텔 체인 중 하나인
하얏트 호텔입니다. 각종 회의장으로 많이 이용하는 하얏트 호텔이 이곳
에 들어온다면 상당한 영업 이익을 낼 것이라 계산한 것입니다. 아직 뉴욕

코모도 호텔의 리모델링 전후

에 간판을 내걸지 못했던 하얏트 호텔 입장에서도 손해 볼 일은 아니었죠. 1980년 9월, 옛 코모도 호텔은 그랜드 하얏트 호텔로 새롭게 문을 열었습니다. 당시 트럼프는 지분 50%와 함께 자신의 허락 없이는 뉴욕 어디에도 하얏트 측이 다른 호텔을 세울 수 없다는 독점 계약을 맺었습니다. 때문에 지금도 뉴욕에는 하얏트 호텔이 단 하나밖에 없죠.

호텔은 오픈 첫날부터 북적였습니다. 과거 코모도 호텔이었던 1974년에 평균 20달러 80센트를 받았던 1박 객실료는 1980년에 그랜드 하얏트 호텔이 되면서 115달러까지 올라갔습니다. 이후에도 객실료는 꾸준히 상승해 7년 만에 연간 총 영업 수익이 3,000만 달러(약 397억 원)를 기록했다고 합니다. 자칫 도시의 흉물로 남을 뻔 한 낡은 호텔을 뉴욕의 거대 호텔 체인으로 탈바꿈한 트럼프는 다음 세대의 젊은 사업가로 불리며 언론의 주목을 받았습니다.

사실 트럼프가 하얏트 호텔을 성공시키고 많은 돈을 번 것은 숨은 조력자가 있었기 때문입니다. 그는 뉴욕시로부터 무려 40년간 대대적인 세금 감면 혜택을 받았습니다. 이런 일이 가능했던 이유를 알기 위해서는 1970년대 뉴욕의 상황부터 살펴봐야 합니다. 이 시기 뉴욕은 범죄율이 높기로 악명 높은 도시였습니다. 1975년에 뉴욕에서 일어난 폭력 사건만 15만 건이 훌쩍 넘었고 이미 센트럴 파크와 타임스퀘어, 뉴욕 지하철 등은 대표적 우범지대가 되었습니다. 뉴욕을 방문한 사람들에게 배포한 《뉴욕 방문객을 위한 생존 가이드》에는 '오후 6시 이후에는 거리에 나가지 말 것, 대중교통 이용을 자제하고 핸드백을 안전하게 보호할 것' 등의 내용이 담길 정도였죠. 치안 문제가 심각해지자 뉴욕에 거주하던 수많은 중산층이 교외로 빠져나갔고, 뉴욕시가 거둬들이는 세금은 급격히 줄었습니다. 1970년대 중반에는 부채가 110억 달러까지 치솟으면서 뉴욕시의 재정 상태는 최악으로 치달았습니다.

이런 상황에서 트럼프가 뉴욕시에 세금 감면 혜택을 요청한 것입니다. 그 대가로 건설과 서비스업 분야에서 새로운 일자리 수천 개를 만들겠다는 명분을 내걸었습니다. 동시에 호텔 주변 지역을 살리고 호텔이 벌어들이는 이익을 뉴욕시와 나눠 가질 수 있다고도 설득했죠. 하지만 뉴욕시를 실질적으로 움직인 것은 트럼프의 아버지가 그간 쌓아온 대규모 커넥션이었습니다. 그는 뉴욕시로부터 세금 감면 혜택을 받기 위해 친분이 두터운 뉴욕 시장과 시의원, 언론 등 자신의 모든 인력과 최강의 법률 자문단을 활용했습니다.

이때 트럼프의 법률 자문단에서 활동한 사람 중 하나가 로이 콘Roy Cohn입니다. 국회의원 보좌관 출신인 그는 뉴욕에서 변호사로 활동하던 중 트럼프 아버지의 소개로 트럼프와 인연을 맺었습니다. 두 사람은 사업은 물론 개인사에까지 깊숙이 관여할 만큼 돈독한 사이가 됐습니다. 로이 콘은 훗날 트럼프의 정치적 멘토로 알려지기도 했죠. 재미있는 사실은 당시 그의 별명이 '악마의 변호사'였다는 것입니다. 1960년대~1970년대에 마피아 보스와 유명 인사들의 사건을 맡아 수단과 방법을 가리지 않고 덤벼들어서 생긴 별명이었죠.

모든 수단을 동원한 트럼프가 세금 감면으로 얻은 혜택은 어느 정도일까요? 뉴욕시는 하얏트 호텔의 감세액을 연간 400만 달러로 추산했습니다. 하지만 뉴욕시 재무국이 분석한 결과는 달랐습니다. 감세액은 1983년 630만 달러에서 2016년에는 1,780만 달러까지 급증했으며, 이를 모두 합하면 3억 5,930만 달러(약 4,760억 원)에 이르는 것으로 집계되었죠. 한 지역의원은 엄청난 혜택을 두고 '세기의 세금 거래'라고 했을 만큼 논란은 끊이지 않았습니다. 더욱 놀라운 것은 트럼프의 반응이었습니다. 어느 날 한 기자가 세금 감면 혜택 논란에 관해 묻자 트럼프가 "어떻게 40년간 면세를 받았냐

트럼프와 로이 콘

고? 50년을 요구하지 않아서 그렇다"라
며 오히려 불만스럽다는 투로 대답한
것입니다. 파격적인 세금 감면 혜택은
이후 벌어질 트럼프의 부동산 사업에도
중요한 발판이 됐습니다.

트럼프와 이바나의 결혼

　자신의 첫 대형 재개발 사업을 성공
리에 진행하는 사이 트럼프는 개인적으
로도 인생에서 매우 중요한 순간을 맞
이했습니다. 1977년에 체코 출신 모델
이바나 젤니치코바Ivana Zelníčková와 결혼한 것입니다. 두 사람 사이에서는
장남 트럼프 주니어Trump Jr., 장녀 이방카Ivanka, 차남 에릭Eric이 태어났습
니다. 이 시기 트럼프는 성공한 사업가이자 행복한 가정을 이끄는 완벽한
가장의 이미지로 미국인에게 선망의 대상으로 떠올랐습니다. 아내 이바나
도 트럼프 그룹에서 인테리어 디자인 담당 부사장으로 활약하며 매스컴에
노출됐죠. 어느새 두 사람은 뉴욕에서 가장 유명한 파워 커플로 불리며 신
흥 귀족 같은 대우를 받았습니다.

트럼프 제국의 결정판,
트럼프 타워

　1983년 11월, 뉴욕 한복판에 높이 202m의 58층짜리 주상복합 건물이
들어섰습니다. 트럼프가 뉴욕에서 최고로 화려한 건물을 짓겠다며 땅값 1

억 1,500만 달러, 공사비 2억 달러를 투자해 트럼프 타워를 세운 것입니다. 당시 뉴욕에서 가장 높은 콘크리트 건물이기도 했죠. 트럼프는 이 명성을 유지하기 위해 주변 건물의 공중권까지 매입할 만큼 건물의 높이에 집착했습니다. 공중권은 토지와 건물의 상부 공간을 개발할 수 있는 권리로, 다른 부동산 개발업자들이 트럼프 타워 주변에 더 높은 건물을 짓지 못하도록 사전에 차단해 버린 것입니다.

트럼프 타워의 분양가는 펜트하우스를 제외하고 최고 1,200만 달러에 달했습니다. 우리 돈으로 약 158억 원입니다. 분양가가 비싸다 보니 스티븐 스필버그Steven Spielberg, 브루스 윌리스Bruce Willis, 마이클 잭슨Michael Jackson 같은 거물급 유명 인사들이 트럼프 타워에 거주했죠. 특히 마이클 잭슨은 1984년에 엘비스 프레슬리Elvis Presley의 딸 리사 마리 프레슬리Lisa Marie Presley와 결혼식을 올린 후 사생활 보호를 위해 이곳에서 신혼 생활을 했습니다. 지금도 뉴욕에서 트럼프 타워에 산다는 것은 성공을 의미합니다.

트럼프 타워가 뉴욕의 랜드마크이자 부와 권력의 상징이 된 데는 트럼프의 판매 전략이 큰 역할을 했습니다. 그 방법은 파는 사람이 오히려 까다롭게 구는 역판매 기술이었죠. 트럼프는 이곳에 관심 있는 사람들에게 서둘러 계약서를 내미는 대신 이 아파트를 기다리는 대기 명단이 있다고 설명했습니다. 사기 힘든 것처럼 보일수록 더 많은 사람이 그것을 원한다는 사실을 알고 있었기 때문이죠. 그의 의도대로 트럼프 타워는 수요 급증으로 가격이 폭등했습니다. 이때 지금은 영국의 국왕이 된 찰스 3세가 이제 막 결혼한 다이애나비와 함께 트럼프 타워에 입주한다는 소문이 돌면서 전 세계의 주목을 받기도 했습니다. 트럼프는 소문이 사실이냐는 질문에 명확히 답하지 않았습니다. 물론 찰스 왕세자 부부가 트럼프 타워를 매입하는 일은 없었죠. 소문에 긍정도 부정도 하지 않은 트럼프 덕분에 타워는 대대적으로 널리 알려졌고, 성사되지 않은 거래는 가장 큰 도움이 된 거래가 되었습니다.

그런데 트럼프가 하얏트 호텔과 트럼프 타워로 뉴욕 땅에 자신의 이름을 알리며 승승장구하던 이 시기, 이런 모습을 탐탁지 않게 여긴 인물이 나타났습니다. 뉴욕 시장이었던 에드워드 코흐Edward Koch입니다. 트럼프는 트럼프 타워를 지을 때도 뉴욕시에 세금 감면을 요청했습니다. 하지만 에드워드 코흐 시장은 뉴욕의 세금 면제 혜택은 고급 건물이 아닌 저소득층을 대상으로 한 주택 건설을 장려하기 위해 만든 것이라며 거절했습니다. 트럼프 타워처럼 부자들을 위한 건물을 짓는데 세금 혜택을 줄 수 없다는 것이었죠. 그는 오히려 트럼프 같은 기업인을 위한 세금 감면을 철회해야

트럼프 vs 에드워드 코흐

한다고 주장했습니다.

뉴욕 시장의 결정에 트럼프는 바로 뉴욕시를 상대로 소송을 제기했습니다. 세금 감면액 7,400만 달러를 둘러싼 뉴욕시와 트럼프의 소송전은 상소법원에서 7 대 0, 즉 만장일치로 트럼프가 승소했습니다. 이 소송으로 트럼프는 재정적으로 큰 성공을 거뒀을 뿐 아니라 뉴욕에 자신의 신용과 명성을 또다시 증명했습니다.

트럼프와 에드워드 코흐의 갈등은 여기서 끝나지 않았습니다. 이들의 두 번째 갈등은 센트럴 파크 근처의 울먼 스케이트장에서 비롯했습니다. 1950년에 지은 이 공영 스케이트장은 1980년에 보수 공사에 들어갔습니다. 그런데 2,000만 달러라는 돈을 들이고, 6년의 세월이 지났음에도 별다른 진척이 없었습니다. 이곳이 트럼프 눈에 들어온 것입니다. 트럼프 타워를 짓는데 2년 반이 걸렸으니 스케이트장은 몇 달이면 완공할 수 있다는 확신이 든 것이죠. 사이가 나빴던 코흐 시장이 협조하지 않아 애를 먹었지만 뉴욕시와의 논의 끝에 트럼프는 스케이트장 보수 작업을 맡았습니다. 그는 5개월간 225만 달러를 들였고, 1986년 11월에 스케이트장을 개장했습니다.

뉴욕에 스케이트장이 다시 문을 열자 시민들은 환호했습니다. 트럼프에 따르면 연간 50만 명의 뉴욕 시민이 스케이트장을 이용했다고 합니다. 실제로 시민들은 크리스마스 때마다 이곳에서 추억을 만들었죠. 트럼프는 스케이트장 보수 사업으로 자신의 영향력을 다시 한번 보여주었고, 시민 사이에선 영웅이 되며 이미지를 한껏 끌어올렸습니다. 이제 뉴욕의 부동산 재벌을 넘어 도시 자체를 바꾼 트럼프 제국의 명성은 더욱 견고해졌습니다.

뉴욕 부동산 왕,
카지노 사업에 진출하다

　뉴욕에서 거침없는 성공 가도를 달린 트럼프는 새로운 사업에 도전하기 시작했습니다. 그는 먼저 애틀랜틱시티로 향했습니다. 1977년 동부지역에서 유일하게 도박을 합법화한 도시였기 때문입니다. 이곳에서 카지노 허가권을 따낸 후 1984년에는 '트럼프 플라자 호텔 카지노'를, 1985년에는 '카지노 트럼프 캐슬'을 개장했죠. 어느새 그는 애틀랜틱시티 카지노 시장의 30%를 차지했습니다. 줄줄이 카지노를 인수한 트럼프가 1985년에만 벌어들인 수익은 5,800만 달러(약 776억 원)였습니다. 카지노 트럼프 캐슬의 1986년 수익은 2억 6,000만 달러(3,470억 원)였죠. 트럼프는 여기서 멈추지 않고 스포츠, 항공사 인수 등 새로운 사업에 도전했고 트럼프 제국은 더욱 확장되었습니다.

　30대를 성공으로 장식한 트럼프는 40대에 들어선 1987년에 사업 노하우와 성공 전략을 집약한 책을 선보였습니다. 《거래의 기술》이라는 이 책은 출간 후 32주간 〈뉴욕타임스〉 논픽션 부문 베스트셀러 1위에 올랐고, 미국에서만 500만 부 이상이 팔렸을 정도로 선풍적인 인기를 끌었습니다. 〈뉴욕타임스〉는 《거래의 기술》의 인기 요인을 젊은이들의 꿈과 이상이 트럼프의 이미지와 일치하기 때문이라고 분석하기도 했죠. 출간 후 트럼프 타워에서 대대적인 출판기념회가 열렸고, 트럼프는 홍보를 위해 TV 쇼에도 출연했습니다. 방송은 트럼프 가족을 미국의 왕족처럼 묘사했고, 트럼프가 TV에 나올 때마다 그의 책은 불티나게 팔렸습니다. 이후에도 트럼프는 19권의 책을 출간하며 베스트셀러 작가로 불리기도 했습니다.

1987년 10월 19일, 영원히 빛날 것만 같던 트럼프 제국에 위기가 닥쳤습니다. 뉴욕 증권시장에서 주가가 대폭락하는 '검은 월요일' 사태가 벌어지면서 미국이 불경기에 접어든 것입니다. 이런 상황에서도 트럼프는 타지마할 카지노 인수라는 무리한 투자를 강행했습니다. 마라라고 리조트와 이스턴 항공 인수도 이 무렵 이뤄졌습니다. 하지만 타지마할 카지노 개장을 앞두고 저축대부조합의 연쇄 도산과 걸프전쟁까지 발발하면서 미국 경제는 또 한번 휘청였습니다. 트럼프는 이자율이 14%나 되는 고위험 채권까지 발행하며 버텼으나 이내 무너지고 말았습니다. 타지마할 카지노 개장 이후로 수익이 급격히 감소하더니 1990년에는 그가 운영하던 세 개의 카지노에서만 매년 9,400만 달러(약 1,245억 원)의 부채가 발생한 것입니다. 결국 타지마할 카지노, 트럼프 플라자 호텔 카지노, 카지노 트럼프 캐슬까지 줄줄이 파산 신청을 했습니다. 뉴욕의 부동산 왕이 파산 왕으로 전락한 순간이었죠.

그러나 트럼프의 생각은 달랐습니다. 회사는 파산 신청을 했지만, 자신은 파산하지 않았기 때문입니다. 게다가 트럼프는 파산도 사업의 일부이며 적절히 이용하면 도움이 된다고 보는 쪽이었죠. 다만 그동안 벌인 사업의 연이은 파산으로 위기에 몰린 상황을 타파할 방법이 필요했습니다. 그가 찾은 해결책은 뉴욕 증권거래소에 회사를 상장하는 것이었습니다. 이를 위해 트럼프는 호텔, 카지노, 리조트의 주식을 팔아 새로운 회사의 주식을 발행했습니다. 트럼프의 타이밍은 기가 막혔습니다. 인플레이션이 안정되는 상황에서 석유 가격이 제2차 세계대전 이후 최저까지 떨어졌고, 인터넷 관련 신기술 산업이 폭발적으로 성장하며 주식시장이 다시 살아난 것입니다. 덕분에 트럼프가 1주당 14달러에 인수한 주식은 1년 만에 35달러 50센트까지 올랐습니다. 주식으로 약 3억 달러를 확보한 트럼프는 파산 왕이라는 불명예에서 벗어났습니다.

트럼프가 파산의 위기에서 부침을 겪는 사이 그의 결혼 생활도 파경의 길에 들어섰습니다. 트럼프가 배우 말라 메이플스Marla Maples와 바람을 피운 것입니다. 《거래의 기술》 출판기념회에서 말라를 보고 첫눈에 반한 트럼프는 몰래 불륜을 저질렀습니다. 1989년에 크리스마스를 맞아 가족들과 함께 간 스키장까지 말라를 불러들이며 두 사람의 불륜이 들통났습니다. 결국 트럼프와 이바나는 1991년에 이혼했습니다. 2년 뒤 말라와의 사이에서 딸이 탄생했고, 그해 12월에 두 사람은 결혼식을 올렸습니다.

뉴욕의 부동산 왕에서 카지노의 제왕을 거쳐, 파산 위기 극복까지 다사다난한 일을 겪은 트럼프는 1990년대 중반이 되자 쇼 비즈니스 사업에 발을 들였습니다. 먼저 1996년 '미스 USA'와 '미스 유니버스' 조직위원회를 인수해 미녀 사업에 뛰어들었습니다. 이 사업이 돈이 될 거라 판단한 트럼프

말라 메이플스와 트럼프

는 당시 별다른 인기를 끌지 못한 미인대회의 형식을 바꿔 NBC 방송사를 통해 내보냈습니다. 대회는 높은 시청률 속에 큰 성공을 거뒀죠. 여기서 그치지 않고 1999년에는 '트럼프 모델 매니지먼트'라는 회사를 세워 매년 100만~500만 달러 사이의 수익을 얻었다고 합니다.

모델 사업을 하던 트럼프는 또다시 사랑에 빠졌습니다. 상대는 1998년 11월 패션위크 파티에서 만난 24세 연하의 슬로베니아 출신 모델 멜라니아 Melania입니다. 훗날 미국의 퍼스트레이디가 된 인물이죠. 두 번째 부인 말라와 이혼한 트럼프는 2005년에 멜라니아와 세 번째 결혼식을 올렸습니다.

이렇게 사업으로도 사생활로도 화제를 몰고 다닌 트럼프는 점차 대중매체에서도 존재감을 드러내기 시작했습니다. 영화 〈나 홀로 집에 2〉, 드라마 〈섹스 앤 더 시티〉에 카메오로 등장하는가 하면, 자신의 호텔에서 월드 레슬링 엔터테인먼트(WWE) 대회를 개최해 링 위에서 레슬링 기술을 선보이기도 했죠.

트럼프와 멜라니아

그러던 중 2004년에 그의 인생을 바꾸어 놓을 프로그램을 만났습니다. NBC 리얼리티 쇼 〈어프렌티스〉의 진행자이자 공동 프로듀서로 참여하게 된 것입니다. 참가자들이 트럼프의 회사 중 하나를 선택해 연봉 25만 달러를 받고 1년간 경영하는 조건으로 경쟁을 벌이는 프로그램이었죠. 그 과정에서 트럼프가 출연자를 향해 "넌 해고야(You're fired)"라는 유행어를 외치며 악랄하게 비난할수록 쇼의 인기는 높아져만 갔습니다. 〈어프렌티스〉는 최대 4,000만 명이 즐겨보는 화제의 프로그램이 됐죠. 트럼프는 〈어프렌티스〉를 14시즌 동안 진행하면서 2억 1,300만 달러가 넘는 돈을 벌었다고 합니다.

미국인들은 〈어프렌티스〉를 보며 예리하고, 판단력이 탁월하며, 단호한 트럼프라는 캐릭터의 매력에 푹 빠졌습니다. 실제로 그가 어떤 인물인지는 중요하지 않을 정도였죠. 〈어프렌티스〉가 없었다면 대통령 트럼프도 없었을 것이라는 말이 있을 정도로 이 프로그램은 트럼프의 대통령 당선에 결정적인 역할을 했습니다.

관종 트럼프, 대선 출마를 선언하다

트럼프가 미국 정치계에 혜성처럼 등장한 것으로 알려졌지만, 그는 1987년부터 정치 활동을 시작했습니다. 1987년~1999년 공화당, 1999년~2001년 개혁당, 2001년~2009년 민주당을 거쳐 2009년에 공화당으로 돌아왔습니다. 이후 공화당을 탈당해 무소속이 됐다가 2012년부터 다시 공화당에 정착했죠. 무려 6번이나 당적을 바꿔가면서 꾸준히 정치에 관심을 가졌던 것입니다.

한곳에 정착하지 못하던 트럼프가 정치인으로 주목받게 된 계기는 버락 오바마Barack Obama 전 대통령이 재선 도전을 앞둔 2011년이었습니다. 당시 트럼프는 오바마 대통령의 출생지가 미국이 아닌 케냐이며, 애초에 대통령이 될 자격이 없다고 강력히 주장했습니다. 오바마의 출생 이슈를 거론하며 지지층 확보를 시도한 것이죠. 출생지 의혹이 계속되자 오바마 대통령은 하와이에서 태어났다는 내용이 담긴 출생증명서까지 공개했습니다. 이로써 사건은 일단락되는 것처럼 보였습니다. 하지만 얼마 후 열린 백악관 출입기자단 연례 만찬에서 트럼프와 오바마가 마주하게 되었습니다. 그 자리에서 오바마는 트럼프를 거침없이 조롱했습니다.

"다들 아시겠지만, 하와이 주정부에서 제 정식 출생증명서를 공개했습니다. 하지만 이 문제를 해결해 누구보다 기쁜 사람은 바로 도널드겠죠. 그 이유는 드디어 도널드도 다른 음모론에 집중할 수 있을 테니까요. 달 착륙은 조작이었나? 로즈웰(UFO 은폐 논란)에선 실제 무슨 일이 있었나? 트럼프에 대해 뭐라고 하실지 몰라도 확실히 백악관에 변화를 불러올 것입니다."

이 발언을 들은 트럼프는 어떤 표정을 지어야 할지 난감했지만, 자신은 그 자리의 주인공이었기 때문에 만찬을 즐겼다고 이야기했습니다. 그런데 트럼프의 '오바마 때리기'는 오히려 트럼프에게 긍정적 효과를 가져왔습니다. 트럼프가 오바마의 출생지 공격의 선봉에 서면서 공화당 지지자들이 트럼프를 주목하는 한편 그를 지지하는 새로운 세력이 생긴 것입니다. 이 사건으로 당시 무소속이었던 트럼프는 공화당 내 지지기반을 확인하고 다시 공화당으로 입당해 정치 활동을 유지했습니다.

시간이 흘러 2015년 6월 16일, 트럼프는 자신의 상징과도 같은 뉴욕 맨해튼의 트럼프 타워에서 대통령 선거에 출마하겠다고 선언했습니다. 출마 선언 전인 5월까지 CNN과 미국 전략연구컨설팅(ORC) 여론조사에서 확인한 트럼프의 지지율은 3%에 불과했습니다. 그런데 출마 선언 후 같은 기관의 여론조사 결과 지지율이 12%까지 상승했습니다. 출마 선언 당시 밝혔던 불법 이민자에 대한 강경 발언이 공화당 내 장·노년 보수층의 지지를 끌어낸 것입니다. 같은 해 11월에는 프랑스 파리 6곳에서 이슬람국가인 IS가 동시다발적 테러를 일으켜 최소 130명이 사망하는 비극적 사건이 터지면서 트럼프의 지지율에 또다시 변화가 생겼습니다. 이 시기 트럼프는 '무슬림의 입국을 제한해야 한다'라는 발언으로 논란을 일으켰습니다. 그런데 파리에서 IS에 의한 테러가 일어나자, 그의 발언이 재조명되면서 지지율이 36%까지 상승한 것입니다. 특히 공화당 내 총기 규제를 반대하는 보수 세력의 지지를 얻었습니다.

이렇게 이민자에 대한 연이은 강경 발언과 총기 규제 반대 주장으로 트럼프는 공화당 내 지지율을 한껏 끌어올렸습니다. 그리고 2016년 2월부터 시작된 공화당 경선 레이스에 본격적으로 뛰어들었죠. 아이오와주에서 열린 첫 경선을 2위로 시작한 그는 이후 대부분의 경선에서 1위를 차지하며 승승장구했습니다. 그 결과 공화당 대의원 투표에서 과반수를 확보하면서 공화당의 대선 후보로 선출됐습니다. 이로써 제45대 미국 대통령 자리를 두고 공화당의 트럼프와 민주당의 힐러리 클린턴Hillary Clinton이 격돌하게 된 것입니다.

힐러리는 오바마 정부에서 국무장관을 지내는 등 미국에서 베테랑 정치인으로 평가받는 인물이었습니다. 제42대 대통령의 퍼스트레이디로도 알

트럼프 vs 힐러리

러져 있죠. 이런 힐러리를 상대로 트럼프가 대선에서 내건 슬로건은 '미국
을 다시 위대하게(MAGA: Make America Great Again)'였습니다. 1980년 대
선에서 로널드 레이건Ronald Reagan 전 대통령이 똑같은 슬로건을 먼저 사
용한 데다 이와 비슷한 내용이 이미 여러 번 등장했었죠. 그런데 이전의 미
국 대통령들이 말한 '위대한 미국'과 트럼프의 '위대한 미국'에는 차이점이
있습니다. 보통 미국인은 아메리칸드림의 경제적 성공 신화와 자유, 평등
같은 건국 이념의 가치 때문에 미국이 위대하다고 생각합니다. 반면 트럼프
의 위대함은 철저히 자국민의 경제적 이익에만 초점을 맞추고 있습니다. 일
확천금의 경제적 이익을 꿈꿀 수 있는 나라가 진짜 미국의 위대함인데 지
금의 미국은 이를 잃어버렸으며, 자신이 되찾겠다고 주장한 것입니다.

당시 미국은 무역수지 적자가 2000년 이후 꾸준히 증가했고 중하위 계
층의 임금도 10년 이상 정체 중이었습니다. 이에 따라 노숙자가 증가하고
곳곳에는 패배주의가 퍼져 사회가 전반적으로 우울한 상황이었죠. 실제로

2016년에 한 여론조사 기관에서 실시
한 설문조사 결과 응답자의 56%가 세
계를 이끌던 미국의 권위가 9·11 테러
이후 실추됐다고 답하기도 했습니다.
국가에 가장 큰 불만을 품은 것은 저
소득·저학력의 백인 노동자 계층이었
습니다. 이들의 분노는 진보와 보수를
가리지 않고 기존 엘리트 정치에 대한
환멸로 이어졌습니다.

트럼프의 대선 포스터

미국을
다시 위대하게

이런 상황에서 트럼프는 대선에서 승리하기 위한 몇 가지 전략을 세웠습
니다. 첫 번째는 '미국이 무너지고 있다'라는 일관된 메시지였습니다. 그는
현재 미국이 무너지고 있으며, 원인은 미국의 일자리를 빼앗는 외국 기업
과 미국으로 몰려온 이민자라며 이들에게 화살을 돌렸습니다. 그리고 위기
에 빠진 미국을 구할 수 있는 사람은 기존의 제도권 정치인이나 시스템이
아닌 오직 자신뿐임을 강조했죠. 대중에게 이러한 메시지를 계속해서 전달
했습니다.

이때 트럼프가 유권자를 자극한 방법은 혐오 발언, 즉 막말이었습니다.
그가 대선 기간 중 내세운 주요 공약은 불법 체류자 추방, 미국-멕시코 국경 장벽 건설, 무슬림 입국 금지 등 인종 차별적인 것이 대부분입니다. 특히 "멕시코가 성폭행, 마약, 범죄 등 문제가 많은 사람을 미국으로 보내고 있다"라면서 멕시코 이민자를 저격하는 막말을 일삼았습니다. 문제는 평소 불법 체류를 제대로 막지 않는다고 생각하거나, 이민자보다 자국민에 더 신경 써주길 바라던 사람들이 트럼프의 노골적인 발언에 동요했다는 것입니다. 기존 정치인들은 이런 생각을 하더라도 절대 입 밖으로 내지 않았는데 대통령 후보가 앞장서서 말하니 속이 시원했던 것이죠. 물론 트럼프의 발언에 반대하는 사람도 많았습니다.

트럼프의 막말과 인종 차별적 공약은 이민자에게 자기 일자리를 빼앗겼다고 느끼는 블루칼라 백인 유권자들을 결집했습니다. 그 가운데 유독 열띤 반응을 보인 곳이 오하이오주를 비롯한 '러스트 벨트' 지역이었죠. 이곳은 오하이오, 펜실베이니아, 미시간 등 미국 중서부의 쇠퇴한 공업지대를 말합니다. 과거 전통적인 미국 제조업의 주축이었죠. 하지만 글로벌 산업화로 많은 공장이 문을 닫으면서 경제적으로 직격타를 맞았고, 곳곳이 황폐해지고 말았습니다. 그로 인해 성난 민심이 들끓고 있었죠. 그런데 러스트

러스트 벨트 지역

벨트 지역은 정치적으로 매우 중요한 특징이 있습니다. 대선 때마다 이 지역이 선거의 당락을 좌우하는 최대 승부처라는 것입니다.

그동안 러스트 벨트 지역에서 어느 쪽이 더 많이 승리했을까요? 오하이오는 오바마 전 대통령이 두 번의 선거에서 모두 이겼습니다. 미시간, 위스콘신, 펜실베이니아는 1992년 이후 민주당이 빼앗겼던 적이 없는 곳이었죠. 그간 민주당이 러스트 벨트 지역에서 연이은 승리를 거둔 탓에 2016년 대선에서 민주당은 이 지역을 상대적으로 소홀히 했습니다. 어차피 민주당을 찍을 지역이라 생각해 공을 들이지 않은 것입니다. 하지만 트럼프는 반대로 러스트 벨트를 집중 공략했고, 이 지역 사람들은 다시 미국을 위대하게 만들겠다는 트럼프의 발언을 신뢰하기 시작했습니다. 러스트 벨트 백인 보수층의 결집은 트럼프 신드롬으로 이어졌습니다.

트럼프의 두 번째 선거 전략은 미디어를 활용한 꾸준한 이슈 생산이었습니다. 특히 트럼프에게는 무엇보다 강력한 무기인 트위터가 있었습니다. 2016년 7월 18일 〈뉴욕타임스〉에는 트럼프의 집무실에 핵폭발 버튼과 트위터 버튼이 나란히 놓인 만평이 실렸습니다. 옆에서 이를 지켜보는 참모진은 겁에 질린 모습이죠. 트럼프가 트위터에 올리는 글이 핵무기에 견줄 만큼 위험하다고 풍자하는 것입니다. 존 F. 케네디가 TV로 대통령이 되고, 버락 오바마가 인터넷과 유튜브로 대통령이 됐다면, 트럼프는 SNS로 대통령이 됐다고 할 수 있습니다. 그는 선거 기간 중 유달리 트위터를 애용했습니다.

트럼프는 중독에 가까울 만큼 트위터에 많은 말을 쏟아냈습니다. 트위터 공식 계정에 따르면 트럼프는 대선 기간인 2015년 6월 16일부터 2016년 11월 8일까지 7,697개의 트윗을 올렸다고 합니다. 하루 평균 15번의 트윗을 남긴 것이죠. 이 기간에 화제가 된 트윗은 다음과 같습니다.

트럼프의 트위터 버튼

'곧 무능한 정치인들이 참전용사보다 불법 이민자들을 더 잘 대우
하는 시기가 올 것이다.'

'미국에는 정치적으로 올바른 바보들이 너무 많다. 에너지를 낭비
하지 말고 모두 돌아가서 일이나 해라!'

'힐러리 클린턴은 자기 남편도 만족시키지 못하는데 어떻게 미국
을 만족시킬 수 있겠나?'

트럼프는 짧지만 강력하고 선정적인, 때로는 악의적이기까지 한 트윗으
로 경쟁자를 거침없이 공격했습니다. 더불어 미디어와 기존 제도권 세력이
온갖 가짜 뉴스로 자신을 음해한다고 비판했죠. 트럼프가 남기는 트윗은
차츰 힘을 발휘했습니다. 사람들은 트럼프의 트윗과 자극적 알고리즘에 점

점 중독됐고, 이는 확실한 현혹과 선동 효과를 가져왔습니다. 기존 정치인은 사전에 합의되거나 정리된 이야기만 하고 논란을 피해 가려고만 했는데, 필터링을 거치지 않은 트럼프의 트윗이 오히려 매력적으로 다가온 것입니다. 훨씬 진정성 있다고 판단한 것이죠. 그러나 표현이 너무 거칠고 황당한 발언이라는 반응도 많았습니다.

누구보다 적극적으로 언론을 이용해 온 트럼프는 일관되게 '무플보다 악플이 낫고, 무명보다 악명이 낫다'라고 생각했습니다. 실제로 그가 부동산 사업을 하던 당시 남긴 글이 있습니다.

> '나는 사업가로 하나의 교훈을 배웠다. 좋은 평판은 나쁜 평판보다 낫다. 그러나 나쁜 평판은 때때로 평판이 전혀 없는 것보다 낫다. 간단히 말해 논란이라는 것은 장사가 된다는 말이다.'

논란은 장사가 된다는 마지막 문장이 트럼프의 핵심 전략이었습니다. 그는 미디어가 원하는 논란거리를 제공하면 TV나 신문에 광고비를 내지 않고도 자신을 홍보할 수 있다고 말해왔습니다. 한마디로 트럼프의 자극적인 막말은 의도된 논란거리였죠. 실제로 이 전략은 효과가 있었습니다. 그가 남긴 트윗이 폭주할 때마다 지지율도 함께 상승한 것입니다. 〈뉴욕타임스〉에 따르면 트럼프는 각종 방송과 신문, 소셜미디어 등을 통해 약 18억 9,800만 달러(약 2조 2,536억 원)의 홍보 효과를 얻었다고 합니다. 2016년 대통령 선거비용 집계에서도 힐러리가 미디어 홍보에 전체 선거비용의 80%인 2억 2,700만 달러를 쓴 반면, 트럼프는 8,300만 달러만 썼다고 합니다.

정치계의 이단아,
대통령이 되다

선거 유세가 절정에 다다르며 트럼프와 힐러리가 직접 얼굴을 맞대고 설전을 벌이는 TV 토론의 순간이 찾아왔습니다. 두 사람이 너무나 다른 공약을 내걸었기에 유권자들의 눈과 귀는 토론회에 쏠릴 수밖에 없었죠. 그런데 이 현장은 TV 토론 사상 가장 추잡했다는 평가를 받았습니다. 당시 트럼프는 음담패설 녹취록으로 논란이 됐고, 힐러리는 건강 이상설로 위기를 맞았습니다. 두 사람은 토론회장에서 상대의 약점을 공격하며 난타전을 벌였습니다.

트럼프: 힐러리는 대통령다운 모습도, 체력도 없다고 생각합니다. 이 나라의 대통령이 되려면 엄청난 체력이 필요합니다.

힐러리: 112개국을 순방하며 평화 협정, 휴전, 반체제 인사 석방, 새로운 기회의 개방 등을 협상하고, 전 세계 국가 원수들을 만나고, 의회 위원회에서 11시간 동안 증언을 해본 후에 체력에 대해 논의하세요.

트럼프: 힐러리는 경험이 있습니다. 하지만 나쁜 경험입니다. 우리는 지난번에 너무 많은 나쁜 거래를 했기에 그녀가 경험이 있다는 것에 동의합니다. 그러나 나쁜 경험입니다.

힐러리: 트럼프는 토론 주제를 외모에서 체력으로 바꾸려고 했지만 과거에 여성을 돼지, 지저분한 사람, 개라고 불렀던 사람입니다.

트럼프: 여성을 상대로 음담패설을 한 것을 부끄럽게 생각하며 가

족과 국민에게 사과합니다. 하지만 빌 클린턴Bill Clinton을 생각해보면 나는 말만 했지만 그는 행동으로 옮겼습니다. 미국 정계 역사상 그 정도로 여성을 학대한 사람은 없습니다. 나는 사과했으니 내가 더 잘못했다고 하지 마세요.

힐러리: 그가 빌 클린턴과 비교해 덜 잘못했다고 하는 게 음담패설 영상 한 가지에 관한 문제라면 이해합니다. 하지만 여기 있는 모든 사람들은 답을 알고 있습니다. 과거의 트럼프와 현재의 트럼프가 진짜 여성을 존중하는지를 말이죠.

이렇게 두 후보는 막판까지 서로를 헐뜯으며 치열하게 경쟁했고 마침내 운명의 날이 다가왔습니다. 2016년 11월 8일, 트럼프는 47.5%의 득표율과 538명의 선거인단 중 304명을 확보해 힐러리를 상대로 승리했습니다. 트럼프가 심혈을 기울였던 러스트 벨트의 다섯 개 지역에서 승리를 거둔 것이 결정적 역할을 했죠.

미국의 제45대 대통령이 된 트럼프는 취임식 연설에서 '미국 우선주의'를 강조했습니다. 그리고 임기 중에 이를 실현하기 위해 첫 번째로 강력한 '반이민 정책'을 내세웠습니다. 밀입국자는 절차 없이 추방, 미국-멕시코 국경 장벽 건설, 외국 출신 취업자 심사 강화 등이었죠. 특히 트럼프는 테러와 관련한 이라크, 이란, 소말리아, 수단, 시리아, 리비아, 예멘 등 7개국 국민의 미국 비자 발급 및 입국을 90일 동안 금지해 미국뿐 아니라 국제 사회의 많은 반발을 낳기도 했습니다. 이 같은 정책에 미국인들은 정치적 성향에 따라 극과 극의 반응을 보였습니다. 찬성하는 쪽은 이민자에게 일자리를 뺏기지 않을 수 있고, 미국이 테러로부터 안전해질 수 있다며 반겼습니다. 반면 미국의 근본이라 할 수 있는 아메리칸드림과 이민자의 나라라는 정체성이 흔들리는 것을 우려하기도 했습니다. 해외 이민자 출신의 인재들이 많이 일하는 구글, 애플 같은 글로벌 IT 기업은 트럼프의 반이민 정책에 반대 목소리를 내기도 했죠.

트럼프는 미국 우선주의를 실현하기 위해서는 두 번째로 중국을 경계해야 한다고 주장했습니다. 2017년 미국의 무역적자는 5,660억 달러였는데, 여기서 대중 무역적자만 60%인 3,360억 달러에 달했기 때문입니다. 트럼프는 대중 무역적자를 더는 두고 볼 수 없다며 "앞으로 미국은 강도당하는 돼지 저금통 역할을 하지 않을 것"이라고 밝혔습니다. 그러면서 중국이 불공정한 무역 관계를 유지하고 일방적인 무역흑자를 내면서 미국의 이익을 빼앗아 갔다고 공격했죠. 2019년 5월, 미국은 2,000억 달러 규모의 중국산 수입품에 적용하는 관세율을 10%에서 25%로 올려 중국을 압박했습니다. 그러자 중국은 미국에 600억 달러의 보복관세 부과를 예고했습니다. 이에 미국이 곧바로 25% 관세를 부과할 3,000억 달러 규모의 중국산 수입품 목록을 발표하면서 미중 무역 갈등은 더욱 심화되었습니다.

이 시기 미국에서는 트럼프의 중국 강경책에 대체로 찬성하는 목소리가 높았습니다. 이 문제만큼은 정치 성향에 상관없이 중국을 막아야 한다는 게 공통된 생각이었죠. 패권 경쟁에서 반드시 중국을 이기고 세계 경제 대국 1위를 사수해야 한다는 미국인의 의지가 반영된 것입니다.

트럼프가 미국 우선주의를 실현하기 위해 취한 세 번째 방법은 아프가니스탄 내 미군 철수였습니다. 더는 미국의 군사력을 사용해 먼 나라의 민주주의를 건설하지 않겠다는 것이었죠. 이는 제2차 세계대전 이후 미국이 이어온 세계의 경찰 역할을 포기하겠다는 뜻이기도 했습니다. 미 국방부에 따르면 2001년 10월부터 2019년 9월까지 미군이 아프간에서 국방비로 지출한 돈은 7,780억 달러(약 933조 원)에 이른다고 합니다. 여기에 참전용사 돌봄 비용과 전쟁과 관련한 다른 부서의 지출까지 포함한다면 총비용은 2조 달러(약 2,700조 원)에 육박한다고 밝혔습니다.

상황이 이렇게 되자 미국은 도하 협정에서 2020년 7월까지 아프가니스탄 내 미군 병력을 1만 3,000명에서 8,600명까지 감축하는 데 동의했습니다. 이슬람 무장 세력인 탈레반이 무장 조직 활동을 막겠다는 약속을 지킨다면 2021년 5월 1일까지 완전히 철수하겠다고도 했죠. 이 협정은 2021년 4월 14일에 제46대 미군 대통령 조 바이든Joe Biden의 미군 완전 철수 발표로까지 이어졌습니다. 그해 8월 30일, 미군은 아프가니스탄에서 완전히 철수했습니다.

마지막으로 트럼프는 미국 우선주의를 위해 북대서양조약기구(NATO)를 압박했습니다. 미국의 방위비 지출이 너무 많다며 NATO 회원국의 방위비 증액을 요구한 것입니다. 이제껏 미국의 기여금은 NATO 예산의 22%를 차지했습니다. 일부 국가가 대부분의 기여금을 담당하는 문제는 꾸준히 제기돼 왔습니다. 2014년, NATO 회원국은 2024년까지 방위비 지출을 GDP의 2%까지 늘리기로 약속했습니다. 하지만 제대로 지키지 않았죠. 이런 상황에서 트럼프는 동맹국이 방위비에 좀 더 기여하지 않으면 NATO를 탈퇴하겠다고 나섰습니다. 결국 NATO는 트럼프의 요청대로 2021년부터 미국의 NATO 기여금을 독일과 같은 수준인 16%까지 줄여주기로 했습니다. 그에 따른 예산 부족분은 미국을 제외한 회원국이 메우기로 했죠. 기여금 축소로 미국은 매년 약 1억 5,000만 달러를 절약할 수 있게 되었습니다.

트럼프를 향한 의혹과
두 번의 탄핵 위기

이렇게 트럼프는 위대한 미국을 건설해 나가려고 했지만 임기 동안 그를 둘러싼 의혹과 위기가 계속해서 불거졌습니다. 특히 재선을 앞두고 충격적인 사건들이 벌어지면서 트럼프의 탄핵 문제까지 고개를 들었습니다. 먼저 불을 지핀 것은 '우크라이나 스캔들'입니다. 이는 2019년 7월 25일 트럼프와 우크라이나 대통령 볼로디미르 젤렌스키Volodymyr Zelensky와의 통화에서 시작한 사건입니다. 통화에서 트럼프는 민주당의 유력 대선 주자인 바이든 전 부통령의 아들 헌터 바이든Hunter Biden이 연관된 사건 수사를 압박했습니다. 만일 수사하지 않으면 미 의회가 승인한 우크라이나에 대한 2억 5,000만 달러의 군사 원조를 철회하겠다고 했습니다. 이 내용은 2019년 8월에 내부 고발로 세상에 알려졌습니다.

그런데 우크라이나와 바이든의 아들은 무슨 연관이 있는 것일까요? 바이든의 아들 헌터는 2014년에 우크라이나 천연가스 회사인 '부리스마'의 이사가 되었습니다. 오바마 정권에서 아버지인 바이든이 부통령이었을 때였죠. 문제는 이 회사의 소유주가 부패 혐의로 우크라이나 검찰의 수사선상에 오르면서 터졌습니다. 그 과정에서 헌터가 회사 소유주를 돕기 위해 바이든 부통령의 영향력을 이용했다는 의혹이 일어난 것입니다.

트럼프는 우크라이나 스캔들에 관해 자신이 바이든 전 부통령 부자를 통화에서 거론한 사실을 인정했습니다. 다만 어디까지나 우크라이나의 부패 문제를 논의한 통상적인 대화였을 뿐 잘못한 것이 없다고 해명했습니다. 그럼에도 이 사건에 대한 직권남용 혐의가 제기되었고, 2019년 12월 18

일 하원 본회의에서 탄핵안이 가결되었습니다. 트럼프는 1868년 앤드루 존 슨Andrew Johnson, 1998년 빌 클린턴에 이어 하원의 탄핵을 받은 세 번째 미국 대통령이라는 불명예를 얻었습니다. 이 탄핵안은 미 상원에서 최종 부결되었고 트럼프는 탄핵 위기에서 벗어날 수 있었습니다.

하지만 트럼프는 또다시 미국을 떠들썩하게 만들며 탄핵 위기에 휩싸였습니다. 2020년 대선이 바이든의 승리로 끝나자 트럼프는 바이든의 대통령 당선 인증 절차를 저지하기 위한 연설을 했습니다. 이때 패배를 인정할 수 없다며 지지자들을 향해 다음과 같은 발언을 한 것입니다.

"오늘 우리는 좌파 민주당원들에 의해 선거 승리를 빼앗기는 것을 보고 싶지 않습니다. 우리는 포기하지 않을 것입니다. 우리는 절대 양보하지 않을 것입니다. 제가 여러분과 함께할 것입니다. 우리 함께 의사당으로 걸어 나갑시다."

이 발언을 들은 지지자들은 패배에 불복종하며 국회의사당으로 돌진했습니다. 경찰과 시위대의 대치가 계속됐고 시위대는 끝내 의사당 내부까지 진입했습니다. 폭도들은 기물 파손과 폭력 행위를 서슴지 않았고 의사당을 점거했습니다. 시위대와 경찰이 뒤섞여 아수라장이 된 의사당은 FBI와 주 방위군을 투입한 지 5시간이 지나서야 가까스로 진압되었습니다. 문제는 이 과정에서 무려 5명이나 사망했다는 것입니다. 미국 국회의사당이 이 같은 공격을 받은 것은 1814년 미국과 영국이 전쟁을 벌이던 중 영국군이 국회의사당을 점령해 불태운 이후 처음 벌어진 일이었습니다. 자국민에 의해 피해를 본 사상 최초의 사건이기도 했죠.

당시 상황은 매우 심각하게 흘러갔습니다. 이제껏 트럼프를 긍정적으로 평가한 사람들도 국회의사당 난입은 민주주의 국가에서 절대로 일어나서는 안 될 일이라며 크게 실망했습니다. 사건의 파장은 트럼프의 임기가 일주일 남은 상황에서 탄핵 소추까지 이어졌습니다. 미 하원은 트럼프에게 '내란 선동' 혐의를 적용했습니다. 사건의 배후에 트럼프가 있다고 지목한 것입니다. 두 번째 탄핵안 역시 상원에서 부결되며 트럼프는 위기를 넘겼습니다. 하지만 트럼프는 임기 중 두 번이나 하원에서 탄핵 소추를 당한 첫 대통령으로 기록되었습니다.

이후에도 트럼프에 관한 사건은 끊이지 않았습니다. 2023년 3월 30일에는 미국 헌정 사상 최초로 연방 기소된 전직 대통령이라는 불명예스러운 기록을 달성했습니다. 트럼프를 기소한 뉴욕 맨해튼 지방검찰이 공표한 혐의는 총 34건입니다. 대표적인 의혹은 한 여배우가 트럼프와의 깊은 관계를 폭로하려고 하자, 트럼프 기업을 통해 여배우에게 13만 달러를 지급했다는 것입니다. 성 추문을 막으려 기업 문서를 조작해 돈을 들인 것이 문제가 되었고, 회계장부 허위 기재, 문건 유출, 선거 결과 개입 등의 추가 혐의도 있다는 것이 검찰 측의 주장이었죠. 이에 대해 트럼프는 정치 공작이라고 주장하며 혐의를 전면 부인했습니다. 이 외에 또 다른 성폭행 의혹과 자택에 미 핵 프로그램 등에 관한 국가 기밀문서를 보관한 사실이 발각돼 재판이 열리는 등 그를 둘러싼 논란은 여전히 현재진행형입니다.

아이러니한 것은 이런 상황에도 불구하고 트럼프가 2024년 차기 대선 출마를 선언했으며, 공화당의 대선 후보가 되었다는 사실입니다. 위대한 미국을 만들겠다던 트럼프는 한 번 더 미국인의 선택을 받을 수 있을까요? 결과는 아직 미지수이지만, 미국의 선택이 지금의 미국과 앞으로의 미국을 이해하는 매우 중요한 지표가 될 것만은 확실합니다. 그런 면에서 트럼프의 신드롬이 계속될지 지켜봐야겠습니다.

벌거벗은 푸틴

전쟁광 독재자인가, 러시아의 구원자인가

류한수

● 오늘날 러시아를 대표하는 인물은 블라디미르 푸틴Vladimir Putin입니다. 2024년 현재 많은 비난을 받는 동시에 관심의 중심에 선 러시아 대통령이죠. 국제 정세에 가장 큰 영향력을 발휘하고 있는 인물이기도 합니다. 푸틴이라는 그의 이름은 이제 러시아 그 자체가 되었습니다.

현대사에서 푸틴만큼 평가가 엇갈리는 인물은 없을 것입니다. 그는 이렇게 인지도 높은 정치인이 있었을까 싶을 만큼 세계적으로 이름난 러시아 지도자입니다. 러시아 국민은 푸틴이 강도 높은 발언이나 행보로 세계 정세에 이름을 떨칠 때마다 러시아의 국제적 영향력도 커진다고 믿는 듯합니다. 그래서 악명을 떨치는 것에 크게 개의치 않아 자국에서도 인기가 꽤 많습니다. 〈포브스〉는 2013년부터 4년 연속 세계에서 가장 영향력 있는 인물로 푸틴을 선정했습니다. 당시 미국의 버락 오바마 미국 대통령과 독일의 앙겔라 메르켈Angela Merkel 총리보다 영향력이 더 크다고 평가한 셈입니다.

러시아 대통령 푸틴

2022년에 러시아가 우크라이나를 침공하면서 그의 영향력은 더 커졌습니다. '신냉전', '제3차 세계대전'처럼 국제 사회의 질서를 바꾸고 위협할 수 있는 요소들이 세계적 이슈로 떠올랐고, 각국의 지도자는 국제 정세가 바뀔 조짐을 보이자 촉각을 곤두세웠습니다. 〈워싱턴 포스트〉는 2022년 5월에 서방이 우크라이나 전쟁을 끝낼 수 있다는 생각은 틀렸다면서 오직 푸틴만이 전쟁을 끝낼 수 있다는 칼럼을 싣기도 했습니다.

러시아의 통치자이자 전쟁을 일으킨 푸틴, 그는 '21세기 히틀러'나 '21세기 스탈린'이라는 평가를 받는 동시에 강력한 팬덤으로 '푸틴 신드롬'을 일으켰습니다. 이런 가운데 20년이 넘도록 러시아를 장기 통치하면서 '강한 러시아'를 목표로 내달리고 있죠.

푸틴은 아직 역사적 평가가 끝나지 않은 인물입니다. 게다가 러시아와 우크라이나의 전쟁은 2024년 현재도 여전히 진행형입니다. 이런 상황에서 푸틴을 다룬다는 것은 매우 조심스럽고 어려운 일입니다. 하지만 우리는 지금 푸틴이라는 인물을 제대로 알 필요가 있습니다. 그는 과연 전쟁에 미친 독재자일까요, 아니면 러시아의 구원자일까요? 지금부터 정치인 푸틴은 어떤 사람인지, 그리고 그가 목표로 하는 러시아는 어떤 모습인지 벌거벗겨 보겠습니다.

전쟁 피해자 가족에서
KGB 요원까지

푸틴은 2000년에 러시아의 대통령이 된 이후 오늘날까지 '강한 러시아'를 꿈꾸고 있습니다. 이는 그의 정치사를 관통하는 핵심 키워드이기도 합니다. 푸틴이 강한 러시아에 집착하는 까닭은 그가 정치계에 본격적으로 진출하기 전인 젊은 시절에서 찾아볼 수 있습니다.

푸틴은 1952년에 상트페테르부르크에서 태어났습니다. 이 도시의 옛 이름은 러시아의 혁명가이자 세계 최초로 사회주의 국가를 세운 레닌의 이름에서 따온 레닌그라드입니다. 앞서 스탈린을 다룬 이야기에서 제2차 세계대전 때 독일의 히틀러가 소련을 공격하면서 약 900일 동안 봉쇄한 도시이기도 하죠. 역사상 최악의 포위 작전으로 꼽히는 레닌그라드 봉쇄는 독일군이 전쟁 중 수많은 민간인의 목숨을 가장 잔인하게 앗아간 곳입니다. 푸틴의 가족도 이 시기 무척 힘든 시절을 보냈습니다.

푸틴의 아버지는 제2차 세계대전이 터지자 곧바로 자원입대해 전쟁터로 나갔습니다. 전쟁 중 다리를 크게 다친 그는 집으로 돌아왔습니다. 이때

푸틴의 어린 시절

푸틴의 어머니는 굶어 죽을 정도로 힘든 상황이었죠. 아버지가 제때 도착하지 않았다면 그대로 아사했을 것입니다. 푸틴의 외할머니는 독일군 손에 목숨을 잃었고, 외삼촌들은 전선에서 실종되었습니다. 푸틴에게는 형이 둘 있었는데 큰형은 태어나자마자 죽었고, 작은형은 레닌그라드 봉쇄 중 급성 전염병으로 숨졌습니다. 이렇게 힘든 고비를 넘기고 태어난 아들이 바로 푸틴입니다.

러시아인은 푸틴의 이 같은 성장 배경을 남다르게 받아들입니다. 제2차 세계대전은 러시아가 엄청난 희생을 치른 전쟁입니다. 죽거나 다치고, 재산 피해를 입지 않은 국민이 없었다고 해도 지나친 말이 아니죠. 동시에 러시아인은 제2차 세계대전을 '대조국전쟁'이라고 부르며 가장 자랑스러운 역사 가운데 하나로 기억하기도 합니다. 보통의 러시아인이 겪은 전쟁의 기억과 경험을 푸틴의 가족도 고스란히 같이 겪은 셈입니다. 이 같은 푸틴의 가족사는 러시아 국민에게 동질감을 불러일으키며 긍정적 평가 요소로 작용했습니다. 때문에 푸틴도 공개석상에서 자주 가족사를 드러내곤 합니다. 2022년 승전기념일에는 제2차 세계대전에서 크게 다쳤던 아버지의 사진을 들고 시민들과 함께 가두 행진을 벌이기도 했죠.

그다음으로 푸틴의 성장 배경에서 주목해야 할 것이 청소년 시절입니다. 가정 형편이 좋지 않아 공동주택 단지에서 자란 푸틴은 이 시절 덩치가 크고 힘이 센 친구들과 싸우면서 약하면 얻어맞는다는 사실을 뼈저리게 느꼈습니다. 훗날 "50년 전 레닌그라드 거리는 내게 규칙을 가르쳐 주었다. 싸움을 피할 수 없다면 먼저 주먹을 날려야 한다"라고 말하기도 했죠. 이때부터 푸틴은 힘을 기르기 위해 유도와 레슬링을 배웠다고 합니다. 학창 시절 푸틴의 꿈은 체육 특기생으로 항공대학교에 들어가 파일럿이 되는 것이었습니다.

　그런데 영화 한 편이 그의 꿈을 확 바꿔놓았습니다. 제2차 세계대전 때 독일에서 활동한 전설적인 소련 첩보원을 다룬 〈방패와 칼〉이라는 영화였죠. '첩보원 한 명이 수천 명의 삶을 바꾼다'라는 내용에 매료된 푸틴은 소련의 비밀 정보기관인 KGB의 요원이 되기로 결심했습니다. 무작정 KGB 건물로 찾아가 어떻게 하면 KGB 요원이 될 수 있냐고 물어본 푸틴에게 한 남자가 대학을 졸업해야 한다고 말해주었습니다. 그러면서 법대 진학을 권했죠. 그날부터 푸틴은 법대를 목표로 공부했고, 지금의 상트페테르부르크 대학인 레닌그라드 대학 법학과에 들어갔습니다.

　그러던 어느 날 누군가가 푸틴을 찾아와 국가보안위원회, 즉 KGB에서 일해보자고 제안했습니다. 그가 다닌 상트페테르부르크 대학 곳곳에는 KGB 요원들이 있었는데, 이들은 KGB에 채용할 만한 학생을 눈여겨보고 유심히 관찰했습니다. 푸틴이 이들의 눈에 띈 것입니다. 확실한 이유는 알려지지 않았지만 뛰어난 성적과 과묵한 성격 덕분으로 추측하고 있습니다. 당시 KGB 요원은 월급이 많고 받고 해외 근무 기회도 주어져 학생들에게 인기가 꽤 높은 일자리였습니다. 푸틴은 망설임 없이 어린 시절 꿈이었던 KGB를 선택했습니다.

　1975년부터 KGB에 소속된 푸틴은 레닌그라드 지국에서 활동한 8년 동안 무슨 일을 하는지 주변 사람들에게 밝히지 않았습니다. 심지어 결혼할 때 신부에게까지 직업을 숨겼다고 합니다. 이렇게 오랜 시간 신분을 감추며 첩보 활동을 했던 푸틴이 KGB 출신임을 보여주는 버릇이 있습니다. 오른팔은 움직이지 않고 왼팔만 흔드는 그의 독특한 걸음새입니다. 이는 적을 만났을 때 가슴 가까이 위치한 총을 가장 빨리 꺼낼 수 있는 자세로, 그

가 KGB 요원으로서 훈련받으며 생긴 버릇이라고 추정됩니다. 2015년까지
만 해도 이탈리아, 네덜란드 등의 신경학자들은 푸틴의 특이한 걸음새를 파
킨슨병 탓으로 생각했습니다. 그러다가 그 버릇이 KGB 활동을 하면서 오
랫동안 받은 훈련의 결과라는 사실을 알게 됐고, 연구 내용이 영국의 의학
저널에 실렸습니다.

첩보원 푸틴의 행적 가운데 가장 주목할 만한 것은 그가 1985년에 동과
서로 분단된 독일에서 활동했다는 사실입니다. 그중에서도 소련의 영향권
이었던 동독의 드레스덴에 파견돼 6년 동안 첩보 활동을 했습니다. 이 시기
에 그가 어떤 활동을 했는지 명확히 드러나지는 않았습니다. 서류나 관련
증거도 찾기 어려웠죠. 푸틴도 이에 관한 질문을 받을 때마다 "내가 관리하
는 분야에서 정보를 입수하고 정리해서 상급 기관에 보고하는 게 나의 임
무였다"라는 뻔한 대답만 내놓았습니다.

그런데 2018년에 푸틴이 동독에서 첩보원 활동을 했다는 증거가 나왔습
니다. 드레스덴의 슈타지 기록보관소에서 그의 슈타지 신분증이 발견된 것
입니다. 주로 서독과 서방 세력에 동조하는 사람들을 감시했던 국가안보국
인 슈타지는 사실 KGB가 주도해 만든 조직이었습니다. 소련과 동독의 각
정보기관이 협력해 첩보 활동을 할
일이 많았기 때문이었죠. 푸틴의 슈
타지 신분증은 곧 그가 KGB 소속이
었음을 증명합니다. 다만 기록보관소
는 푸틴이 슈타지와 협력해 KGB 업
무를 수행하기 위해 신분증을 발급
받은 것은 사실이지만, 그가 어떤 활

푸틴의 슈타지 신분증

동을 했는지는 확인할 수 없다고 밝혔습니다. 러시아의 대통령궁인 크렘린 역시 두 정보기관이 협력 관계였기에 슈타지 요원과 신분증을 교환했을 가능성이 있다는 추측만 내놓았습니다.

동독에서 첩보원으로 활동하던 푸틴은 1989년 11월 9일에 냉전의 상징이자 독일 분단의 상징이던 베를린 장벽이 허물어지는 역사적 사건을 두 눈으로 보았습니다. 독일 국민은 동독, 서독 할 것 없이 모두 베를린 장벽으로 몰려들어 냉전 종식과 통일의 기대감에 들떠 축제를 벌였습니다. 그때 푸틴은 그동안의 첩보활동 자료들을 처분하기 시작했습니다. 화물차 몇 대 분량의 자료를 분리해 중요한 것은 급히 모스크바로 보내고 나머지는 밤낮없이 불태우기에 바빴죠.

그러던 어느 날 슈타지의 탄압에 시달렸던 동독 주민이 KGB 지부를 공격하는 일이 벌어졌습니다. 푸틴은 이 과정에서 동독 주둔 소련군에게 지원을 요청했지만 다음과 같은 답변만이 돌아왔습니다.

"모스크바의 지시 없이는 아무것도 할 수 없습니다. 그런데 모스크바에서는 아무 말이 없습니다."

예상치 못한 소련의 대응에 푸틴은 큰 절망감을 느꼈습니다. 시간이 지나 푸틴은 이때를 회상하며 '내게는 조국이 더는 없구나, 소비에트 연방이 병든 게 분명하다'라고 생각했다며 착잡해했습니다.

독일 통일로 냉전 기류가 사라지고 KGB 활동도 더는 필요치 않자, 푸틴은 소련으로 돌아갔습니다. 그 후 KGB에서 모교인 상트페테르부르크 대학으로 발령받았습니다. 직함은 부학장이었지만 실제로는 재학생과 학교 방문객을 감시하는 자리였죠. 외국에서 활약하다가 모교로 돌아와 학생들을 감시하는 일을 맡게 된 푸틴은 자신의 처지를 비관했습니다. 하지만 이곳

푸틴과 숍차크

에서 정치적 대부인 아나톨리 숍차크Anatoly Sobchak를 만나면서 정치 인생
을 시작하게 됐습니다.

숍차크는 상트페테르부르크 대학에서 푸틴을 가르쳤던 교수였습니다.
푸틴이 다시 학교로 돌아왔을 때 그는 상트페테르부르크 시의회 의장이었
죠. 숍차크는 KGB 요원인 푸틴에게 자기를 도와달라며 보좌관 자리를 제
안했습니다. 푸틴이 이를 받아들이면서 그의 정치 행보가 시작됐습니다.
그 뒤 1991년에 상트페테르부르크 시장으로 선출된 숍차크는 푸틴을 제1
부시장에 임명했습니다. 그만큼 숍차크는 푸틴을 높이 신뢰했습니다. 시간
이 흘러 푸틴이 대통령 출마를 선언했을 때도 그는 푸틴을 강력하게 지지
했죠. 이때 푸틴이 어떤 사람인지 평가해 달라는 요청에 '푸틴은 새로운 스
탈린'이라고 말했는데, 푸틴을 칭찬하려는 의도였지만 정작 푸틴은 이 평가
를 껄끄러워했다고 합니다.

소련 해체가 푸틴에게 남긴
트라우마, '강한 러시아'

푸틴이 첩보원에서 정치가로 변신한 사이에 소련도 대격변을 맞이했습니다. 1991년 12월 26일에 소련이 공식 해체된 것입니다. 소련 붕괴는 러시아역사뿐 아니라 푸틴에게도 엄청난 영향을 미쳤습니다. 붕괴 전후 소련의경제 상황은 최악이었고 푸틴은 몇 달 동안 월급도 제대로 받지 못했습니다. 때문에 택시 운전을 하기도 했죠. 게다가 그는 소련 해체에 매우 큰 아쉬움과 실망을 느꼈습니다. 이런 푸틴의 심정은 그의 발언 곳곳에서 드러납니다.

"소련의 붕괴는 결국 무엇이었나? 그것은 소련이라는 이름 아래 역사적러시아의 붕괴였다. 우리는 완전히 다른 나라가 되었다. 천 년 전 세워진나라를 크게 잃었다."

이 밖에도 푸틴은 소련 붕괴를 가리켜 '20세기 최대의 지정학적 재앙'이라고 표현했습니다. 그러면서 역사를 바꿀 수 있다면 '소련 해체'를 되돌리고 싶다고도 했죠. 푸틴은 소련이 손 한번 써보지 못하고 허물어진 것이 안타까웠고, 모든 것을 포기하고 물러나는 상황을 치욕으로 여겼습니다. 동독에서 맛본 쓰라린 기억과 더불어 소련의 해체는 푸틴에게 조국이 힘을잃고 사라져가는 것을 직접 목격한 사건이자, 힘없는 국가가 맞이할 비극적 결말을 뼈저리게 확인한 경험이었습니다. 동시에 질서를 힘으로 지켜내지 못하면 치욕을 맛본다는 신념을 지니게 한 계기가 되었죠. 이때부터 푸틴은 본격적으로 '강한 러시아'를 꿈꿨습니다. 이 생각은 정치 인생 내내 그를 지배했습니다.

그리고 푸틴의 인생에 또 한 번의 변화가 찾아왔습니다. 솝차크가 시장 연임에 실패하면서 푸틴도 일자리를 잃게 된 것입니다. 사실 새로 뽑힌 시장이 푸틴에게 함께 일하자고 제안했지만 거절했습니다. 푸틴은 의리를 매우 중시하는 인물로, 그 때문에 배신자를 가장 혐오하기도 합니다. 다행히 얼마 뒤에 상트페테르부르크 출신의 정치가 파벨 보로딘Pavel Borodin의 도움으로 대통령 자산관리국 부국장에 임명되면서 활동지를 모스크바로 옮겼습니다.

　러시아 대통령궁에서 푸틴을 부른 것은 그가 상트페테르부르크 부시장으로 일하면서 외국 자본을 유치하는 일을 맡았기 때문입니다. 이때 부시장 자격으로 우리나라 울산을 찾은 적도 있죠. 푸틴은 여러 건의 해외 투자를 유치하면서 상트페테르부르크가 경제 도시로 떠오르는 데 중요한 역할을 했다고 합니다. 아마 이런 점을 높이 평가해 대통령 자산관리국으로 불려갔다고 추측합니다. 이곳에서 푸틴은 정부의 외국 자산을 관리하고 소련 시절의 자산을 러시아 정부로 귀속하는 일을 맡았습니다.

　자산관리국에서 승진을 거듭하던 푸틴은 대통령 비서실로 소속을 옮기면서 중요한 인물을 만났습니다. 러시아 연방대통령이던 보리스 옐친Boris Yeltsin입니다. 러시아 정보기관을 대대적으로 개편하는 일에 나선 옐친은 기존 국가안보위원회(KGB)를 대체하는 러시아 연방보안국(FSB)을 만들고 보안국장에 푸틴을 임명했습니다. 홈그라운드라고 할 수 있는 정보 조직에 돌아온 푸틴은 1999년 8월에 옐친이 그를 총리로 임명하면서 또다시 전환점을 맞이했습니다. 당시 옐친은 쉬지 않고 총리를 갈아치우고 있었습니다. 한 해 동안 총리를 세 번이나 교체할 정도로 정국이 혼란스러운 상황이었죠. 이런 상황에서 옐친의 눈에 든 푸틴이 47세에 총리 자리에 오른 것입니다. 그렇다고 해서 옐친이 푸틴을 전적으로 밀어주었다고 보아서는 안 됩니다. 그도 때가 되면 갈아치울 여러 총리들 가운데 하나에 지나지 않았죠. 게다가 푸틴은 정치인으로서는 이름 없는 존재에 가까웠습니다. 크렘린 안에서는 능력을 인정받았을지 몰라도 나라 안팎으로는 널리 알려진 인물이 아니었습니다.

푸틴이 총리가 된 지 얼마 지나지 않아 그의 이름을 국민에게 알리는 사건이 벌어졌습니다. 그의 정치 행보에도 큰 힘을 실어준 체첸 전쟁이 터진 것입니다. 체첸은 1859년에 러시아 제국에 정복되었고, 소련 시절이던 1936년에는 러시아 내 자치공화국이 된 지역입니다. 체첸이 있는 캅카스 일대는 천연자원이 풍부해 러시아에는 매우 중요한 전략 거점이기도 하죠. 그런데 이런 체첸이 러시아로부터 독립하겠다고 선언한 것입니다. 옐친 정부는 1994년에 체첸을 침공했습니다. 하지만 체첸 반군의 게릴라 전술에 러시아군 5,700여 명이 목숨을 잃는 큰 피해를 입고 물러나야 했습니다.

체첸 지역

엄청난 전쟁 비용과 숱한 사상자가 발생했음에도 전쟁에서 이기지 못하자, 옐친 대통령의 지지율은 뚝 떨어졌습니다. 이때 체첸 전쟁에 큰 영향을 주는 사건이 벌어졌습니다. 1999년 10월에 모스크바 일대에서 아파트 폭발 사고가 잇달아 일어난 것입니다. 테러를 일으킨 집단이 체첸 반군임을 알아챈 푸틴 총리는 옐친 대통령에게 군 통수권을 달라고 요구했습니다. 옐친이 동의하자 푸틴은 즉시 대량 파괴 무기를 동원해 체첸의 수도에 무자비한 공격을 퍼부었습니다. 러시아 정부도 체첸에 전면 공습을 개시해 공장, 병원, TV 송신센터, 정유시설 등을 파괴했고, 약 3만 명의 체첸 반군을 무력으로 진압했습니다. 이전과 달리 강한 러시아의 모습을 보여준 것입니다. 체첸 전쟁은 러시아가 승기를 잡으며 마무리되었고, 러시아 국민은 옐친과 달리 체첸에 단호하게 대처하는 푸틴을 보며 환호했습니다.

총리로서 정치 무대에 데뷔한 푸틴에게 체첸 전쟁은 젊고 강한 리더의 모습을 러시아 대중에 어필할 기회였습니다. 체첸을 공격하는 과정에서 그는 전투기를 손수 몰고 등장하기도 했습니다. 이러한 모습에 러시아 여론도 공격적이고 결연한 젊은 정치인을 주목했습니다. 총리 임명 당시 2%에 지나지 않았던 푸틴의 지지율이 체첸 전쟁 이후에는 74%까지 뛰어오른 것입니다. 전쟁에서 무기력하기만 했던 옐친 대통령의 모습에 국민이 실망했다면, 푸틴은 정반대 행보로 단숨에 주목받는 정치인이 되었습니다.

밀레니엄을 하루 앞둔 1999년 12월 31일에 옐친은 신년 축사 대신에 깜짝 놀랄만한 담화문을 내놓았습니다. 아직 임기가 6개월 남았음에도 대통령 자리에서 물러나겠다고 선언한 것입니다. 당시 옐친의 지지도는 바닥에 가까웠습니다. 게다가 건강이 안 좋아 툭하면 병원 신세를 지기도 했습니다. 옐친은 건강 문제와 후진 양성을 위해 물러난다고 밝혔으나, 그의 사임을 둘러싸고 무성한 추측이 나돌았습니다. 가장 널리 퍼진 이야기는 옐친이 푸틴에게서 어떤 약속을 받아내고 일찍 물러났다는 것입니다. 부정부패에 찌든 옐친을 퇴임 후 감옥에 보내지 않고 면책을 보장하며 그와 가족의 신변을 보호해 준다는 것이었죠.

푸틴은 옐친의 사임과 동시에 남은 임기 동안 대통령 권한 대행을 수행했습니다. 이후 본격적인 대권 레이스가 시작되었습니다. 당시 푸틴의 선거 구호는 '강한 나라, 위대한 강국 러시아의 부활'이었습니다. 2000년 5월에 푸틴은 53%의 지지를 얻어 마침내 대통령에 당선됐습니다. 정계에 입문한 지 10년, 크렘린에 입성한 지 5년도 되지 않아 벌어진 일이었습니다.

푸틴이 집권한 지 3개월이 지난 2000년 8월에 충격적인 사고가 일어났습니다. 러시아 해군이 보유한 최첨단 핵잠수함들 가운데 하나인 쿠르스크함이 노르웨이 앞바다에서 훈련하다가 침몰한 것입니다. 이 사고로 잠수함에 타고 있던 승조원 118명이 모두 숨졌습니다. 나중에 러시아 정부가 밝힌

쿠르스크함 침몰 사고

공식적 사고 원인은 어뢰 오작동이었습니다.

하지만 비극적 사건을 둘러싸고 의혹이 터져 나오기 시작했습니다. 러시아 해군의 사고 대처에 문제가 있었기 때문입니다. 러시아 정부는 잠수함 침몰 소식을 국민에게 곧바로 알리지 않았습니다. 국민은 서방 언론을 통해 사고 소식을 들을 수 있었죠. 러시아 정부는 사고 뒤 이틀이 지나서야 사실을 인정했습니다. 전문가들은 어뢰와 멀리 떨어진 후미 쪽 승조원들은 사고 직후에도 살아있었을 가능성이 높다는 의견을 내놓았습니다. 그런데 러시아 정부는 미국을 비롯한 서방 국가의 구조 도움을 거절하고 단독 대응만을 고집했습니다. 아마도 냉전 시대에 적국이었던 나라들의 도움을 받지 않겠다는 자존심을 내세운 것으로 보입니다. 그리고 일반 잠수함이 아닌 핵잠수함이 침몰했기에 군사기밀이 노출될지도 모른다는 우려를 한 듯합니다.

사건 당시에 푸틴은 흑해 휴양지에서 느긋하게 휴가를 즐기고 있었습니다. 물론 사고가 있기 전에 떠난 휴가였죠. 문제는 푸틴이 사고 발생 보고를 받고도 휴가를 곧바로 끝내지 않았다는 것입니다. 해군이 제대로 보고하지 않았다고는 하지만 어쨌든 푸틴은 사건이 터진 지 일주일도 더 지나서야 유족 앞에 나타났습니다. 해군 수뇌부는 사고 사망자 유족에게 사고 규모를 축소한 채 어떤 정보도 주지 않았기에 유족의 분노는 푸틴이 방문한 뒤에도 사그라지지 않았습니다.

그 뒤 푸틴을 비롯한 고위 정치가들은 언론의 집중 공격을 받았고 '국가 권력도 잠수함과 함께 바닷속으로 가라앉았다'라는 비판을 들어야 했습니다. 이 비극적 사건은 러시아 최악의 참사들 가운데 하나로 기록됐고 푸틴에게는 씻을 길 없는 실책으로 남았습니다. 집권하자마자 비난의 대상으로 전락해 대통령의 자질마저 의심받게 된 것입니다.

푸틴의
'강한 러시아' 프로젝트

그럼에도 푸틴은 '강한 러시아'를 만들기 위한 본격적인 행보에 나섰고, 얼마 후 상황은 새로운 국면으로 접어들었습니다. 취임한 지 얼마 안 된 푸틴은 2000년 7월에 러시아의 신흥 재벌을 일컫는 '올리가르히'와 전쟁을 벌이겠다고 선언했습니다. 소련 해체 직후인 1990년대 초반의 민영화 과정에서 알토란같은 주요 국유기업을 손아귀에 넣어 엄청난 재산을 거저 얻은 올리가르히는 단순한 재벌이 아니었습니다. 러시아 정·재계를 쥐락펴락할 수준의 강력한 권력을 갖고 있었죠. 그런데 이들은 어마어마한 돈을 모으는 과정에서 온갖 부정을 저질렀습니다. 불법 주가 조작이나 사재기는 물론이고 암살까지 저질러가면서 공장, 자원, 기간 시설을 비롯한 국가 재산을 강탈한 것입니다.

이런 상황을 알고 있었기에 올리가르히를 보는 러시아 국민의 눈길은 곱지 않았습니다. 가뜩이나 경제난에 빈부 격차도 극심한데 올리가르히는 초호화 생활을 즐겼습니다. 파리 같은 서유럽 도시의 개인 별장에서 주말을 보내고 외출할 때마다 경호원을 대동했죠. 무엇보다도 체제 전환 과정에서 개인의 노력이나 재능이 아니라 술수와 비리로 막대한 재산을 얻은 벼락부자 주제에 황제처럼 군다는 불만을 샀습니다.

사실 올리가르히는 '옐친 패밀리'라고도 불릴 만큼 오래전부터 옐친 대통령과 끈끈한 유착 관계를 맺으며 거리낌 없이 부정부패에 앞장서 왔습니다. 다시 대통령 선거를 치르게 된 옐친은 처참한 경제 상황과 부정부패로 재선에 성공할 확률이 매우 낮았습니다. 설문 조사에서도 경쟁 상대인 공산당 대선 후보에게 지지율이 한참 밀렸죠. 이런 위기 상황에서 올리가르히는 재력과 술책을 총동원해 옐친 살리기에 나섰습니다. 옐친과 올리가르히는 일종의 운명공동체였기 때문입니다. 만약 공산당 후보가 당선되기라도 한다면 민영화를 모두 철회할 터이고, 그러면 올리가르히의 막대한 부도 사라질 터였죠. 이에 올리가르히는 옐친에게 선거자금 수백만 달러를 지원하기로 약속하고 최고의 참모진을 모아 특별 선거캠프를 구성했습니다.

올리가르히가 옐친을 재선에 성공시키기 위해 데려온 참모진은 미국의 선거 전문가들이었습니다. 이들은 모스크바의 최고급 호텔에 캠프를 차리고 TV 캠페인 등 여러 가지 선거전략을 세웠습니다. 미국에서 온 선거 전문가들은 우선 옐친의 이미지를 바꿨습니다. 구체적인 선거 공약을 내세우지 말고 유세를 하는 대신에 대중 앞에서 춤을 추고 노래를 하라고 옐친에게 요구했습니다. 옐친이 가지고 있던 기존의 고리타분함 대신에 그가 활기차고 재미있는 사람이라는 이미지를 심어주기 위해서였죠. 실제로 옐친이 춤을 추고 노래를 하자 지지율은 차츰차츰 올랐습니다.

미국의 선거 전문가들은 상대 후보에 대한 교묘한 공격도 진행했습니다. 당시 올리가르히 가운데는 방송사를 소유한 이들이 있었고 이 점을 잘 활용했습니다. 경쟁자인 겐나디 쥬가노프Gennady Zyuganov가 공산당원이라는 점을 타깃 삼아 공산주의 시대를 혹독하고 암울하게 그린 영화 등을 수시로 방영한 것입니다. 러시아 국민의 마음에 공산주의에 관한 공포를 심어주고 쥬가노프가 당선되면 공산주의 시절로 되돌아간다는 메시지를 새긴 것이죠. 미국인 선거 전문가들의 전략은 성공적이었습니다. 선거전 시작 때만 해도 6~7%의 지지율로 4위에 머물렀던 옐친이 1996년 7월에는 54%까지 지지율을 올리며 결국 재선에 성공한 것입니다.

시간이 흘러 옐친에 이어 대통령이 된 푸틴은 취임한 뒤 곧바로 "올리가르히의 시대는 지나갔습니다. 범죄와 치르는 전쟁은 부패와 치르는 전쟁이기도 합니다"라고 선언했습니다. 그는 올리가르히에게 옐친 시대에 얻은 것을 유지하려면 앞으로는 정치에 절대로 끼어들어서지 말고 반드시 세금을 제대로 내야 한다고 경고했죠. 하지만 올리가르히는 이전과 똑같은 방법으로 정치권을 제 맘대로 제압하려 들었습니다. 이렇게 되자 푸틴은 복종을 거부하는 몇몇 재벌을 배임이나 횡령 혐의로 체포해 버렸습니다. 대표 인물이 러시아 석유 생산의 20%를 담당하던 러시아 최대 석유회사 '유코스'의 미하일 호도르콥스키Mikhail Khodorkovsky 회장입니다. 그는 반푸틴 기조의 야권 정치인을 후원하다가 푸틴의 미움을 샀으며, 2003년 10월에 사기 및 탈세 혐의로 구속돼 10년간 복역하고서야 사면을 받아 풀려날 수 있었습니다. 이후 기자회견을 통해 앞으로 정치에 관여하지 않겠다는 입장을 밝히고 영국으로 망명했습니다.

이밖에 올리가르히에서도 '크렘린의 대부'나 '킹메이커'로 불리던 보리스 베레좁스키Boris Berezovsky도 푸틴의 제거 대상이 됐습니다. 그는 러시아 최대 자동차 회사와 방송사와 에너지 회사까지 거느린 실세로 1997년 기준으로 30억 달러(약 4조 원)에 이르는 재산을 가졌다고 추산할 만큼 막대한 부와 힘을 지녔던 인물입니다. 베레좁스키도 푸틴에 반기를 들다가 영국으로 망명해야 하는 신세가 됐습니다. 망명한 뒤에도 재계가 힘을 합쳐 푸틴 정권을 몰아내야 한다며 푸틴을 향한 비난을 멈추지 않다가 2013년에 우울증으로 스스로 목숨을 끊었습니다.

그간 정·재계를 주름잡던 올리가르히를 힘으로 짓누른 푸틴은 러시아 국민의 열띤 지지를 받았습니다. 그렇다면 푸틴은 옐친과 달리 그 어떤 세력과도 결탁하지 않았을까요? 그는 올리가르히의 자리를 다른 세력으로 교체했습니다. 옐친에게 '올리가르히'가 있다면 푸틴에게는 '실로비키'가 있었죠. 실로비키는 군부, 정보기관, 군산복합체 같은 무력 부처 관련 정치인 및 실권자를 일컫는 말입니다. 푸틴의 실로비키에는 KGB 출신이 대거 포진되어 있습니다. 푸틴은 자기 고향이자 정치를 시작한 상트페테르부르크 출신 인물을 정부의 핵심 요직에 많이 기용했습니다. 한때 러시아에서는 상트페테르부르크 출신이면 글만 읽을 줄 알아도 정부 고위직에 오를 수 있다는 우스갯소리가 돌 정도였죠. 푸틴은 자기에게 충성 맹세를 하고 정치권력과는 거리를 두는 올리가르히는 살려주었습니다.

그리고 1991년에 신설된 연방보안국도 개편했습니다. 대통령 직속 기관으로 삼고 21만 명 규모의 러시아 국경수비대를 연방보안국에 통합했습니다. 이어서 감청과 국가통신망을 관리하던 연방정부 통신정보국(FAPSI)을 폐지하고 그 기능까지 연방보안국으로 넘겼습니다. 한마디로 연방보안국을 러시아의 모든 정보를 관장하는 거대 조직으로 탈바꿈한 것입니다. 당시 러시아에서는 민간인을 상대로 한 테러가 계속 벌어졌고, 9·11 테러 이후에는 국내외 테러에 효과적으로 대처한다는 명분을 내세웠습니다. 사실 푸틴의 진짜 의도는 연방보안국을 권력 기반으로 삼아 대통령의 지위를 굳히겠다는 목적이었습니다.

하지만 러시아의 가장 시급한 문제는 최악의 경제 상황이었습니다. 지난날 옐친 대통령은 시장경제 도입과 함께 가격 자유화 조치를 단행했고, 그 결과 각종 생필품 가격이 수십 배까지 치솟았습니다. 물건이 귀해서 사기 어려운 게 아니라 아예 없었다고 해도 지나친 말이 아니었죠. 9.3%에 이른 실업률은 쿠데타로 이어질 만한 위험 수위라는 평가도 나왔습니다. 러시아 인구 절반이 최저 생계비보다 적은 돈으로 살아야 해서 남성 64세, 여성 74 세였던 평균 수명이 1994년에는 남성 58세, 여성 71세로 줄었습니다. 가난 탓에 해외 매춘에 나선 여성이 많아지면서 러시아의 3대 수출품이 석유, 무기, 그리고 젊은 여성이라는 씁쓸한 말까지 나올 정도였죠.

푸틴은 최악의 경제난을 해결하기 위해 전략·기술 분석센터를 설립했습니다. 여기서 강한 러시아로 거듭날 구체적 정책을 구상하고 방법을 마련하라고 지시했죠. 더불어 해마다 5%를 웃도는 경제 성장률을 지속하는 '10개년 경제사회발전강령'을 강력히 추진했습니다.

이 시기에 푸틴에게 큰 행운이 따랐습니다. 러시아의 자산인 천연가스 가격이 급등한 것입니다. 옐친 집권 초기인 1991년에 천연가스 가격은 100만 영국 열량당 1달러~2달러였고, 그의 집권기 중 가장 가격이 높았던 1996년 11월에는 3.7달러였죠. 그런데 푸틴이 집권한 지 7개월이 지난 2000년 12월에는 9.7달러까지 치솟았습니다. 그의 행운은 여기서 끝나지 않았습니다. 천연가스와 더불어 석유 가격도 오르기 시작한 것입니다.

옐친 집권기인 1994년에 원유 가격은 배럴당 17달러였습니다. 그런데 푸틴 집권기인 2000년에는 30달러, 2004년에는 40달러, 2008년에는 100달러까지 치솟았습니다. 그에 따른 러시아의 경제성장률도 주목할 만합니다. 연평균 경제 성장률은 2001년부터 2007년까지 7%를 유지했습니다. 2006 년 러시아의 GNP는 옐친 집권 말기보다 두 배나 뛰었죠.

이처럼 러시아 경제는 푸틴의 집권기 동안 꾸준히 성장했습니다. 덕분에

러시아 정부는 빚을 다 갚았고, 중산층이 새로 등장했으며, 각종 연금도
두 배로 늘었습니다. 러시아 국민은 푸틴 정권에서 경제가 나아지고 생활
이 윤택해진 것을 단순한 행운이 아니라 푸틴의 지도력 덕택이라고 보았습
니다.

　푸틴은 강한 러시아를 만들기 위해 러시아군의 재건에 가장 공을 들였

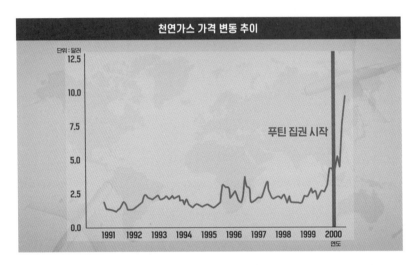

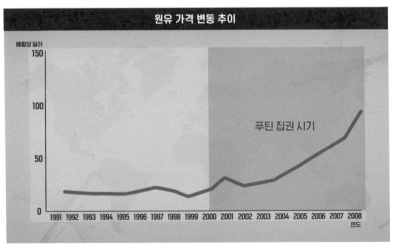

습니다. 소련 해체 무렵만 해도 군대는 무기력하기 짝이 없었습니다. 군사 장비는 녹이 슬도록 내팽개쳐지거나 다른 기계의 부품으로 쓰려고 해체되곤 했죠. 새로운 무기 설계와 기술 개발을 위한 자금 지원은 끊긴 지 오래였습니다. 그런데 푸틴이 집권하면서 대대적인 러시아군 개혁이 시작됐습니다. 이를 위해 푸틴은 유가 급등으로 나아진 경제 상황을 활용했습니다. 재정 여유분을 국방비로 돌린 것입니다.

푸틴은 사단 수를 줄이고 징집병과 직업 군인을 위한 훈련을 분리했습니다. 또한 군인 급여를 올리고 군사 교육에서 과학기술 분야를 확대했습니다. 군인 처우가 나아지자 직업 군인이 되겠다는 젊은이가 늘었습니다. 덕분에 징집 대상자의 의무 군 복무 기간이 2년에서 1년으로 줄었죠. 푸틴이 개혁한 러시아군은 규모 면에서는 줄었을지 몰라도 상시 대응군 체제로 바뀌어 효율적인 작전 수행을 할 수 있게 되었습니다.

그리고 푸틴은 핵무기에도 집중 투자했습니다. 옐친 정권은 앞으로 핵전쟁이 일어나지 않는다는 전제하에 군사 정책을 짰습니다. 옐친과 달리 푸틴은 러시아가 핵 공격을 받거나 핵 공격 위협이 있을 경우 선제공격을 할 수 있다는 전제하에 핵 관련 정책을 전면 재조정했습니다. 최근 푸틴이 다니는 곳곳에 경호원이 핵 가방을 들고 다녀 화제가 되기도 했습니다. 가방에는 핵 버튼과 핵 공격 암호 같은 관련 문서가 들어있다고 합니다. 이 같은 행동은 러시아에 언제든 사용 가능한 핵무기가 있음을 과시하기 위해서라는 해석이 있습니다.

이렇게 러시아는 핵무기를 비롯해 전략 폭격기, 탄도미사일로 무장한 잠수함 등 신무기를 선보이며 이전과 다른 군사력을 자랑했습니다. 특히 승전기념일 군사 퍼레이드는 러시아의 군사력을 전 세계에 과시하는 기회였

푸틴의 핵 가방

습니다. 제2차 세계대전 승리 70주년이었던 2015년의 군사 퍼레이드에는 8억 1,000만 루블(160억 원)을 웃도는 비용이 들었을 정도였죠. 이듬해의 전국의 승전기념일 행사에는 2,400만 명이 몰려들었습니다. 러시아 인구 6명 가운데 한 명은 이 행사에 참석했을 정도였죠.

경제와 군사를 비롯해 주요 분야에서 대대적 개혁을 벌인 푸틴은 러시아 국민의 지지를 얻었습니다. 그와 더불어 푸틴의 마초 이미지가 또 한번 러시아인의 취향을 저격했습니다. 총리 시절 체첸 전쟁에서 직접 전투기를 몬 것을 비롯해 푸틴은 곳곳에서 자신의 강인함을 드러냈습니다. 러시아의 겨울 추위 속에 얼음물에 뛰어들거나 유도 대결에 나서는 등 강인한 이미지를 강조했죠. 이런 모습은 지금까지도 이어지고 있습니다. 상의를 입지 않고 말을 타거나 오토바이를 타고 질주하는 모습을 보여준 것입니다. 푸틴이 여기저기에서 마초 이미지를 내세우자 급기야는 그가 불곰을 타고 다니는 합성 사진까지 나돌았습니다. 푸틴도 이 사진의 존재를 알고 꽤 즐겼던 것 같습니다. 한 인터뷰에서 "나는 실제로 곰을 타본 적은 없지만 그런

강인함을 드러내는 푸틴

사진은 이미 있습니다"라면서 사진에 관해 언급하기도 했습니다.

러시아 사람은 전통적으로 강력하고 강인한 지도자를 좋아했습니다. 이는 러시아 역사의 산물이라 할 수 있습니다. 방어 지형이 없는 탁 트인 평원에서 살아온 러시아인은 외세의 숱한 침략을 받아왔습니다. 그래서 외적을 막아내려면 강인한 군사 지도자와 정치 권력자를 중심으로 온 백성이 똘똘 뭉쳐야 했죠. 푸틴은 이런 요구와 바람을 누구보다 더 잘 알아챘고, 자기가 바로 러시아 국민이 바라는 강인한 지도자라는 이미지를 심어주려 사나이다운 모습을 꾸준히 어필한 것입니다. 한마디로 정치적 계산에 따른 모습이었죠.

새로운 러시아 건설과 함께 강인한 이미지로 러시아 국민에게 다가간 푸틴은 높은 지지도와 더불어 큰 인기를 얻었습니다. 이를 증명이라도 하듯 〈결혼하려면 푸틴 같은 사람과〉라는 제목의 노래까지 유행했습니다. 이 노래는 당시 러시아 음악 인기 순위에서 1위를 기록하기도 했죠. 그 밖에 10대 청소년으로만 구성된 팬클럽이 생기는가 하면, 온갖 가게 간판마다 푸틴의 이름이 붙는 신드롬을 일으켰습니다. 이 같은 인기에 힘입어 푸틴은 2004년 재선에서 71.3%라는 압도적 지지를 받으며 다시 한번 러시아 국민의 선택을 받았습니다.

옛 소련국가들의 NATO 가입과
푸틴의 분노

푸틴이 재집권으로 러시아의 내부 결속을 다지는 사이에 옛 소련 소속이었던 주변 국가들의 움직임이 심상치 않았습니다. 2004년에 불가리아, 에스토니아, 라트비아 등 동유럽 국가와 구소련에서 독립한 국가 등 모두 7개국이 같은 날 NATO에 가입하는 일이 벌어진 것입니다. 주변국이 NATO에 들어가지 않도록 견제해 온 푸틴은 한때는 소비에트 연방 회원국이었고 러시아와 국경을 맞대고 있는 나라들에서 러시아의 영향력이 급격히 줄어드는 사태를 심각하게 받아들였습니다. 그리고 배후에 틀림없이 누군가가 있다고 생각했습니다.

푸틴은 그 배후로 미국을 지목했습니다. 비록 냉전은 끝났지만 미국이 세력 확장을 위해 여전히 세계 곳곳에서 공작을 벌이고 있다고 생각한 것입니다. 그는 특히 미국이 옛 소련의 세력권에서 러시아를 외톨이로 만드는 작전을 펼쳐서 미국의 입지를 키우는 상황을 내버려둘 수 없었습니다. 푸틴은 주변국의 NATO 가입을 계기로 미국 및 서방 세력과 본격적인 대립각을 세웠습니다. 미국을 향한 푸틴의 분노는 2007년에 독일 뮌헨에서 열린 뮌헨안보회의에서 분명하게 드러났습니다. 연설 도중 '미국이 도를 넘는 행동을 하고 있다', 'NATO의 팽창은 심각한 도발이다', '미국이 지배하는 일극 체제가 민주주의를 파괴하고 있다'와 같은 발언으로 미국에 노골적으로 불만을 터뜨린 것입니다.

이에 CIA 국장을 지낸 미국의 로버트 게이츠Robert Michael Gates 국방장관은 다음 날 연설에서 한 치도 물러서지 않는 모습을 보였습니다. 푸틴의 행동에 '냉전 시대의 향수를 불러일으킨다', '늙은 스파이들에게는 말을 직설적으로 하는 버릇이 있는 듯하다'라며 대응한 것입니다.

서방과 대립각을 세운 푸틴이지만, 그가 처음부터 서방을 적대시하는 지도자는 아니었습니다. 오히려 집권 초기에는 여러 면에서 친서방적 면모를 보이기도 했습니다. 2001년에 미국에서 9·11 테러가 일어났을 때, 조지 부시George Bush 대통령에게 가장 먼저 전화를 한 외국 정상이 바로 푸틴입니다. 그는 부시 대통령과 통화하면서 러시아가 전적으로 미국을 지원하겠다고 약속했습니다. 그때 푸틴은 누구보다 진보적이었으며 미국과도 협력 관계를 유지하려고 했습니다. 그뿐 아니라 당선인 시절이던 2000년 5월에는 모스크바를 방문한 미국의 빌 클린턴Bill Clinton 대통령에게 러시아가 NATO에 가입하겠다는 제안까지 했습니다.

NATO는 냉전 초기에 소련의 서유럽 침공을 막기 위해 만든 군사 기구입니다. 이런 NATO에 대응하려고 소련을 비롯한 동유럽 8개국이 만든 것이 바르샤바 조약기구입니다. 그런데 1991년에 소련이 무너지고 바르샤바 조약기구까지 해체되면서 NATO가 있어야 할 이유도 사라졌습니다. 그런데도 NATO가 있어야 한다면 그 이유는 유럽의 평화 확립이었죠. 이 상황에서 푸틴은 차라리 유럽의 일부인 러시아가 NATO에 가입하면 회원국끼리는 전쟁을 하지 않을 터이고, 그러면 러시아를 비롯한 유럽에 평화가 가장 확실하게 보장될 거라고 판단한 듯합니다. 또한 러시아의 국력을 회복하고 비축하는 데도 도움이 된다고 생각했죠.

다만 러시아의 NATO 가입에는 조건이 있었습니다. NATO가 '군사동맹체'에서 '정치동맹체'로 탈바꿈하고 러시아에 동등한 자격을 부여하는 것이었죠. 이 제안에 클린턴 대통령은 '나는 반대하지 않는다'라는 견해를 밝혔습니다. 하지만 그가 미국으로 돌아간 뒤 부시 정권이 들어섰고, 푸틴의 제안은 받아들여지지 않았습니다. 미국은 왜 푸틴의 NATO 가입 제안을 거절했을까요? 평화가 정착된 유럽에서는 미국의 입지와 영향력은 줄어들 것이 분명했습니다. 아마도 이 같은 상황이 못마땅했을 미국이 푸틴의 제안을 거절했다고 해석하는 의견이 많습니다. 역으로 푸틴이 미국의 입지 약화를 노리고 짐짓 러시아의 NATO 가입을 제안했다는 분석도 있습니다. 러시아가 NATO에 가입함으로써 오히려 NATO가 힘을 잃도록 만들려는 전략이었다는 것이죠. 그러나 러시아의 NATO 가입은 끝내 이루어지지 않았습니다. 한때나마 친서방 정책을 펼쳤던 푸틴이 서방과 대립각을 세우게 된 데는 러시아의 NATO 가입을 둘러싼 갈등이 적지 않은 영향을 미쳤다고 보입니다.

장미 혁명이 불러온
조지아의 비극

러시아 주변국의 NATO 가입으로 신경이 곤두선 푸틴은 마침내 돌이킬 수 없는 선택을 하고 말았습니다. 조지아는 한때는 그루지야라는 이름으로 불리던 소련 회원국입니다. 조지아 시민은 친러시아 성향의 대통령인 예두아르트 셰바르드나제Eduard Shevardnadze의 부정부패가 도를 넘어선 데다가 집권당이 장기 집권을 위해 부정선거를 모의하자 장미를 들고 대규모 반정부 시위에 나섰습니다. 이 장미 혁명의 결과로 셰바르드나제 대통령이 물러나고 법무부 장관이던 미하일 사카슈빌리Mikheil Saakashvili가 새 지도자가 되었습니다. 그 뒤로 조지아는 친서방 정책을 표방했습니다.

그런데 조지아의 장미 혁명은 소련 해체 이후에 혼란을 겪던 주변국에도 영향을 주었습니다. 2004년 우크라이나, 2005년 키르기스스탄, 우즈베키스탄, 2006년 벨라루스에서도 잇달아 격변이 일어났습니다. 한때는 소

소련 후속 국가들

비에트 연방 회원국이었던 나라들이 이전과 다른 노선을 걷기 시작한 것입니다.

이런 상황에서 한 사건이 일어났습니다. 2008년에 세계인의 환호와 열기 속에서 베이징 올림픽 개막식이 열렸습니다. 이 개막식에는 각국 정상들도 자리했죠. 이때 푸틴은 대통령이 아니라 총리 자격으로 참석했습니다. 대통령 3회 연임을 허용하지 않는 당시 러시아 법률에 따라 더는 대통령을 하지 못하고 총리 자리를 맡았던 것입니다. 하지만 직함만 총리였을 뿐 러시아 정부에서 여전히 큰 힘을 휘두르고 있었죠. 새로 집권한 드미트리 메드베데프Dmitry Medvedev 대통령 뒤에 푸틴이 실세로 자리하고 있음은 공공연한 비밀이었습니다.

이렇게 베이징 올림픽 개막식에 참석한 푸틴 러시아 총리는 갑자기 통역과 함께 미국의 부시 대통령을 찾아갔습니다. 그러고는 귓속말로 러시아가 조지아를 공격했다고 전했습니다. 푸틴의 아바타였던 메드베데프 대통령

부시에게 귓속말을 하는 푸틴

은 휴가 중이었고, 전 세계의 화합을 상징하는 올림픽이 열릴 때 러시아가 조지아를 쳤으니 서방으로서는 허를 찔린 셈이었죠.

러시아가 조지아를 공격한 까닭은 무엇일까요? 2008년 4월에 NATO가 루마니아 부쿠레슈티에서 '조지아와 우크라이나의 NATO 가입 염원을 환영한다'라는 선언문을 채택했기 때문입니다. NATO 세력이 계속 동쪽으로 뻗어 나갈수록 러시아 안에서는 반발 여론이 높아졌습니다. 그런데 이때 조지아에서 내부 충돌이 일어났습니다. 조지아에는 남오세티야와 압하지야라는 자치 지역이 있습니다. 과거 남오세티야가 소련이 무너진 상황에서 독립한 조지아의 중앙정부로부터 분리를 선언하며 갈등이 발생해 내전까지 벌어졌습니다. 당시 러시아의 개입으로 1992년 휴전에 합의했던 남오세티야는 2006년에 주민투표를 거쳐 완전 독립을 선언했습니다. 그러자 조지아 중앙정부는 남오세티야로 군대를 보내 선공을 했습니다. 이 과정에서 조지아 군대는 평화유지군으로 있던 러시아 군대까지 공격했습니다. 이에 러시아가 남오세티야에 사는 러시아계 주민을 보호한다는 명분으로 조지아로 쳐들어간 것입니다. 군사력에서 러시아에 절대적 열세였던 조지아는 닷새 만에 러시아군에 항복했습니다.

이토록 전쟁이 빨리 끝난 가장 큰 원인은 사카슈빌리 대통령의 오판이었습니다. 그는 전쟁을 일으키면 미국과 NATO가 적극 개입할 거라고 판단했습니다. 2008년 3월에 미국을 방문했을 때 부시 대통령이 조지아의 NATO 가입을 지지하겠다고 한 약속을 철석같이 믿은 것입니다. 사카슈빌리 대통령은 부시 대통령과 회담을 한 뒤 자기만큼 미국 정부와 가까운 작은 국가의 지도자는 없을 거라는 말까지 했다고 합니다. 하지만 전쟁이 벌어졌는데도 미국과 NATO는 움직이지 않았습니다. 그제야 실상을 깨달은 조지아 정부는 러시아에 휴전을 제안했습니다. 조지아 정부는 남오세티야와 압하지야를 자국 영토로 삼아 계속 지배하기를 바랐지만, 그렇다고 조지아 전체가 전쟁터가 되는 꼴도 바라지 않았습니다. 전쟁이 러시아의 승리로 끝

조지아 내 자치 지역

나면서 남오세티야는 독립했고, 자치공화국이던 압하지야도 러시아로부터 독립국 공식 승인을 받았습니다.

그렇다면 푸틴은 조지아 침공으로 무엇을 얻었을까요? 서방은 러시아와 푸틴을 맹비난했습니다. 하지만 러시아의 내부 분위기는 완전히 달랐습니다. 푸틴은 또다시 서방에 당당히 맞서는 강인한 지도자라는 평판을 얻었습니다. 지지율이 88%까지 치솟았죠. 조지아 침공으로 차기 집권의 정당성까지 확보한 푸틴은 2012년에 다시 대통령 선거에 나서서 세 번째로 대통령이 되었습니다.

푸틴의 지지율과
전쟁의 상관관계

조지아의 '러시아계 주민 보호'라는 명분을 내세워 전쟁을 한 푸틴의 행보는 어딘가 낯이 익습니다. 2014년 크름반도, 2022년 돈바스 지역을 병합할 때와 같은 방법입니다. 먼저 친러시아 성향의 주민이 많은 두 지역에서 주민투표로 러시아와의 병합을 추진했습니다. 이를 반대할 경우에는 자국민 보호와 친러시아 세력 지원을 명분으로 전쟁을 일으켰죠. 사실 이를 위한 밑 작업은 2008년부터 이루어졌습니다. 푸틴 정부가 발표한 러시아 재외동포 지원 정책을 살펴보면, 러시아 재외동포는 러시아인이 아닌 '구소련 시민권자로 해외에 거주하는 18세 이상의 직업을 가진 러시아어 구사자'로 규정되어 있습니다.

이러한 푸틴의 정책에는 주변국에서 영향력을 확보하려는 의도가 깔려 있습니다. 해외 러시아인 또는 러시아어 사용자 보호와 지원을 내세워 주변국에 영향력을 행사하고 내정에 간섭하려는 것이었죠. 영향력은 곧 전쟁으로 이어졌습니다. 푸틴은 전쟁 때마다 러시아인 보호라는 카드를 꺼내들었고, 이는 러시아의 세력 확장을 위한 발판이 되었습니다. 같은 맥락에서 푸틴 정부는 2019년부터 우크라이나 돈바스 지역에서 시민권 발급 절차를 간소화했고, 전쟁 중인데도 러시아 점령지에서 시민권 발급을 개시했습니다.

크름반도 병합은 그에게 세 번째 대통령직을 선물한 조지아 침공 때처럼 지지율 상승을 가져왔습니다. 당시 유가 하락으로 루블화의 가치가 떨어지면서 러시아 경제는 어려움에 처했습니다. 하지만 크름반도 병합을 보며 역시 푸틴이 해결사라고 생각한 러시아 국민은 그에게 80%가 넘는 절대적 지지를 보냈습니다. 이 같은 공식은 우크라이나 침공에서도 변함없이 계속됐습니다. 우크라이나 침공 직전인 2022년 1월에 69%였던 푸틴 지지율은 전쟁이 시작된 3월에는 83%까지 솟구쳤습니다.

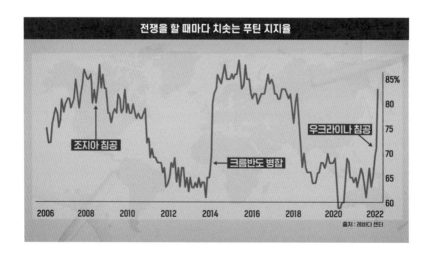

푸틴은 이 같은 지지를 바탕으로 일찌감치 장기 집권을 위한 법적 장치도 마련해 두었습니다. 대통령 임기를 4년에서 6년으로 늘리는 헌법 개정안이 2008년에 통과됐고, 이 법은 2012년 대선부터 적용됐습니다. 그런데 2020년 개정 헌법에서는 대통령 임기가 연임과 관련 없이 2회 이하로 규정되었습니다. 이 개정 헌법에 따르면 푸틴은 대통령을 더 할 수 없습니다. 다만 이 헌법의 핵심은 개헌 이전의 대통령직 수행 횟수를 백지화하는 것이었습니다. 이변이 없다면 푸틴은 84세가 되는 2036년까지 대통령을 할 수 있게 되었습니다.

푸틴의 장기 집권 비결

전쟁을 벌일 때마다 국제 사회의 비난을 자초하는 푸틴의 행보에 러시아 국민이 굳은 지지를 보내는 까닭은 무엇일까요? 첫째로 제2차 세계대전의 트라우마를 들 수 있습니다. 인간의 상상을 초월하는 수준의 극심한 피해를 러시아에 안겨준 나치 독일의 침략은 오늘날까지도 러시아인의 심리를 지배하는 역사적 경험으로 남아있습니다. 러시아인은 스스로를 외세 침략의 희생자로 여깁니다. 특히 제2차 세계대전처럼 언제든 서방의 침략을 받을지 모른다는 두려움과 불안을 떨치지 못하고 있습니다. 그런데 푸틴이 시종일관 강인한 모습으로 서방을 상대하는 모습을 보며 그가 러시아를 지켜내고 있다고 생각하게 되었으며, 이런 생각은 그가 전쟁을 벌일 때마다 더욱 굳어지고 있습니다.

러시아 국민이 푸틴을 지지하는 둘째 이유는 옛 소련에 대한 향수입니다. 독립 여론조사 기관인 레바다 센터가 실시한 2020년 조사에 따르면 소련 붕괴를 안타깝게 여기는 사람이 65%나 됩니다. 이 조사에서 소련을 '가장 좋았던 시대'라고 답변한 이들은 75%에 이르렀죠. 이렇게 최근까지도 소련을 그리워하는 러시아인이 많습니다. 2021년 러시아의 한 국영 여론조사 기관이 실시한 조사에서도 소련 붕괴가 애석하다고 한 응답자가 67%에 이릅니다.

소련 시절을 그리워하는 것은 특히 푸틴 지지자에게서 두드러지는 정서입니다. 이들은 위대한 역사를 지닌 러시아를 지켜내고 싶은데, 그러려면 소련의 옛 영광을 재현해야 한다는 생각이 확고합니다. 푸틴도 마찬가지로 소련 붕괴의 안타까움을 내비치며 소련의 강대한 국력을 높이 평가하는 편입니다. 그러면서 소련의 옛 영광을 오늘날 러시아에서 재현하는 것이 자기의 사명이라고도 생각하죠. 이에 반응해서 러시아 국민도 러시아는 '위대한 국가'이고 푸틴은 표트르 대제 같은 '세계사적 인물'이라는 평가를 받아

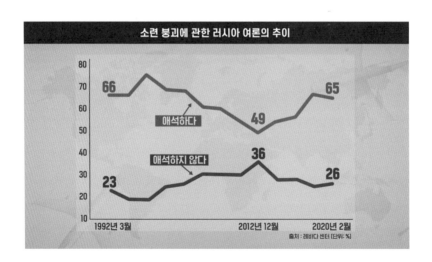

소련 붕괴에 관한 러시아 여론의 추이

애석하다

애석하지 않다

1992년 3월   2012년 12월   2020년 2월
출처 : 레바다 센터 [단위: %]

들이고 있습니다.

푸틴이 러시아 국민의 지속적 지지를 받으며 장기 집권을 이어갈 수 있는 또 다른 이유는 언론입니다. 2013년에 푸틴은 언론사 사주 등 정보 자산을 다루는 인물은 애국주의 가치관을 지녀야 한다면서 언론은 국가 자산의 성격을 지닌다고 강조했습니다. 언론이 정부 통제 아래 있어야 한다는 속뜻을 내비친 셈입니다. 실제로 푸틴은 언론을 강압적으로 통제했습니다. 국영 언론사를 확장하는 동시에 민영 언론사를 압박했고, 말을 잘 안 듣는 대규모 민영 언론사는 온갖 수단으로 해체하거나 국영화 수순을 밟게 했습니다.

대표 사례가 2000년에 미디어 재벌 블라디미르 구신스키Vladimir Gusin-sky를 체포한 것입니다. 당시 푸틴 정부는 러시아에서 가장 높은 시청률을 올리는 NTV 방송국이 푸틴을 비판하는 태도를 보이자 NTV를 소유한 구신스키의 비리를 조사하는 일에 나섰습니다. 그 결과 구신스키가 1,000만 달러를 횡령한 사실을 밝혀냈고, 이를 빌미로 국영기업을 통해 NTV를 인수했습니다. NTV 외에도 반푸틴 기조를 보이는 언론은 모두 철저히 조사했습니다. 법적으로 마땅한 혐의가 없을 때면 모든 기사와 보도를 일일이 모니터링해 자잘한 실수나 잘못을 샅샅이 찾아냈죠. 그다음에는 이를 구실 삼아 언론사의 문을 닫게 했습니다.

러시아 정부는 현재 진행 중인 전쟁을 '우크라이나 침공'이 아닌 '특별군사작전'이라고 표현하고 있습니다. 전쟁이라는 단어를 사용하는 언론은 모두 폐지되었죠. 몇몇 언론이 '침공'이라는 표현으로 러시아 정부를 비판하자 언론사가 거짓 정보를 일부러 퍼트리고 있다면서 방송을 중단해 버리는 일까지 있었습니다.

푸틴을 둘러싼
끊이지 않는 음모론

강도 높은 언론 통제도 푸틴을 둘러싼 각종 의혹과 음모론의 확산을 다막지는 못했습니다. 가장 대표적인 사례가 '푸틴의 차(tea)'입니다. 전직 러시아 연방보안국 요원인 알렉산드르 리트비넨코Aleksandr Litvinenko는 2006년 11월에 연방보안국 요원 두 명을 만난 뒤 갑자기 쓰러졌고 3주 뒤에 숨겨버렸습니다. 대체 무슨 일이 있었을까요?

먼저 그의 몸에서 치명적 방사성 물질인 폴로늄이 다량으로 검출됐습니다. 폴로늄은 독성이 청산가리의 25만 배에 이르는 지구상 최고의 독성 물질들 가운데 하나입니다. 다른 방사성 물질과 달리 피부를 뚫고 체내로 곧장 들어갈 수는 없지만, 사람이 먹어서 몸 안으로 들어가면 장기와 세포, DNA까지 파괴해 2~3주 만에 목숨을 앗아가죠. 해독제도 치료법도 전혀 없습니다. 리트비넨코는 연방보안국 요원들을 만나 녹차를 마신 뒤에 곧바로 쓰러졌다고 합니다. 그가 마신 녹차에 폴로늄이 들어간 듯하다는 의혹이 커졌고, 그가 망명 중이던 영국 정부는 리트비넨코 유족의 요구에 따라 진상조사위원회를 꾸렸습니다.

리트비넨코는 푸틴을 신랄하게 비판해 왔습니다. 푸틴은 총리 시절 체첸반군이 모스크바의 아파트에서 폭발 테러를 일으키자 직접 체첸 반군을 진압하러 나섰습니다. 이 사건을 계기로 그의 인기와 지지도가 급상승했죠. 그런데 리트비넨코는 아파트 폭발 테러가 연방보안국의 자작극이라고 주장하고 나섰습니다. 게다가 푸틴이 정적 암살을 지시했다는 비난도 했습니다. 그의 말이 사실인지는 밝혀지지 않았습니다. 2021년에 유럽인권재판

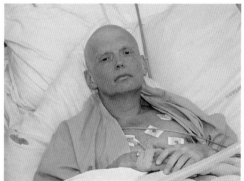

녹차를 마시기 전과 마신 후의 리트비넨코

소는 리트비넨코의 사망 원인이 독살이라는 의심은 합리적이라면서 그 배후는 러시아라고 최종 판결을 했습니다. 하지만 정확히 누가 범인이라는 결론을 내리지는 않았죠.

그런데 2020년에 또다시 '방사능 차'가 큰 논란이 되었습니다. 이번에는 푸틴의 정적으로 알려진 야권 운동가 알렉세이 나발니Aleksei Navalny가 비행기에서 의식을 잃고 쓰러졌습니다. 나발니는 푸틴과 그의 측근이 저지른 비리나 부정부패를 폭로하면서 푸틴을 강도 높게 비난해 온 인물입니다. 급작스럽게 쓰러진 나발니는 비상착륙 직후 응급실로 긴급 이송됐습니다. 다행히 목숨을 건지기는 했지만 아찔한 상황이었죠. 나발니도 리트비넨코처럼 비행기에 타기 전에 공항에서 홍차를 마셨다는 사실이 알려지면서 '방사능 차'가 다시 한번 의혹의 대상으로 떠올랐습니다.

이후 나발니는 독일에서 치료를 받고 러시아로 돌아갔습니다. 귀국하자마자 공항에서 체포돼 구속되었습니다. 2014년에 금품수수 사건에 연루되어 부과된 집행유예 의무를 어겼다는 혐의였지만, 나발니는 정치 공작이라고 주장했습니다. 폭로를 멈추지 않은 나발니는 흑해에 있는 초호화 리조트를 공개하고 무려 10억 달러가 들어간 푸틴의 재산이라고 주장했죠. 푸틴은 호화 리조트는 자기 것이 아니며 나발니의 주장은 그저 편집을 통한 조작에 지나지 않는다고 답변했습니다. 하지만 푸틴이 막대한 재산을 가지고 있다는 의혹은 사그라지지 않고 있습니다. 푸틴과 맞섰던 결국 나발니는 감옥에서 숨을 거두고 말았습니다.

러시아에서 투자회사를 경영했던 어느 인물은 2017년 7월에 미국 의회에서 열린 상원 법사위원회에 출석해 푸틴이 집권기 동안 2,000억 달러(241조 3,000억 원)에 이르는 재산을 부정 축재했다고 발언했습니다. 이 말이 사실이라면 푸틴은 빌 게이츠Bill Gates나 일론 머스크Elon Musk보다 더 많은 재산을 가진 셈입니다. 하지만 알려진 푸틴의 재산은 연봉 14만 달러와 모스크바에 있는 아담한 아파트 한 채가 전부입니다.

푸틴을 둘러싼 각종 의혹과 음모론도 중요하지만 푸틴의 향후 행보에 더 주목해야 합니다. 푸틴의 우크라이나 침공은 시사하는 바가 많습니다. 푸틴이 우크라이나와 벌이는 전쟁을 두고 지지율 끌어올리기다, 장기 집권을 위한 포석이다 등 다양한 해석이 쏟아지고 있습니다. 하지만 우크라이나를 침공하겠다는 푸틴의 결심은 최근 몇 해 사이에 내려졌다고 볼 일이 아닙니다. 강한 러시아를 꿈꿔온 푸틴은 2013년에 러시아-벨라루스-중앙아시아를 연결하는 유라시아 경제공동체라는 구상을 실행에 옮겼고, 서방에 맞설 만한 구도의 완성이 눈앞에 다가왔다며 자신했습니다. 그러고는 친러시아 성향의 빅토르 야누코비치Viktor Yanukovych 우크라이나 대통령까지 회유했습니다. 유라시아 경제공동체를 이끄는 데 중요한 역할을 하는 우크라이나까지 포섭했다고 판단했죠.

그런데 이 같은 푸틴의 꿈에 금이 가기 시작했습니다. 2013년~2014년 겨울에 우크라이나 수도에서 일어난 유로마이단 시위로 야누코비치 대통령이 쫓겨난 것입니다. 자기의 원대한 구상이 어긋난 상황을 본 푸틴은 아마도 이때 우크라이나를 협상과 설득으로 끌어들이기보다는 힘으로 제압하겠다고 결심한 듯합니다. 그런데 푸틴은 왜 한참 뒤인 2022년이 되어서야 우크라이나를 침공했을까요? 여기에는 미국의 상황이 크게 작용했다고 보입니다. 미국이 중국을 견제하겠다며 2021년에 아프가니스탄에서 미군을 철수하자, 푸틴은 이제 미국이 유럽에 직접 개입하지 못할 거라고 판단했습니다. 실제로 미국은 러시아에 경제 제재를 가하고 우크라이나에 무기만 지원할 뿐 전쟁에 직접 개입하지 않고 있습니다.

러시아-우크라이나 전쟁이 예상보다 훨씬 더 길어지면서 어떤 방향으로 흘러갈지를 놓고 온갖 추측과 전망이 쏟아져나오고 있습니다. 주요 외신도 여러 가능성을 열어놓고 향후 예상 시나리오를 보도했습니다. 우선 러시아의 패배 가능성에 관한 예측입니다. 예상과 달리 고전하고 있으며 러시아가 이번 전쟁에서 거둔 최고 성과는 지금까지 버틴 것이라고 진단하는 전문가들도 있습니다. 게다가 서방의 전폭적인 무기 지원을 받은 우크라이나군의 반격 기세가 예사롭지 않다면서 실제로 이미 러시아군 수만 명이 우크라이나군의 반격으로 희생되었다는 추정과 더불어 러시아가 패배할 가능성이 예측되기도 합니다. 일부에서는 푸틴의 장기 집권 가능성에 대한 비관론도 대두되는 형편입니다.

또 다른 시나리오는 우크라이나가 러시아에 일부 영토를 넘기고 휴전이나 종전 협상을 진행한다는 것입니다. 헨리 키신저 전 미국 국무장관은 우크라이나가 크름반도와 돈바스 지역을 러시아에 양보하더라도 평화 협상에 나서야 한다는 의견을 내놓았습니다. 유럽의 몇몇 나라에서는 세계적 식량난과 경제 위기를 이유로 들면서 전쟁을 조속히 끝내야 한다는 목소리가 나오기도 했죠. 물론 우크라이나는 어떤 협상이든 영토 보전이 전제되어야 한다는 입장을 고수하고 있습니다. 하지만 서방의 지원을 받지 못하면 살아남기 힘들고 전쟁이 끝난 뒤 국가 재건 과정에서도 서방의 도움이 절실한 우크라이나가 앞으로 입장에 변화를 보일 가능성도 없지는 않습니다. 마지막으로 어느 쪽도 승리하지 못하고 전쟁이 교착 상태에 빠질 가능성도 점쳐지고 있습니다. 러시아가 추가 병력을 투입하면 서방도 우크라이나에 군사 지원을 계속하고 결국 전쟁이 장기화된다는 것입니다.

이렇게 다양한 예측이 나오는 가운데 공통적으로 꼽는 최악의 시나리오가 있습니다. 푸틴이 전쟁에 핵무기나 화학무기를 사용한다는 것입니다. 물론 이 상황이 현실이 될 가능성은 크지 않습니다. 핵무기 사용이 러시아에 큰 도움이 되지 않기 때문입니다. 러시아군과 우크라이나군이 가까이 배치된 지금의 상황에서 핵무기를 사용은 이점이 없고, 핵무기를 사용할 경우 러시아가 국제적 비난과 함께 경제 고립을 자초할 수밖에 없기 때문이죠.

하지만 푸틴이 핵무기를 절대 사용하지 않으리라는 보장도 없습니다. 전문가들도 명쾌한 판단을 내리지 못하고 있죠. 두 나라의 전쟁이 어떻게 진행될지 몰라도 분명한 것은 1991년 소련 붕괴 이후 국제 질서와 세계 경제를 뒤흔들고 있다는 사실입니다. 그런 면에서 우리는 푸틴의 행보에 더욱더 주목해야 합니다. 푸틴은 러시아인이 현실적으로 바라는 전통적 권력자에 가장 들어맞는 정치인입니다. 한편 그는 러시아에서는 인정받는 정치 지도자가 될 수 있어도 세계의 모범은 될 수 없습니다. 목표를 이루는 과정에서 민주주의의 가치 및 이상과는 거리가 먼 모습을 보였기 때문입니다.

이것이 푸틴의 한계입니다.

　세계 질서를 새로 짜겠다는 푸틴의 의지는 우크라이나 전쟁에서 뚜렷하게 드러나고 있습니다. 그동안 미국이 홀로 주도해 온 국제 질서의 틀을 미국 대 러시아 및 중국의 대결로 만들면서 러시아의 영향력과 위상을 국제 사회에 부각하려는 것입니다. 우리가 살아가는 21세기의 격변이 미국의 주장처럼 '민주주의 대 권위주의의 대결'인지, 아니면 러시아와 중국의 주장대로 '횡포를 일삼는 미국의 일극 체제에 대한 정당한 문제 제기'인지는 지금 단계에서는 명확히 판단할 수 없습니다. 그렇지만 어떠한 경우든 한반도 정세도 이 역사적 흐름의 영향에서 벗어날 수 없습니다. 이 때문에 우리는 더욱더 촉각을 곤두세우고 관심을 기울여서 슬기로운 대처 방안을 찾아야 할 것입니다.

벌거벗은 무함마드 빈 살만

세계 1위 부자의 쩐의 전쟁

박현도

● 미국의 경제 전문지 〈포브스〉는 매 년 전 세계 부자들의 순위를 집계합니 다. 빌 게이츠, 일론 머스크, 제프 베이 조스Jeff Bezos, 워런 버핏Warren Buffett 등 다양한 인물이 이곳에 이름을 올립 니다. 하지만 진짜 세계 최고의 부자, 즉 '비공식 세계 부자 1위'는 따로 있습 니다. 최근 세계 정치, 경제, 사회 분야 에서 새로운 역사를 쓰는 중인 이 인 물은 세계 2위 원유 부존국이자 막강

무함마드 빈 살만

한 오일머니Oil Money를 가진 나라인 사우디아라비아에 있습니다. 절대적 권력을 가진 총리이자 왕위 승계 서열 1위 왕세자 무함마드 빈 살만Muham- mad bin Salman입니다.

전 세계가 무함마드 빈 살만을 주목하는 것은 어제오늘 일이 아닙니다. 그 는 이미 2018년 〈포브스〉가 선정한 세계에서 가장 힘 있는 인물 8위에 꼽 히기도 했습니다. 이러한 힘의 배경에는 어마어마한 재산이 뒷받침하고 있 죠. 그렇다면 무함마드 빈 살만의 재산은 과연 어느 정도일까요? 미국의 경 제매체 CNBC의 추정에 따르면 약 2조 달러라고 합니다. 우리 돈으로는 무 려 2,602조 원에 달합니다. 이는 매일 100억 원씩 700년을 써도 다 쓸 수 없는 돈이자 우리나라 1년 예산의 4배가 넘는 금액입니다. 심지어 〈포브 스〉에서 발표한 2022년 전 세계 공식 부자 1위이자 프랑스 명품 그룹인 루 이비통모에헤네시(LVMH)의 베르나르 아르노Bernard Arnault 회장의 재산보 다 10배나 많습니다.

사실 중동의 왕가는 왕족 개인 재산과 왕실 재산이 섞여 있는 경우가 많아 재산 규모가 베일에 싸여 있습니다. 무함마드 빈 살만 왕세자의 재산도 상상을 초월하는 천문학적 액수라는 사실 외에는 정확한 개인 재산을 구분하기 어렵습니다.

그러나 분명한 사실은 90세에 가까운 연로한 사우디아라비아 국왕을 대신해 국정을 책임지고 있는 무함마드 빈 살만이 엄청난 왕실 재산의 실질적 권리를 가진 인물이라는 것입니다. 그래서 모든 것을 다 할 수 있는 돈과 권력을 가진 무함마드 빈 살만을 가리켜 '미스터 에브리띵(Mr. Everything)'이라 부르기도 합니다. 국제 사회는 엄청난 부를 바탕으로 중동 최고의 권력을 누리는 무함마드 빈 살만의 행보에 어느 때보다 촉각을 곤두세우고 있습니다.

과거 무함마드 빈 살만은 권력을 손에 넣기 위해 반대파를 살해했다는 의혹과 예멘 내전에 개입해 수십만 명의 목숨을 앗아갔다는 비난의 중심에 서 있었습니다. 하지만 최근에는 파격적인 개혁 개방과 660조 원이 넘는 비용을 들인 미래형 신도시 '네옴NEOM' 건설을 진두지휘하면서 중동을 넘어 전 세계에 파급력을 발휘하는 중입니다. 심지어는 세계 질서를 재편할 핵심 인물로 떠오르며 미국, 중국, 러시아 등 세계 강대국 사이에서 '살아있는 권력'으로 평가받기도 합니다. 반대로 모든 것을 잃을 수도 있는 시험대 위에 선 인물이기도 하죠.

미스터 에브리띵은 현재 세계사 한가운데서 어떤 역사를 쓰고 있는 것일까요? 지금부터 세계 최고 부자 무함마드 빈 살만의 쩐의 전쟁을 살펴보려 합니다. 베일에 싸여 있던 그의 행보를 낱낱이 벌거벗겨 보겠습니다.

권력의 변방에서
살아남기

무함마드 빈 살만은 본래 권력과는 거리가 먼 인물이었습니다. 오히려 왕위에 오르기 어려운 수많은 왕손 중 한 명일 뿐이었죠. 그런 무함마드 빈 살만이 권력의 중심에 선 과정을 알기 위해서는 그의 어린 시절을 살펴봐야 합니다. 무함마드 빈 살만은 사우디아라비아의 중앙부에 있는 대도시 리야드에서 태어났습니다. 이곳은 사우디아라비아 왕가의 정치 권력의 정통성을 상징하는 곳이기도 합니다. 당시 리야드주를 다스리는 주지사는 초대 국왕 압둘아지즈 이븐 사우드Abdulaziz Ibn Saud의 25번째 아들인 살만 빈 압둘아지즈Salman bin Abdulaziz 왕자였습니다. 살만은 무려 52년간 주지사로 활동했습니다.

 살만 왕자는 리야드 주지사로 일하며 능력을 발휘했습니다. 하지만 25번

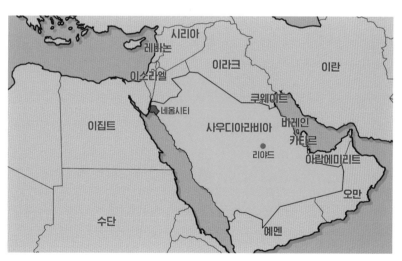

사우디아라비아의 중심 리야드

째 왕자였던 탓에 왕위 승계 서열에서는 한참이나 밀렸죠. 이런 살만 왕자에게서 1985년에 아들이 태어났습니다. 그가 바로 무함마드 빈 살만입니다. 사진 속 아이가 무함마드 빈 살만이고, 아이의 손을 잡은 사람이 아버지인 살만 왕자입니다. 그런데 아버지와 나이 차이가 좀 있어 보입

어린 시절의 무함마드 빈 살만과 아버지

니다. 무함마드 빈 살만은 살만 왕자가 50세에 세 번째 아내에게서 얻은 첫째 아들이자, 모든 아들 중 여섯째 아들입니다. 즉 무함마드 빈 살만은 25번째 왕자의 여섯째 아들로 태어난 것입니다. 이렇게 한참 뒤로 순위가 매겨진 왕손이었으니, 사우디아라비아의 전통에 따르면 왕위를 계승하겠다는 꿈조차 꿀 수 없었죠.

그도 그럴 것이 초대 국왕인 압둘아지즈는 알려진 아들만 45명이 넘었습니다. 사우디아라비아의 왕위는 무함마드 빈 살만이 태어나기 전인 1982년에 압둘아지즈 왕의 8번째 아들인 파흐드Fahd가 물려받은 상황이었죠. 한참 아래 동생인 25번째 아들 살만 왕자에게 왕위는 너무나도 먼 자리였습니다. 심지어 왕자들이 낳은 아들, 즉 압둘아지즈 왕의 손자는 1,000명이 넘었다고 합니다. 그러니 무함마드 빈 살만의 순번은 정확히 파악할 수는 없지만, 확실히 뒤쪽이었습니다.

이런 상황에서 아들과 손자가 대를 이어 세습한다면 불만을 품은 왕손이 나올 수밖에 없겠죠. 따라서 압둘아지즈 국왕은 일찌감치 형제끼리 왕위를 승계하도록 결단을 내렸습니다. 아들 중 한 사람이 왕이 되면 다음 왕

은 왕의 자식이 아닌 능력 있는 동생에게 왕위를 물려주도록 한 것입니다. 이 같은 방식으로 승계가 계속 이어진다면 25번째 왕자의 여섯째 아들인 무함마드 빈 살만은 절대로 왕위를 계승할 수 없었죠. 흔하디 흔한 왕손 중 한 명으로 살아가야만 했을 것입니다.

그렇다면 무함마드 빈 살만은 어떻게 왕세자가 됐을까요? 1992년에 아버지 살만 왕자의 형이었던 당시 국왕 파흐드가 '통치기본법'을 제정했습니다. 이 법의 제5조 2항은 '통치권은 왕국 설립자인 압둘아지즈의 아들들과 그들의 아들들이 계승한다'라고 규정했습니다. 처음으로 부자 승계가 가능해진 것입니다.

하지만 아버지가 왕위 승계에 가까운 왕자가 아니었기에 무함마드 빈 살만의 왕위 계승 가능성은 크게 달라질 것 없이 희박했습니다. 게다가 무함마드 빈 살만은 첫째 부인의 자식도 아니었죠. 위로 이복형이 무려 다섯 명이나 있었기에 왕세자가 될 가능성은 0%에 가까웠습니다. 또한 이복형들은 무함마드 빈 살만을 반기지 않았던 것 같습니다. 살만 왕자가 무함마드 빈 살만의 어머니인 셋째 부인을 들이려고 할 때, 첫째 부인은 건강이 좋지 않아 병원에 입원 중이었습니다. 첫째 부인의 아들들은 새로운 아내를 맞이하려는 아버지의 행동에 매우 분노했습니다. 첫째 아들은 아버지에게 "그 여자와 결혼하지 마세요. (그 여자와 결혼하면) 아버지의 부인을 모욕하는 것입니다"라는 편지까지 보냈다고 합니다.

하지만 살만 왕자는 셋째 부인을 맞아들였습니다. 그러니 두 사람 사이에서 태어난 이복동생 무함마드 빈 살만의 존재는 이복형들에겐 그야말로 눈엣가시였죠. 이런 상황을 바꾼 것은 무함마드 빈 살만의 친어머니였습니다. 그녀는 자기 아들이 첫째 부인의 아들들보다 남편의 눈도장을 더 받기를 바랐습니다. 그래서 궁리 끝에 점심 식사 시간마다 무함마드 빈 살만을 아버지에게 보냈습니다. 당시 살만 왕자는 첫째 부인과 슬하 자녀들과 함께 살았습니다. 셋째 부인은 무함마드 빈 살만을 포함한 자식들과 근처에서 따로 살았죠. 그래서 그녀는 부자가 함께 식사 시간을 보내며 가까워지도록 한 것입니다. 훗날 무함마드 빈 살만은 언론 인터뷰에서 아버지와 갖는 점심 식사에 늦으면 어머니의 불호령이 떨어졌는데, 그건 곧 재앙이었다고 말했습니다. 이런 어머니 아래서 자란 무함마드 빈 살만은 아버지와 함께 하는 점심을 최우선으로 여기며 자랐습니다.

그렇다면 아버지의 눈에 들고자 한 어린 무함마드 빈 살만의 노력은 결실을 거뒀을까요? 사진은 그가 11세에 리야드의 초등학교 졸업식에서 대표로 연설을 한 후 아버지와 함께 있는 모습입니다. 두 사람의 표정에서 볼 수 있듯이 살만 왕자는 늘 자신의 곁에 있던 무함마드 빈 살만에게 다정했다고 합니다. 이복형들을 대할 때와는 달랐죠. 게다가 2001년 살만 왕자의 장남이, 이듬해에는 셋째 아들이 갑자기 세상을 떠났기에 곁에서 슬픔을 위로하던 무함마드 빈 살만은 아버지의 마음을 더 얻었습니다. 살만 왕자는 점차 여섯째 아들을 특별하게 생각했습니다. 무함마드 빈 살만은 그런 마음에 보답이라도 하듯 사우디아라비아의 최고 대학인 킹사우드King Saud 대학교 법학부에 입학했습니다.

대학에 들어간 무함마드 빈 살만은 형들과 달리 해외 유학을 가지 않았습니다. 당시 이복형들은 모두 해외에서 공부했죠. 반면 무함마드 빈 살만은 4등이라는 뛰어난 성적으로 대학을 졸업할 때까지 아버지 곁에 머물렀습니다. 대신 리야드 주지사인 아버지를 따라다니며 그가 누구와 만나 어떤 일을 하는지 똑똑히 지켜보았습니다. 해외 유학에서는 얻을 수 없는 값

무함마드 빈 살만의 졸업식에 참석한 살만 왕자

진 경험이었죠. 그리고 사우디아라비아의 전통 축제 등에 꾸준히 참가해 존재감을 각인시키며 아버지의 곁에서 자신의 입지를 착실하게 다졌습니다.

무함마드 빈 살만이 유학 대신 국내 대학에 진학한 것은 신의 한 수였습니다. 살만 왕자는 외국에서 공부한 적이 없고, 사막을 좋아하며, 손으로 고기를 먹는 사람이었습니다. 그런 그와 유학을 다녀온 아들들은 공감대를 형성하기 어려웠죠. 게다가 외국식 억양은 살만 왕자의 심기를 불편하게 했습니다. 첫째 부인에게서 얻은 아들들과 다른 어린 무함마드 빈 살만을 친근하게 느낄 수밖에 없었던 것입니다. 실제로 두 사람은 "아기 사자가 사자를 꼭 빼닮았다"라는 말이 있을 만큼 비슷한 성격을 가졌다고 합니다. 특히 살만 왕자는 성실하고 빈틈이 없어 리야드 주지사 시절에 주민들이 살만의 출근 시간을 보고 시계를 맞출 정도였다고 합니다. 무함마드 빈 살만은 아버지의 이런 점을 쏙 닮았습니다.

아버지의 굳건한 믿음과 사랑 속에서 남부
러울 것 없이 자란 무함마드 빈 살만에게도 부
족한 것이 있었습니다. 그것은 바로 돈입니다.
무함마드 빈 살만은 자신의 아버지가 서열이
높은 왕자들과 달리 재산이 많지 않다고 생각
했습니다. 실제로 살만 왕자는 버는 것 이상으
로 많은 돈을 썼습니다. 특히 가난한 사람들을
챙기느라 돈을 제대로 모으지 못했죠. 하지만
아버지를 따라다니며 세상을 배운 무함마드

전통 축제에 참석한 무함마드 빈 살만

빈 살만은 권력을 가지려면 무엇보다 돈이 필요하다고 깨달았습니다. 그래
서 15세에 장사를 하겠다고 선언했고, 이듬해부터는 선물 받은 금화와 고
급 시계 등을 팔았다고 합니다. 오직 돈을 벌기 위해서였죠.

이렇게 약 10만 달러를 모은 무함마드 빈 살만은 곧장 주식시장에 뛰어
들었습니다. 주식에 꽤 재주가 많아 금세 돈을 벌기 시작했습니다. 한때는
주가 조작으로 이익을 얻는다는 소문까지 돌 정도였습니다. 돈을 향한 그
의 집착은 타의 추종을 불허했다고 합니다. 〈뉴욕타임스〉에 따르면 무함마
드 빈 살만은 토지 거래 분쟁이 일어나자 자신에게 유리한 결과를 끌어내
기 위해 관계 공무원의 책상에 총알을 올려놓았다고 합니다. 만약 자신이
원하는 대로 해주지 않으면 기꺼이 죽음까지 각오하라는 무언의 협박을 한
것입니다. 이 일로 얻은 별명이 '총알의 아버지(아부 라사사Abu Rasasa)'입니
다. 결국 무함마드 빈 살만은 수백만 달러짜리 자동차를 거리낌 없이 살 만
큼 엄청난 돈을 벌었습니다.

무함마드 빈 살만은
어떻게 권력을 잡게 되었나?

돈까지 번 무함마드 빈 살만이 처음 권력을 잡은 시기는 대학을 졸업한 무렵입니다. 그는 리야드 주지사였던 아버지의 비서로 착실히 후계 수업을 받았습니다. 2년 뒤 살만 왕자가 국방장관에 올랐을 때도 장관실에서 일하며 아버지의 오른팔 역할을 했습니다.

2015년에 30세가 된 무함마드 빈 살만은 마침내 권력의 중심에 설 절호의 기회를 맞이했습니다. 초대 국왕의 왕위 계승자인 아들들이 세상을 떠나면서 25번째 왕자인 아버지가 80세에 왕위에 오른 것입니다. 아버지의 오른팔이었던 무함마드 빈 살만은 곧바로 국방장관 겸 경제개발위원회 의장으로 임명됐습니다. 사우디아라비아의 군사력과 경제권을 틀어쥔 것입니다. 그는 자신의 입지에 쐐기를 박을 파격적인 행보를 시작했습니다.

가장 먼저 예멘 내전에 개입했습니다. 이란의 후원을 받는 후티 반군이 예멘을 장악하자 예멘 대통령은 사우디아라비아에 도움을 요청했습니다. 이에 무함마드 빈 살만은 사우디아라비아 공군이 예멘 후티 반군에 대대적인 공습을 하도록 지시했습니다. 미국과 상의도 하지 않고 독단적으로 결정한 것이었죠. 그러나 이 결정은 오히려 역풍을 맞았습니다. 도시는 폐허가 되고 사상자 대다수가 무장하지 않은 일반 국민이라는 사실이 알려지면서 국제 사회의 비난을 받은 것입니다. 예멘 전쟁은 7년간 이어지다 현재는 휴전 상태입니다.

무함마드 빈 살만의 다음 행보는 위기에 빠진 사우디아라비아의 재정을 구하는 것이었습니다. 사우디아라비아 석유의 주요 수출국이었던 미국은

1997년에 셰일 오일을 개발하면서 2018년 사우디아라비아를 제치고 세계 최대 석유 생산국이 되었습니다. 미국이 셰일 오일을 수출하자 국제 유가가 하락했고, 국가 재정의 75~80%를 석유 수출에 의존하는 사우디아라비아는 재정난에 허덕였습니다. 그래프를 보면 알 수 있듯이 2013년까지 흑자였던 사우디아라비아의 재정은 2014년부터 적자로 돌아섰고, 2015년에는 980억 달러(약 112조 8,000억 원)라는 최대 적자를 기록했습니다.

사상 최악의 경제난이 지속되자, 석유 수출로 벌어들인 수익 중심 사회의 구조적인 문제가 함께 떠올랐습니다. 중동 지역은 석유 수출로 번 돈을 국민 복지에 사용합니다. 예를 들어 기업은 세금을 내지만 일반 국민은 세금을 내지 않습니다. 의료와 교육은 모두 무료이고, 국립대학교는 등록금과 기숙사비도 모두 국가가 대신 내주기도 하죠. 학생들에게는 매달 30만 원 정도의 용돈도 지급하고, 취약계층에는 집을 나눠주는 등 복지가 매우 탄탄한 편입니다.

그런데 안정적이었던 석유 수출과 유가가 흔들리면서 복지를 지속할 수

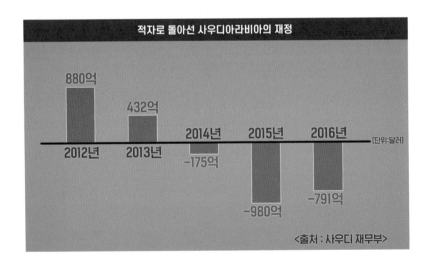

적자로 돌아선 사우디아라비아의 재정

880억
2012년

432억
2013년

2014년
-175억

2015년
-980억

2016년
-791억

[단위:달러]

<출처 : 사우디 재무부>

있을지 예측조차 할 수 없게 됐습니다. 이런 상황에서 전체 인구의 약 67%를 차지하는 35세 이하 청년 중 20~30%가 직장을 잃어 실업 문제까지 떠올랐습니다. 사우디아라비아의 고질적인 경제 구조를 바꾸지 않으면 최우선 산업인 석유 이슈가 생길 때마다 나라의 근간이 흔들릴 수밖에 없습니다. 따라서 석유 의존도를 낮춰 유가 하락에 대비하고 재정난을 해소해 젊은 층의 동요를 막기 위한 근본적인 방안을 찾아야 했죠.

무함마드 빈 살만은 세계 유명 컨설턴트 회사인 맥킨지에 무려 1조 원이 넘는 비용을 들여 장기적 국가 핵심 프로젝트를 의뢰했습니다. 그 결과 석유 없는 시대에 사우디아라비아가 경제 강국으로 도약할 다각도의 방안을 제시한 '비전 2030'이 탄생했습니다.

> 비전 2030 주요 내용
> 1. 사우디아라비아 경제의 석유 의존 해소
> 2. 관광, 신재생 에너지 등 신산업 육성
> 3. 고용 창출로 실업률 감소

첫째는 석유 수출 외의 정부 수입을 늘려 석유 의존적인 경제 구조에서 탈피하는 것입니다. 이를 위해 보건 의료와 주택, 금융, 에너지 등의 분야에 외국인 직접 투자를 늘리고 중소기업 비중도 늘리겠다는 방침을 세웠죠. 둘째는 이슬람 최대 성지인 메카와 메디나는 물론 이슬람 이전 시대의 모습을 엿볼 수 있는 고대 도시인 헤그라Hegra와 알울라Al-Ula의 관광 산업 개발을 약속한 것입니다. 여기에 사우디아라비아에서 보유한 엄청난 양의 금, 은, 우라늄 등 지하자원 개발과 방산물자 생산 확대 등 신산업 육성 계획도 밝혔습니다. 태양에너지, 풍력 에너지 등 신재생 에너지원을 적극 개발해 국내 에너지를 신재생 에너지로 충당하겠다는 계획도 발표했습니다. 셋째는 실업률을 한 자릿수로 낮추고 여성의 경제 참여율을 22% 수준에서 30%까지 확대하겠다는 계획입니다. 이를 위해 약 100만 개의 일자리를 창출하겠다는 목표를 내세웠죠.

잔혹한 군사 행동으로 국제 사회의 비난이 끊이지 않았던 무함마드 빈 살만은 비전 2030으로 2년 만에 민심을 잡고 2017년 왕세자 자리에 올랐습니다. 아버지 살만 국왕의 뒤를 이은 최고의 실권자가 된 그의 나이는 32세였습니다. 그가 새로운 왕세자로 등극하자 전 세계 120여 개국에 매장을 가진 햄버거 프랜차이즈 맥도날드는 사우디아라비아 신문에 전면광고를 내걸고 왕세자에게 충성을 맹세했습니다. 다음은 광고 속 글귀입니다.

'저희는 왕세자 무함마드 빈 살만에게 충성을 맹세합니다. 신이시여, 왕세자를 보호하소서. 왕세자이자, 부총리이자, 국방장관을 신께서 성공으로 이끄셔서 현명한 정부 아래 저희가 안전하게 축복을 받을 수 있길 기원합니다.'

_사우디아라비아 맥도날드

사우디아라비아는 새로운 왕이 취임할 때 공식적인 즉위식 대신 왕자들과 학자들, 장관, 공무원과 국민이 충성과 복종을 다짐합니다. '바이아 Bay'a'라고 부르는 이 전통은 예언자 무함마드Muhammad 시대부터 내려온 관습으로 지도자에 대한 충성을 맹세하는 것이죠. 왕세자의 경우는 국가 요직에 있는 사람들의 형식적인 충성 맹세가 이루어집니다. 그런데 이례적

으로 기업이 새로운 왕세자에게 대대
적인 충성 맹세를 한 것입니다. 사우
디아라비아에서 국왕에 버금가는 실
권을 쥔 인물로 무함마드 빈 살만을
주목했다는 뜻이었죠. 이후 버거킹과
도미노피자도 SNS에 무함마드 빈 살
만 왕세자에게 충성을 맹세하는 글을
올렸습니다.

오랜 기다림 끝에 왕세자가 된 무
함마드 빈 살만은 가장 먼저 사우디
아라비아의 민심을 대변하는 젊은 층
의 마음을 사로잡을 정책을 실행했습
니다. 이슬람 전통의 이름으로 막아

왕세자에게 충성을 맹세한 맥도날드

왔던 여성의 운전을 허용하고, 머리부터 발끝까지 가려야 했던 여성의 복
장 규제를 완화했습니다. 그리고 서구 영화 금지령을 해제해 변화하는 젊
은 층의 지지를 끌어냈습니다.

반면에 왕위 계승권을 공고히 하기 위해 자신에 대항하는 세력은 가차
없이 싹을 잘라버렸습니다. 왕위 계승을 위협하거나 비판하면 곧바로 숙청
한 것이죠. 실제로 무함마드 빈 살만이 왕세자가 된 지 5개월도 지나지 않
아 사우디아라비아에서는 부패 척결을 빌미로 왕자 11명, 전·현직 장관 4명
등 수십 명이 체포되는 사건이 벌어졌습니다. 압수 수색, 계좌 추적, 출국
금지, 자산 동결, 체포 영장 발부 등 강력한 사법권을 가진 반부패위원회가
체포를 주도했습니다. 무함마드 빈 살만 왕세자가 위원장인 위원회였죠.

심지어 무함마드 빈 살만은 논의할 일이 있다며 왕족 200여 명을 궁으로 부른 뒤, 미리 준비한 자동차에 태워 리야드 최고급 호텔로 데려가 구금하기까지 했습니다. 미국의 〈월스트리트 저널〉에 따르면 무함마드 빈 살만은 이들이 보유 재산의 일부를 내놓는 조건으로 석방 협상을 진행했다고 합니다. 그 결과 약 8,000억 달러(약 900조 원)를 받아냈다고 보도했습니다. 이렇게 부패 청산을 이유로 빼앗은 돈으로는 왕실 금고의 적자를 메웠습니다. 2017년 신문에 실린 만평을 보면, 가운데 있는 무함마드 빈 살만이 한 사람의 입에 손을 넣어 무언가를 끄집어내고 있습니다. 그 옆에는 또 다른 사람이 돈을 뱉고 있죠. 무함마드 빈 살만의 부패 척결을 꼬집은 것입니다.

이런 상황에서도 왕족들은 반발할 수 없었습니다. 그 무렵 사우디아라비아 왕족 사이에서 석연치 않은 일들이 벌어졌기 때문입니다. 프랑스로 이주한 후 2012년경부터 인터넷에 사우디아라비아 정부를 비난하는 동영상을 올리던 투르키 빈 반다르Turki bin Bandar 왕자가 무함마드 빈 살만이 권

무함마드 빈 살만의 부패 척결

력을 잡은 2015년 말 사우디아라비아로 강제 송환된 것입니다. 사우디아라비아의 인권을 두고 비판적인 인터뷰를 했던 술탄 빈 투르키Sultan bin Turki 왕자 역시 2016년 1월 이집트 카이로행 비행기에서 강제 송환을 당한 이후 행방이 묘연해졌죠. 또한 2014년부터 인터넷에서 정부를 비판했던 사우드 빈 사이프 안 나스르Saud bin Saif an-Nasr 왕자도 이탈리아 로마로 향하던 전용기가 리야드 공항에 착륙한 뒤 실종됐습니다. 이들이 현재 어디에 있는지는 알 수 없습니다. 다만 투르키 빈 반다르 왕자가 행방불명 되기 전 친구에게 남긴 마지막 메모에는 이런 글이 적혀 있었습니다.

> '이 글은 내가 납치되거나 암살되기 전에는 공유할 수 없을 거야. 나는 그들이 나를 납치하거나 암살할 것을 알고 있어. 또 그들이 나와 사우디아라비아 국민의 권리를 억누른다는 것도 알고 있어.'

누가 봐도 무함마드 빈 살만을 의심할 수밖에 없는 상황입니다. 국제 사회도 왕세자인 그가 자신의 권력에 위협이 되거나 왕정 유지에 걸림돌이 되는 왕족을 처단한 것은 아닌가 의심하고 있죠.

게다가 일설에 따르면 무함마드 빈 살만 옆에는 이런 일을 대신 수행하는 조직이 있다고 합니다. 각 분야에서 가장 뛰어난 실력을 보유한 인물로 추린 정예부대로, 일명 '호랑이 부대'라고 합니다. 위장 교통사고, 방화, 치명적인 바이러스 감염 등 다양한 방식으로 정부에 위협이 되거나 반대하는 인사를 없애는 임무를 수행한다고 알려져 있습니다. 무함마드 빈 살만 왕세자를 피해 개인 비행기로 탈출하던 한 왕족의 비행기가 폭파해 사망한 사건과 '비전 2030'에 반대했던 한 판사가 건강검진을 하러 병원을 찾았다가 치명적인 바이러스에 감염돼 사망한 사건 등이 '호랑이 부대'의 작품이라고 합니다. 《벌거벗은 세계사: 경제편》에서 다룬 '석유 패권 전쟁'에 등장한 사우디아라비아 출신 언론인 자말 카슈크지Jamal Khashoggi 암살 사건도 이들이 주도한 것으로 알려졌습니다.

한편 〈뉴욕타임스〉는 사우디아라비아 정부가 운영하는 새로운 조직인 '트롤troll 부대'의 존재를 보도하기도 했습니다. SNS 공간에서 반체제 인사들을 향해 비판적 여론을 조장하는 일명 댓글 부대입니다. 보도에 따르면, 이 부대는 반체제 인사를 분류해 공유하고 표적이 된 이들에게 무함마드 빈 살만 왕세자가 칼을 들고 춤추는 이미지 같은 협박용 게시물을 전송하거나, SNS에 친정부 성향의 글을 올린다고 합니다. 문제는 이를 주도한 인물이 무함마드 빈 살만의 최측근인 수석보좌관이라는 것입니다. 이 보도가 사실이라면 무함마드 빈 살만은 개혁 군주라는 만들어진 이미지 뒤에서 실권자로서 절대 권력을 무참히 휘두르고 있었던 것입니다.

사우디 왕가의
오일머니 클래스

사우디아라비아의 권력을 움켜쥔 무함마드 빈 살만은 대체 어떤 특권을 누리고 있는 것일까요? 사우디아라비아 왕가의 엄청난 씀씀이는 전 세계적으로 유명합니다. 가령 무함마드 빈 살만의 아버지 살만 국왕은 왕위에 오른 직후에 프랑스 리비에라 해변 근처의 별장에서 3주간 휴가를 보내려 했습니다. 이때 해변 앞 모래밭에 콘크리트를 부어 살만 국왕의 개인 별장과 해변을 연결하는 임시 엘리베이터를 설치했습니다. 게다가 살만 국왕 측은 경호를 이유로 별장 인근의 해변 접근을 모두 막았습니다. 특권층을 위해 공공장소를 폐쇄한 사건은 주민의 반발을 샀고 10만 명이 넘는 주민이 살만 국왕이 홀로 해변을 차지하는 행태를 막아달라는 청원서에 서명했습니다. 이 지역의 시장도 프랑스 대통령에게 "누구도 프랑스 시민의 자유와 권리를 침해할 수 없고, 법 위에서 군림할 수 없다"라며 편지를 보냈습니다. 결국 살만 국왕의 휴가는 여론에 밀려 8일 만에 끝나고 말았습니다.

2017년에는 한 달간 아시아 순방길에 나선 살만 국왕이 전용기에 황금빛 에스컬레이터를 실어 화제를 모았습니다. 당시 살만 국왕은 전세기 7대를 동원해 황금으로 도금한 전용 에스컬레이터 두 대와 벤츠 자동차 두 대를 실어 날랐습니다. 이뿐 아니라 순방 중 일본을 찾았을 때는 도쿄 시내 최고급 호텔에 1,000여 개 객실을 예약하고, 400대 이상의 고급 차량을 동원했습니다. 특히 자동차의 경우 벤츠, BMW, 렉서스 등 최고급 차량만 타야 하는 국왕과 왕실의 취향에 맞춰 도쿄 수도권과 지방의 차량까지 동원해 수행 차량을 준비했다고 합니다. 살만 국왕이 왕세자였던 2014년에는 몰디브 섬 리조트 세 곳을 모두 예약한 뒤 여기에 병원선까지 끌고 갔습니다. 이듬해 미국을 방문했을 때는 호텔을 통째로 빌려 내부를 모조리 리모델링하기도 했죠. 거울, 테이블, 심지어 모자걸이까지 금으로 바꿨고, 왕의 발이 닿는 곳마다 레드 카펫을 깔았다고 합니다.

무함마드 빈 살만 왕세자도 결코 아버지에 뒤지지 않습니다. 현재 고령인 국왕 대신 공식적인 업무를 보는 곳은 리야드에 있는 알 야마마Al-Yama-ma 궁전입니다. 사우디아라비아 왕가가 소유한 여러 궁전 중 가장 큰 궁전으로, 방이 무려 400여 개로 알려져 있습니다. 화려한 샹들리에와 골동품,

알 야마마 궁전

값비싼 카펫과 황금으로 장식한 곳이죠. 우리나라 문재인 전 대통령과 중국 시진핑 주석 등이 정상회담을 가지기도 한 유서 깊은 궁전입니다.

이곳 외에도 무함마드 빈 살만 왕세자가 종종 머무르는 곳들은 화려함 그 자체라고 할 수 있습니다. 프랑스 파리 교외에는 넓이가 7만여 평에 이르는 대저택이 있습니다. 2015년에 무려 3,538억 원에 팔리면서 세계에서 가장 값비싼 집으로 불렸죠. 2년 뒤 이 집의 주인이 공개됐는데 무함마드 빈 살만 왕세자였습니다. 이 외에도 그가 직접 언론에 소개한 리야드의 야외 별장은 화려한 카펫과 가구를 자랑했습니다.

무함마드 빈 살만은 지인들과 휴가를 보내기 위해 몰디브의 벨라 프라이빗 아일랜드 리조트를 한 달간 빌리기도 했습니다. 이곳은 몰디브에서 가장 비싼 개인 섬 중 하나로 40여 개의 호화 빌라가 있고, 인도양의 푸른 바다가 한눈에 내려다보이죠. 그는 휴가를 위해 세계적인 가수와 DJ를 불러 모았습니다. 수상비행기를 타고 브라질, 러시아 등지에서 150여 명의 여성이 도착하기도 했죠. 리조트 직원들은 여성들이 섬으로 들어가는 보트에 옮겨 타기 전 의료시설에서 성병 검사를 받았다고 증언했습니다. 무함마드 빈 살만이 이 휴가를 위해 들인 비용은 무려 5억 달러(약 6,500억 원)입니다.

사우디아라비아에서 이 정도 규모의 사치는 놀랄 만한 일이 아닙니다. 왕족의 사치가 워낙 심하기 때문입니다. 무함마드 빈 살만 왕세자의 사촌인 알 왈리드 빈 탈랄Al-Walid Bin Talal 왕자는 주식으로 세계 34위 부자가 됐을 만큼 많은 돈을 벌었습니다. 중동의 워런 버핏으로도 불리고 있죠. 한 번은 세계에서 세 번째로 큰 그의 요트가 공개됐는데 가격이 무려 5,700억 원이었습니다. 전용기는 금으로 도배한 의자와 터키식 목욕탕, 콘서트홀, 주차장까지 갖춘 3층짜리 비행기로 5,800억 원이라고 합니다.

이처럼 왕세자나 왕족들의 사치를 목격한 사우디아라비아 국민은 위화감 대신 환호를 보낸다고 합니다. 그만큼 왕세자와 왕가에 대한 자부심과 존경심이 큰 것이죠. 이 같은 분위기는 무함마드 빈 살만 왕세자의 사진이 언론에 공개될 때마다 확인할 수 있습니다. 왕세자의 패션 아이템을 확인하기 위해 너도나도 관심을 보이는 것입니다.

378쪽의 첫 번째 사진에서 사우디아라비아 국민의 눈에 띈 것은 왕세

알 왈리드 빈 탈랄 왕자의 요트와 전용기

자가 신은 신발이었습니다. 영국의 신발 브랜드 크로켓 앤 존스Crokett & Johns로 가격은 약 560달러입니다. 이 신발은 금세 품절 대란을 일으켰습니다. 두 번째 사진에서는 왕세자 옆에 놓인 작은 향수병이 화제가 되었습니다. 잘 보이지도 않는 향수가 프랑스의 겔랑Guerlain 제품으로 알려지자 이 역시 사우디아라비아에서 곧장 완판됐습니다. 세 번째 사진 속 아이템은 톰포드Tom Ford 선글라스와 프랑스의 캐시미어 브랜드인 프랑크 나마니 Franck Namani 점퍼입니다. SNS에서 "내일 리야드의 모든 사람이 그 재킷을 입을 것"이라는 말이 돌기가 무섭게 바로 품절됐습니다.

무함마드 빈 살만은 2018년에 가진 인터뷰에서 사생활이 노출되는 것을 두고 거리낌 없는 생각을 밝히기도 했습니다.

"제 사생활에 관해 말하자면, 저는 부자일 뿐입니다. 가난한 사람이 아닙니다. 간디Gandhi나 만델라Mandela가 아닙니다. 사우디아라비아 건국 이전부터 수백 년 동안 존재했던 왕가의 일원입니다. 우리는 매우 넓은 땅을 소유하고 있고, 제 개인적인 삶은 10년 전이나 20년 전이나 똑같습니다. 하지만 저는 소득의 일부를 자선 단체에 기부하고 있습니다. 최소 51%는 사람

무함마드 빈 살만 왕세자의 패션 아이템

들에게, 49%는 저 자신을 위해 쓰고 있습니다."

젊은 층이 대다수인 사우디아라비아 국민은 왕세자의 당당하고 거침없는 모습에 열광하고 있습니다. 게다가 지금의 부를 이뤄준 자원인 석유에서 벗어나 왕세자가 계획하고 있는 새로운 부의 창출을 기대하는 중입니다. 물론 기반은 석유입니다. 하지만 무함마드 빈 살만은 오일머니에 만족하지 않고 부를 만들어낼 새로운 방법을 모색하고 있습니다. 먼저 한때 전 세계 시가총액 1위를 기록했던 정부의 핵심 석유 국영기업인 '아람코'를 주식시장에 상장하고 국제 채권을 발행해 약 14조 원을 외부에서 끌어모았죠. 이 돈은 새로운 산업을 개발하는 데 사용했습니다. 이처럼 아람코 주식으로 외부 투자자의 비중을 확대하면서 민간 자본이 사우디아라비아로 유입되도록 유도한 것입니다.

그리고 주로 왕정국에서 왕실 재산을 증식하는 데 동원하는 '국부 펀드'를 글로벌 투자기관으로 적극 활용했습니다. 사우디아라비아의 국부 펀드는 석유로 벌어들인 오일 달러를 운용하는 정부 투자기금입니다. 사우디아라비아에는 두 개의 국부 펀드가 있는데, 그중 하나인 '사우디 공공 투자 펀드(PIF)'를 무함마드 빈 살만이 의장으로 있는 왕실 산하 경제개발위원회가 운용합니다. 나라의 실권자이자 국부 펀드를 운용하는 무함마드 빈 살만의 허락 없이는 함부로 자금을 사용할 수도, 마음대로 투자처를 정할 수도 없습니다. 사우디아라비아 국부 펀드의 운용 자산은 무려 1조 970억 달러(약 1,400조 원)로 추정합니다. 무함마드 빈 살만의 개인 재산을 포함한 왕실 재산의 절반쯤 되는 자금이죠.

그렇다면 무함마드 빈 살만은 이 국부 펀드를 어디에 투자하고 있을까요? 대표적인 것이 게임 산업입니다. 사우디아라비아를 게임 및 e-스포츠 분야의 글로벌 허브로 만들기 위해 우리나라 기업인 넥슨과 엔씨소프트에도 투자를 아끼지 않았죠. 한때 이곳의 2대 주주가 사우디아라비아의 국부펀드였는데, 무려 3조 원에 해당하는 돈을 투자했기 때문입니다. 최근에는 우버나 테슬라 등 미래형 첨단기술 분야에도 매우 적극적으로 투자하고 있습니다. 이 외에 우리나라 콘텐츠 산업에 관심을 보이며 CJ E&M, SM엔터테인먼트, 카카오엔터테인먼트 등으로까지 투자 영역을 확대했습니다. 국부 펀드로 번 돈은 자회사를 통해 공공 투자기금으로 돌려 사우디아라비아의 중소기업과 혁신산업에 투자하고 산업 다각화를 지원합니다. 이렇듯 무함마드 빈 살만은 막대한 부와 강력한 리더십으로 완전히 달라질 사우디아라비아의 미래를 그려나가기 시작했습니다.

사막 위의 기적,
두바이를 넘어서라

　오일머니 의존도를 낮추려 한 무함마드 빈 살만은 세계를 움직이는 경제 중심지이자 물류 중심지로 떠오르는 두바이를 주시했습니다. 1960년대까지만 해도 두바이는 허허벌판이었습니다. 1년 중 고기잡이를 할 수 있는 계절에는 고기를 잡거나 진주를 채취해 생활하는 변방의 작은 왕국이었죠. 지금 우리가 알고 있는 화려한 두바이의 모습으로 변하기 시작한 것은 1960년대 후반부터입니다.

　당시 두바이와 주변의 왕국은 모두 영국의 보호 아래 있었습니다. 그런데 1971년에 영국이 경제난을 이유로 군대를 완전히 철수하고 보호령을 끝

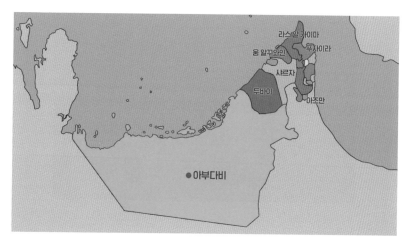

아랍에미리트 7개 왕국

내겠다고 선언했습니다. 졸지에 방패막이가 사라지게 된 힘 없는 작은 왕국들은 서로에게 힘이 되어주기로 했습니다. 아부다비, 두바이, 샤르자, 움 알쿠와인, 아지만, 푸자이라, 라스알카이마까지 모두 7개 왕국이 연방을 만든 것입니다. 그중에서도 힘이 센 아부다비 왕국의 지도자가 연방의 대통령을, 그다음으로 힘이 센 두바이 왕국의 지도자가 연방 총리를 맡기로 합의했습니다. 두바이가 속한 아랍에미리트는 이렇게 탄생했습니다.

무함마드 빈 살만이 7개 왕국 중에서 두바이를 예의주시한 이유는 명확합니다. 석유에 의존하지 않고 경제적 자립에 성공한 유일무이한 곳이기 때문입니다. 지금의 두바이는 60여 년 전의 허허벌판을 상상할 수 없을 만큼 화려한 모습을 하고 있습니다. 힘없는 작은 왕국이 세계에서 가장 높은 건물 중 하나인 부르즈 할리파를 보유한 거대 도시로 변신한 것입니다.

무함마드 빈 살만을 포함해 중동 국가들이 롤 모델로 삼는 두바이는 높은 소득과 다양한 복지 혜택을 자랑합니다. 코로나19 바이러스 여파로 생

1960년대 두바이

2020년대 두바이

활이 어려워진 저소득층 노동자를 위해 빵 자판기를 설치했고, 누구든지 따뜻한 빵을 무료로 먹을 수 있게 했습니다. 두바이의 경제 수준을 알 수 있는 또 다른 기준은 순찰차입니다. 람보르기니, 페라리, 부가티 같은 슈퍼카를 순찰차로 사용하기 때문이죠. 비싼 순찰차는 가격이 30억 원을 넘는다고 합니다. 덕분에 두바이를 방문한 외국인들은 순찰차를 볼 때마다 신기해하곤 합니다.

그렇다면 두바이는 어떻게 이 같은 기적을 이뤄냈을까요? 1970년대 아랍에미리트의 초대 부통령이자 두바이 왕국을 이끌던 라시드Rashid 국왕은 일찌감치 다음과 같은 이야기를 했습니다.

"나의 조부와 아버지는 낙타를 타고 다녔다. 나는 메르세데스 벤츠를 몰고 내 아들은 랜드로버를 몬다. 내 손자도 랜드로버를 몰겠지만, 내 증손은 낙타를 타고 다니게 될 것이다."

더는 석유가 영원한 부를 가져다주지 않을 것이며, 자신의 손자 세대에는 석유로 먹고살 수 없을지도 모르는 두바이의 미래를 내다본 것입니다. 당시 두바이는 주변 국가와 비교해 석유량이 현저히 적었습니다. 아랍에미리트 석유의 4%만 두바이에서 나는 상황이었죠. 이때부터 두바이는 "언젠가 석유는 고갈된다", "석유 없이도 자립할 수 있는 두바이를 만들어야 한다"라며 경제 기반을 완전히 갈아엎을 계획을 세웠습니다. 결국 두바이는 1996년에 '21세기 두바이 경제개발 계획'을 세워 석유 의존 경제구조에서 100% 탈피하겠다는 포부를 드러냈습니다. 사우디아라비아 권력의 중심에 선 무함마드 빈 살만 왕세자의 행보와 비슷하죠.

그렇다면 무함마드 빈 살만은 두바이의 어떤 점에 주목했을까요? 크게 세 가지로 나눌 수 있습니다. 첫째는 항만을 활용해 물류 거점으로 삼고 상업 규제를 최소화해 자유로운 경제 도시로 탈바꿈한 것입니다. 두바이는 모래를 파내 커다란 항만 시설을 갖춘 후, 항구에 들어오는 외국 기업의 물류에 붙는 각종 세금을 없앴습니다. 일종의 자유무역지대를 만든 셈이죠. 그 결과 세계 각지의 화물이 오갈 수 있는 중심 항만이자 세계 5위의 물류 항구로 자리매김하게 됐습니다.

둘째는 이러한 자유무역지대를 확대하면서 새로운 산업이 들어올 수 있도록 체질을 바꿔놓은 것입니다. 두바이에서 사업을 하려는 기업에 용적률이나 층고 제한을 풀어줬고, 국영 부동산으로 99년간 장기 임대를 추진해 이곳에 터를 잡도록 만들었죠. 그 결과 마이크로소프트, 시스코, CNN 등 세계적 기업이 두바이로 옮겨왔습니다. 새로운 산업을 발판 삼은 두바이는 발 빠르게 인터넷 시티, 미디어 시티, 지식마을 등 지식경제 시대에 대응할 수 있는 환경을 구축했습니다.

셋째는 다양한 랜드마크로 중동의 최대 관광도시로 탈바꿈한 것입니다. 세계에서 가장 높은 건물인 '부르즈 할리파'는 물론 두바이의 야자나무를 본떠 만든 인공섬 '팜 주메이라', 최첨단 액자 전망대 '두바이 프레임' 등은 두바이를 관광의 중심지로 만들었습니다. 게다가 일찍이 무관세 쇼핑 페스티벌을 시작해 각종 관세를 면제해 준 결과 2023년에만 약 1,700만 명의 관광객이 몰려들었죠. 그 결과 두바이는 무함마드 빈 살만을 비롯한 중동 국가의 탈석유 산업 다각화의 본보기가 되었습니다.

무함마드 빈 살만 왕세자가 아무리 추진력이 좋다고 해도 사우디아라비아를 두바이처럼 만드는 것은 아직 경험이 부족한 젊은 후계자로서는 해내기 어려운 일일지도 모릅니다. 그런데 다행히도 그의 옆에는 모자란 부분을 채워줄 멘토가 있습니다. 아랍에미리트의 대통령이자 아부다비 국왕인 무함마드 빈 자이드Muhammad bin Zayd입니다. 그는 무함마드 빈 살만이 왕세자가 되기 전부터 두각을 나타내는 모습에 호기심을 보였다고 합니다. 무함마드 빈 자이드의 적극적인 관심으로 두 사람의 만남이 성

무함마드 빈 자이드 대통령

사되었습니다. 사막 캠프에서 처음 만나 하루 내내 대화를 나눴고, 무함마드 빈 살만은 무함마드 빈 자이드에게 푹 빠졌습니다. 자신의 부족한 경험을 무함마드 빈 자이드와 대화하면서 간접적으로 채워나갔고, 두바이를 뛰어넘을 비전을 구체화할 수 있었죠.

무함마드 빈 자이드 대통령 역시 일찌감치 무함마드 빈 살만이 사우디아라비아의 미래를 이끌 인물이라고 판단했습니다. 따라서 무함마드 빈 살만과 교류하며 동맹을 강화할 수 있다고 생각했죠. 아랍에미리트와 돈독한 관계인 미국에도 그를 사우디아라비아의 미래라고 소개하면서 투자를 제안했다고 합니다. 진실은 알 수 없지만 트럼프 대통령이 사우디아라비아를 다녀가고 한 달 뒤에 무함마드 빈 살만이 왕세자로 등극했습니다.

무함마드 빈 자이드 대통령의 동생은 우리가 매우 잘 아는 인물이기도 합니다. 바로 우리나라에서 아랍 재벌 하면 바로 떠올리는 만수르Mansur입니다. 무함마드 빈 자이드의 이복동생인 만수르는 아부다비 왕국의 2인자로 아랍에미리트 부총리를 맡고 있습니다. 만수르 왕자도 상당한 재력가입니다. 가정부 연봉이 1억~2억 원이며, 애완동물은 치타라고 합니다. 그런데 아랍에미리트에서는 왕자에 관하여 이 같은 이야기가 너무도 흔합니다. 어떤 왕자는 2억 원짜리 자동차에 새가 둥지를 틀자 새에게 자동차를 선물하기도 했다고 하죠.

만수르 빈 자이드 알 나흐얀

중동의 허브를 꿈꾸는
네옴시티

이렇듯 아부다비는 오일머니로 아랍에미리트 연방 재정의 약 70%를 담당하면서 두바이의 성장 인프라를 뒷받침해 주고 있습니다. 그리고 무함마드 빈 살만은 두바이와 아부다비의 관계를 보며 오일머니를 기반으로 한 사우디아라비아의 새로운 변화를 모색했습니다. 무함마드 빈 살만은 두바이의 명성을 뛰어넘는 것은 물론 중동의 중심이자 세계의 허브가 될 사우디아라비아 건설에 박차를 가했습니다. 그의 야심 찬 전략은 네옴시티 NEOM City 건설이었죠.

네옴은 '새로움'을 의미하는 고대 그리스어 네오Neo와 '미래'를 뜻하는 아랍어 무스타크발Mustaqbal의 앞 글자 M을 더한 합성어입니다. 따라서 네옴시티는 '새로운 미래 도시'라는 뜻입니다. 누군가는 미래를 의미하는 아랍어 대신 무함마드 빈 살만의 이름인 '무함마드Muhammad'의 앞 글자 M을 따서 만든 것이라고도 하죠. 어쨌든 무함마드 빈 살만의 야심을 총집약한 프로젝트인 것만은 확실합니다.

무함마드 빈 살만이 꿈꾸는 네옴시티는 한마디로 석유 없는 시대를 대비하고 왕국의 미래를 뒷받침할 새로운 경제 모델입니다. 무함마드 빈 살만의 모든 권력과 재산을 내건 프로젝트이기도 합니다. 그런데 일부에서는 네옴시티에 의심의 눈초리를 보내고 있습니다. 387쪽 상단의 그림은 익명의 프랑스 만화가가 그린 만평입니다. 가운데 '네옴'이라는 장난감 모형이 있고, 무함마드 빈 살만이 쪽쪽이를 문 채로 장난감을 톱으로 썰고 있습니다. 만평의 제목은 '디즈니가 알라(아랍어로 하나님)를 만났을 때'입니다. 무

애송이 무함마드 빈 살만

함마드 빈 살만의 네옴시티 계획이 마치 공상 과학 영화를 많이 본 아이가 상상의 나래를 펼친 것과 다를 바 없다고 풍자한 것입니다. 한마디로 무함마드 빈 살만을 애송이라 평가한 것이죠.

　네옴시티의 실체를 정확히 들여다보기 위해서는 건설 장소를 확인해 봐야 합니다. 네옴시티는 사우디아라비아 북부 홍해 근처에 위치합니다. 이

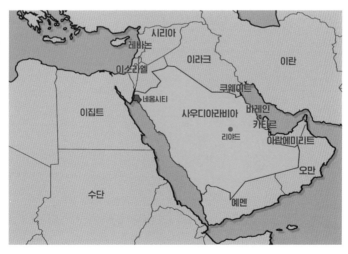

사우디아라비아 반도와 네옴시티

곳은 해안 사막지대와 산악지대, 상류 계곡지대 등으로 이루어져 있습니다. 좀 더 자세히 들여다보면 '더 라인The Line', '트로제나Trojena', '옥사곤Oxagon'이라는 서로 다른 세 개의 도시를 묶은 것이 네옴시티입니다.

먼저 '더 라인'이라는 첫 번째 도시부터 살펴보겠습니다. 높이 500m의 벽으로 된 건물이 170km 길이로 선처럼 이어지는 도시를 말합니다. 쉽게 말해 서울에서 대전까지 롯데월드타워 같은 높은 건물이 하나로 쭉 이어진 도시입니다. 무함마드 빈 살만의 최종 목표는 이곳에 900만 명의 주민이 거주하는 것입니다. 동시에 자동차와 도로가 없기에 탄소 배출도 제로인 도시를 만드는 것이죠. 이를 위해 200여 가지의 식물을 심어 농업까지 가능한 자급자족 도시를 만들겠다는 계획을 세웠고, 걸어서 15분 반경 안에 모든 생활 편의시설을 이용하도록 설계했습니다. 또 지하에 고속철도를 설치해

더 라인 조감도

어디든 20분 안에 이동할 수 있는 도시를 만들겠다고 발표했습니다.

두 번째, '옥사곤'은 산소를 뜻하는 'oxygen'과 팔각형을 뜻하는 'octa-gon'을 합친 말입니다. 바다에 떠 있는 팔각형 산업 단지를 의미하죠. 이 도시의 결정적인 특징은 세계에서 가장 큰 부유식浮遊式 구조물이라는 것입니다. 마치 두바이의 인공섬을 연상케 합니다. 무함마드 빈 살만은 이곳에 현대식 산업시설과 연구 단지, 무역항을 만들어 사우디의 경제 성장과 다양성을 위한 촉매제로 만들겠다고 선언했습니다. 석유가 아닌 청정 에너지로 동력을 공급하고, 첨단 산업단지로 청년 실업을 낮추려는 무함마드 빈 살만의 경제 타개책을 집약한 도시라 할 수 있습니다.

세 번째 도시는 사우디아라비아에서 가장 높은 지역인 해발 1,500m~2,600m에 조성할 '트로제나'입니다. 여기에는 아라비아만 최초로 실외 스

옥사곤 조감도

키장을 만들 예정입니다. 이곳의 산 정상은 기온이 영하로 떨어져서 제설 장비만 충분하면 겨울 스키도 즐길 수 있죠. 이런 점을 살려 1년 내내 레저를 즐길 수 있는 산악 관광단지를 조성하겠다는 계획입니다. 다만 리조트에 인공 호수를 건설하려면 주변 자연의 훼손이 불가피한 데다 비용도 막대해 아직 추정조차 어려운 상황입니다.

이렇게 세 개의 도시를 건설하는 네옴시티에 투입되는 예상 사업비만 5,000억 달러로 추정합니다. 무함마드 빈 살만은 완성까지 약 1조 달러를 투입해 서울보다 44배나 큰 규모로 완전히 새로운 도시를 짓겠다고 선언했습니다. 자신이 운용하는 사우디아라비아의 재산 절반이 걸린 만큼 그의 정치 인생과 조국을 모두 건 도전이라고 할 수 있죠. 계획대로 네옴시티가 완성된다면 석유 의존도를 충분히 낮출 수 있을 것입니다.

트로제나 조감도

사우디아라비아는 네옴시티 외에도 새로운 프로젝트를 진행 중입니다. 2024년 홍해에 개장할 '신달라 아일랜드'는 요트 클럽과 고급 리조트, 스파 시설까지 갖춘 초호화 관광 시설입니다. 수도 리야드 북서부에는 신도심인 '무랍바'를 건설할 예정입니다. 2030년 완공을 목표로 한 새로운 도심 개발 프로젝트로 무랍바 중심에 세워질 '무카압'이라는 건물이 주목받고 있습니다. 각 단면의 길이가 400m인 정육각형 모형의 신개념 건물인 무카압은 미국 뉴욕의 엠파이어스테이트 빌딩 26개가 들어가는 대규모 건물로, 최신 홀로그램을 활용해 디지털 및 가상기술을 집약할 계획이라고 합니다.

사우디아라비아 국민은 네옴시티 건설에 희망을 품고 있습니다. 하지만 아직까지 이 계획을 부정적으로 전망하는 사람이 많습니다. 구현하기 어려운 기술과 예상을 훌쩍 뛰어넘는 천문학적 비용 때문입니다. 게다가 설계부터 불가능한 프로젝트라고 딱 잘라 말하기도 합니다. 미국의 〈워싱턴 포스트〉는 "호화로운 초고층 빌딩에 푸른 정원이 펼쳐진 신도시의 멋진 경치를 떠올려 보자. 이 지상 낙원에는 대기오염 대신 녹지와 편의시설, 초고속 대중교통이 있다. 다만 외딴 사막에 있고 홍보용 영상으로만 존재해 실제로 갈 수가 없다"라며 비아냥거리기도 했습니다. 하지만 무함마드 빈 살만은 "아무것도 없는 곳에서 시작하는데 왜 두바이를 복사해서 만들어야 하냐"라며 자신만만해하고 있습니다. 두바이가 하지 못한 일을 해낼 수 있다는 자신감의 표현이죠.

무함마드 빈 살만의 야심작인 네옴시티는 과연 성공할 수 있을까요? 그리고 무함마드 빈 살만이 구상하는 새로운 사우디아라비아의 건설은 가능할까요. 현재 무함마드 빈 살만의 행보에 전 세계가 이목을 집중하고 있습니다. 특히 네옴시티 프로젝트 발표에 위기를 느낀 두바이는 2023년 1월에 새로운 대책을 발표했습니다. 2033년까지 두바이의 경제 규모를 두 배 이상 키우겠다고 합니다.

우리가 무함마드 빈 살만을 더욱더 주목해야 하는 이유는 젊은 왕세자가 중동에 어떤 영향을 불러일으킬지 예측할 수 없기 때문입니다. 무함마드 빈 살만은 이란과 긴 줄다리기 끝에 국교를 정상화하면서 평화의 물꼬를 텄습니다. 이처럼 그는 언제든 중동 질서에 큰 영향력을 발휘할 수 있는 인물입니다. 특히 강대국의 틈바구니에서 세계 외교의 키맨으로 자리매김하고 있는 지금 무함마드 빈 살만의 행보는 세계의 변화를 잘 가늠할 수 있는 지표가 될 것입니다. 우리나라 역시 중동과 밀접한 관계를 맺고 있는 만큼 세계사의 급격한 변화를 놓치지 않고 민감하게 움직여야 할 때가 아닐까 합니다.